KB057788

호모 팬데미쿠스

iMH 경희대학교 인문학연구원
HK+통합의료인문학연구단
통합의료인문학 교양총서06

팬데믹도 입시를 멈출 수는 없다

창살 없는 감옥 안의 그분들은 더 아픕니다

아무도 책임지지 않는 아이들의 발달

지금까지 이런 약국은 없었다

유기견들에게 제2의 삶을 찾아주기 위한 노력

비행기는 멈추고 직장을 잃었다

호모 팬데미쿠스

코로나19 데카메론3 - 팬데믹 3년의 목소리

경희대학교 인문학연구원 HK+통합의료인문학연구단 지음

"호모 팬데미쿠스 36명,
그들과의 생생 인터뷰"

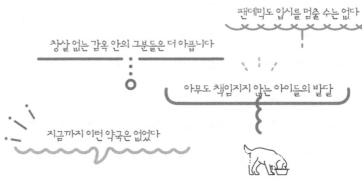

도서출판 모시는사람들

2019년 12월 31일, 중국 우한시에서 신종 감염병에 대한 최초 공식 보고가 있었습니다. 2020년 1월 20일 한국내 첫 확진자가 발생했습니다. 중국, 한국, 이탈리아 등으로 감염병이 확산되면서 2020년 3월 11일에는 세계보건기구(WHO)가 이 신종 감염병의 세계적 대유행, 즉 팬데믹 선언을 하였습니다. WHO는 팬데믹 선언을 하면서, "적절한 조치를 취한다면, 이 바이러스가 통제될 수 있을 것"이라고 전망했습니다. 그러나 바이러스의 확산은 쉽게 멈추지 않았고 3년의 세월이 흘렀습니다. 3년간 전 세계적으로 6억 7천만 명이 넘는 누적 확진자가 발생했고, 사망자는 670만 명이 넘었습니다. 2023년 1월 23일, 한국 내 누적 확진자 수는 3천만 명을 넘어섰습니다.

그러나 이제 코로나19에 대한 공포는 조금씩 줄어들고 있습니다. 2023년 1월 30일부터는 대중교통 수단과 의료기관, 약국 등 몇몇 예외를 제외하면 실내에서도 마스크 착용 의무 조치가 해제되었습니다. 이제 우리는 거의 과거의 일상을 회복한 것처럼 보입니다. 그러나 마스크를 벗고 생활할 수 있게 되었다고 해도, 우리가 그저 3년 전으로 되돌아온 것만은 아닐 것입니다.

14세기 이탈리아의 조반니 보카치오는 열흘간의 이야기란 뜻의 소설 〈데카메론〉을 펴냈습니다. 이 책은 중세 최대 팬데믹인 페스트를 피해 교외 별장에 모인 열 명의 사람들이 열흘 동안 나눈 백 개의 이야기들을 모아 놓은 형식을 취하고 있습니다. 경희대학교 인문학연구원 HK+통합의료인문학연구단은 2020년 6월 초, 『코로나19데카메론 : 코로나19가 묻고, 의료인문학이 답하다』를 펴낸 바 있습니다. 우리 시대의 데카메론으로서, 코로나19 시대에 대한 이야기를 나누고 정리해 보자는 취지였습니다. 코로나19가 세상을 정지시키고 변화시키고 있던 바로 그 당시, 인문학자들이 가장 빠르게 펴낸 코로나19 관련서적 중 하나였습니다. 이 책에서 우리는 코로나19가 우리에게 영향을 미치고 있는 시공간을 증언하면서, 어떤 변화가 일어나고 있는지를 묻고 고민하고 답하였습니다. 새로운 감염병에 봉쇄로 대응하는 방식의 부적절성을 이야기하기도 했고, 사회적 거리두기가 어떤 전망 속에서 진행되어야 하는가에 대해 논하기도 했습니다. 우리에게 필요한 시민 의식이 무엇인지를 이야기하기도 했습니다. 모두 32편의 글이 이 책에 실렸었습니다.

2021년 2월에는 『코로나19데카메론2 : 코로나 시대 사소하고 깊은 이야기』를 펴냈습니다. 당시에도 "이렇게 빨리 두 번째 책을 내리라는 예상은 하지 못했다"고 적었습니다만, 코로나19는 초기 예상보다도 훨씬 강하고 길게 영향을 미쳤습니다. 그 무렵 코로나19 백신이 등장하기 시작했지만 기대만큼이나 불신도 컸습니다. 한국의 방역 성과에 대한 자부심도 컸지만, 계속된 방역 통제에 지치거나 경제적 피해를 호소하는 목소리도 커지고 있었습니다. 우리는 2권에서 방역 정책 뒤에서 불거지고 있던 여성과 청년 문제, 심리적 불안과 사회적 혐오의 문제를 다루었습니다. 코로나19 방역의 주역으로 추앙받기도 했지만, 파업에 나서면서 거센 비판에 직면했던 의료인들에 대한 이야기도 했습니다. 코로나19가 영향을 미친 세계 각국의 또 다른 현실들을 모아보기도 했습니다. 여기에는 모두 32편의 글을 실었습니다.

이제 우리는 '코로나19 데카메론'의 세 번째 책을 펴냅니다. 코로나19의 3년을 되돌아보며 갈무리하는 책이 될 것입니다. 이번 책을 기획하며, 우리는 이번엔 어떤 이야기를 해볼까 하는 고민을 오래 했습니다. 두 번째 책이 나온 이후로도 2년의 세월이 흘렀습니다. 그 사이, 우리 연구단은 코로나19와 관련한 국내외 학술대회를 개최했습니다. 연구단 구성원들도 여러 편의 글을 발표하고, 다수의 강연을 진행하기도 했습니다. 그 과정에서 코로나19를 함께 겪은 수많은 시민들 모두가 코로나19에 대해 하고 싶은 각자의 이야기들이 있다는 사실을 알게 되었습니다. 한국 내 누적 확진자만 3천만 명에, 사망자가 3만 명이 넘는 그 시간은 각자의 시간이기도 했지만, 우리 모두의 시간이기도 했습니다. 우리 모두는 코로나19 시대를 함께 겪었습니다. 우리 모두는 코로나19로 인한 피해자이기도 하고, 코로나19에 대항하여 함께 싸운 전우이기도 하고, 함께 고통을 나눈 환우이기도 합니다.

그래서 이번 세 번째 책에는 다양한 시민들이 경험한 각자의 목소리를 담아냈습니다. 의사나 간호사는 물론, 교사, 운동선수, 성악가, 승무원, 종교인, 자영업자, 노동자 등 다양한 직업을 가진 사람들의 목소리를 최대한 다양하고 폭넓게 듣고 그들의 경험과 주장을 담아내기 위해 노력했습니다. 우리 연구단의 여러 선생님들이 각계 각층의 목소리를 전해줄 서른 여섯분을 섭외하고, 직접 그분들을 만나 질문하고 답변을 들었습니다. 그리고 그러한 인터뷰를 바탕으로 서른 네 편의 글을 집필했습니다. 인터뷰에 참여한 분들의 이름과 소속 기관의 실명은 가급적 그대로 밝혔습니다만, 불가피하게 익명이나 가명으로 적은 경우에도 그분들의 목소리를 온전히 담기 위해 노력했습니다.

물론 이 책에 인터뷰를 통해 목소리를 전해주신 분들의 의견과 경험은 지극히 개인적인 것입니다. 해당 직업군에 속한 분들을 대표한다거나, 절대적으로 보편적인 의견이라고는 할 수 없습니다. 경우에 따라서는 주관적인 주장이나 의견이 드러나 있기도 합니다. 이러한 점에 대해서 독자분들의 오해가 없으시길 바라며 양해를 구합니다. 그렇지만 이렇게 다양한 분들의 코로나19 시대 경험담과 각자의 목소리들을 모은 것 자체로도 충분히 가치 있는 일이라고 생각합니다.

이 책을 읽으실 독자들께서는 한 사람 한 사람의 목소리를 접하면서 지난 3년의 팬데믹 시대를 돌이켜보게 될 것입니다. 어떤 부분에서는 나와 같은 경험을 하거나 비슷한 생각이 담긴 목소리가 무척 반가울 것입니다. 어떤 부분에서는 코로나19 시대를 겪으며 이러한 일이 있었구나, 혹은 이러한 문제가 있을 수도 있었구나 하고 놀랍기도 하고 흥미롭기도 할 것입니다. 어떤 부분에서는 코로나19 이후의 미래에 우리가 주의하여 관심을 기울여야 할 지점이 무엇인지를 깨우쳐 생각할 수도 있을 것입니다. 우리는 그렇게 이 책을 읽는 분들이 공감의 연대를 이룰 수 있기를 기대합니다. 우리가 함께 견디고 버텨 온 3년 세월의 흔적들이 여기에 모여 있기 때문입니다. 우리는 팬데믹 3년을 함께 겪은 인류, '호모 팬데미쿠스'로서, 서로의 목소리에 귀기울이고 서로를 위로할 수 있게 될 것입니다.

코로나19는 우리 HK+통합의료인문학연구단의 당초 계획에 차질을 안겨주기도 했지만, 새로운 연구 계기를 만들어주기도 했습니다. 우리 연구단은 코로나19를 겪는 과정에서 우리가 해 왔던 학문의 의미와 역할을 다시금 진지하게 되돌아보게 되었습니다. 연구단 구성원들 각자는 재택 근무와 원격 강의에 익숙해지기도 했고, 코로나19로 인해 가족이나 친지를 잃는 아픔을 직접 겪기도 했습니다. 아마도 많은 분들이 코로나19 팬데믹 시기의 경험들을 오래 기억하게 될 것입니다. 하지만 그 경험이 미친 영향과 결과는 모두에게 똑같지만은 않았습니다. 우리가 그 경험의 목소리를 다양하게 담아내려고 노력한 이유입니다. 코로나19는 한때의 아픔과 상처로만 기억되지는 않을 것입니다. 우리는 이것을 계기로 현재를 성찰하고 미래를 전망할 수 있을 것이기 때문입니다.

이 책에는 두 편의 대담을 포함하여 모두 서른여섯 편의 글이 실렸습니다. 이로써 『코로나19데카메론』 1, 2, 3권을 모아 모두 100편의 글이 채워졌습니다. 그간 저희 연구단이 펴낸 100편의 글이 코로나19 팬데믹 시대를 모두 아울러 담아내었다고는 할 수 없을 것입니다. 하지만 이 글들이, 팬데믹 시대를 기억하는 하나의 조각들이 되고 이 시대를 조명하는 작은 불빛이 될 수 있으리라고 믿습니다.

이 책을 기획하고 펴내는 데에 힘써 주신 연구단의 단장 박윤재 선생님과 '데카메론 기획팀' 이상덕, 조태구, 이동규, 김현구 선생님께 먼저 감사의 말씀을 드립니다. 무엇보다 이 책을 온전하게 낼 수 있었던 것은 인터뷰에 흔쾌히 응해주시고 목소리를 들려주신 인터뷰 대상자들 덕분이었습니다. 별다른 보답도 드리지 못했음에도 인터뷰에 응해주신 분들께 진심으로 감사드립니다. 인터뷰 대상을 섭외하고 인터뷰를 진행하여 글로 정리하여 집필해 주신 모든 필자들께도 깊은 감사의 인사를 전합니다. 인터뷰와 대담 기반의 글이라 더 어려웠을 교정과 편집 작업에 애를 써주신 도서출판 모시는사람들의 대표님과 편집자들께도 감사드립니다.

마지막으로 코로나19로 인해 세상을 떠난 모든 분들에게 애도를, 그리고 그 시대를 견디고 버텨내신 모든 분들에게 위로의 마음을 전합니다. 감사합니다.

2022년 2월

경희대학교 HK+통합의료인문학연구단 부단장 최성민

호모 팬데미쿠스

Chapter1

코로나와
맞선 의료

좋은 영향력과 책임의 공동체*

—팬데믹 시대의 재활의학

조태구

 인류가 감염병에 대응하는 방식은 오랜 세월 동안 크게 달라지지 않았다. 감염원인 다른 사람들과의 접촉을 차단하는 것이다. 코로나19 팬데믹이 시작되자 사람들은 서로에게 거리를 두고 문을 걸어 잠근 채 고립되기를 선택했다. 마스크로 얼굴을 가린 채 자신을 자신 안에 가두어 두는 일은 이 고립의 완성이었다. 문을 걸어 잠그고 서로간의 접촉을 최소한으로 줄이는 것, 즉 폐쇄는 의학기술이 고도로 발달한 오늘날에도 감염병에 대응하는 가장 효과적인 인류의 전략이다.

 실제로 코로나19 팬데믹 기간에는 많은 곳의 출입이 통제되었다. 그리고 병원은 그 가운데서도 가장 폐쇄적인 공간 중 하나였다. 쉽게 출입할 수 없던 그곳에서 많은 사람들이 아파했고, 사라졌다. 구체적으로 그 안에서

---

* 이 글은 경희대학교 의과대학 재활의학교실 윤동환 교수를 2022년 10월 12일에 만나 인터뷰한 내용을 바탕으로 작성되었다.

어떤 일이 벌어지고 있는지 알 수 없었지만, 적극적으로 알고자 하지도 않았다. 코로나19 팬데믹이라는 세계적인 보건 위기 상황에서 병원은 가장 절실히 도움을 구해야 하는 장소인 동시에 의도적으로 피하고 싶은 장소였다. 그러나 3년 가까이 지속된 이 사태는, 이제 적어도 표면적으로는 종식되어 가고 있다. 글을 쓰는 바로 지금 이 순간에도 새롭게 감염자가 발생하고, 사망자가 지속적으로 늘어나고 있지만, 어쨌든 사태는 정리되어 가고 있다. 코로나19 팬데믹을 과거로 기록하고 미래를 준비할 때이다. 그리고 이를 위해 의료계의 목소리를 들어 보는 일은 필수적이다. 경희대학교 의과대학 재활의학교실의 윤동환 교수를 만나 이야기를 들어보기로 했다.

돌아오지 못한 사람들

의도적으로 회피하려고 했던 것과는 달리, 지난 3년은 내 삶의 그 어느 순간과 비교해서도 병원에 방문할 일이 많았던 시간이었다. 사소한 사건과 사고들은 제외하고 굵직한 일들만 언급한다면, 아버지께서 내과 수술을 하셨고, 장모님께서 사고로 크게 다쳐서 오랫동안 입원하셔야 했다. 자주 병원을 방문해야 했지만, 방문할 때마다 거쳐야 하는 여러 번거로운 절차들은 끝내 익숙해지지 않았다. 더구나 번거로운 절차를 거치더라도 아파하는 가족과의 만남은 극히 제한적으로만 허용되었다. 그리고 이 모든 방역조치들은 병원이라는 특수한 공간의 고유한 긴장감을 더욱 날카롭게 만들었다. 면회시간을 기다리며 대기실에 앉아 멍하니 빈 벽을 바라보다

문득, 바이러스는 사람만 감염시키는 것이 아니라는 생각을 했다. 병원의 벽과 기둥, 계단에 이르기까지, 건물 구석구석에 바이러스가 스며들어 전체를 감염시켜 버린 것 같았다.

인터뷰를 위해 오랜만에 찾은 병원의 모습은 많이 달라져 있었다. 아니, 정확히 말하자면 예전의 모습으로 돌아와 있었다. 출입문은 통제되지 않았고, QR코드 인증도 체온 측정도 없었다. 사람들이 마스크를 쓰고 있다는 점을 제외한다면 모든 상황은 코로나19 팬데믹 선언이 있기 이전으로 돌아간 것처럼 보였다. 여전히 각자의 긴박한 사정으로 사람들은 병원 로비를 바쁘게 오가고 있었지만, 병원을 짓누르던 그 날카로운 긴장감은 이미 사라지고 없었다. 병원의 벽과 기둥은 깨끗했다. 모든 것이 정상으로 돌아왔다고 생각했다.

"경희의료원은 상급종합병원의 특성상 급성기 환자분들을 많이 뵙지만, 여기에서 수련 시켜서 내보낸 제자들은 재활병원이나 요양병원에서 만성기 환자분들을 많이 돌보고 있거든요. 많이들 돌아가셨어요. 정말, 정말 많이들 돌아가셨어요."

윤동환 교수의 이 말은 현실의 한복판으로 나를 다시 위치시켰다. 코로나19 팬데믹 상황을 떠올리며 윤동환 교수는 무엇보다 먼저 죽음을 언급했다. 당연한 일이었다. 코로나19 팬데믹이 세계적인 보건 위기였던 이유는 그로 인해 많은 사람들이 목숨을 잃었기 때문이다. 그럼에도 포스트 코로나를 외치며 코로나19 팬데믹 이후를 말하는 요즘, 사람들은 그 많은 죽음을, 지금도 매순간 일어나고 있는 그 수많은 죽음을, 마치 없었던 일처럼 취급한다. 이러한 태도에 비판적이었던 나조차도 어느덧 죽음을 잊고 있었다. 나의 시선은 미래로만 향해 있었다. 무의식적으로 혹은 본능적으로 생각하기를 거부하고 있었던 것인지도 모른다. 코로나19 팬데믹으로 인해 많은 환자들이 영영 돌아오지 못하게 되었다는 사실을 모른 척하고 있었고, 고령층을 주된 치료 대상으로 하는 재활의학과가 다른 어떤 의학 분과와 비교해서도 코로나19 팬데믹에 직접적으로 영향을 받을 수밖에 없었다는 자명한 사실을 뚜렷하게 인식하지 못하고 있었다.

> "재활의학과의 특성상 여기 환자분들 가운데는 워낙 장기적으로 앓고 계시는 분들이 많고, 지병들을 가진 분들, 평균적으로 고령이기 때문에 바로 영향을 받았죠. 영향 많이 받으셨습니다."

노인을 겨냥한 질병

코로나19 팬데믹 초기부터 코로나19 감염병이 노인들에게 특히 치명적이라는 사실은 잘 알려져 있었다. 2022년 7월 7일 국회에서 열린 토론회, '코로나19를 통해 본 노인의료'에서 발표된 자료에 따르면, 코로나19 바이러스 감염에 의한 사망률은 70~79세 노인의 경우 23%, 80세 이상 노인의 경우 59%에 달하며, 이는 20~29세의 0.24%의 사망률이나 30~39세의

0.44%의 사망률은 말할 것도 없고 50~59세의 4.07%의 사망률과 견주어서도 비교할 수 없을 만큼 높은 수치이다. 이렇게 연령대 별로 뚜렷이 구분되는 바이러스의 영향력은 백신 접종 우선순위 선정 등 정부가 방역 조치를 결정할 때 참조할 수 있는 명확한 기준이 되기도 하였지만, 사실 방역을 둘러싼 세대 간의 갈등을 야기할 수 있는 불안요소이기도 했다.

그런데 윤동환 교수의 설명에 따르면, 코로나19 팬데믹은 감염에 의한 사망이라는 직접적인 방식으로만 노인 계층에게 악영향을 끼친 것이 아니다. 감염병 예방을 위해 취해진 여러 방역 조치와 팬데믹이라는 상황 그 자체는 노인들의 생활 방식을 소극적인 것으로 만들어 버렸고, 이렇게 줄어든 노인들의 활동량은 그들의 건강에 악영향을 끼쳤다.

"어르신들은 서로서로 간에 말씀들도 많이 하셔서, 코로나19 팬데믹 시기에는 그러한 것들을 할 수 없으니 아예 안 나오시는 경우가 굉장히 많았습니다. 또 접촉을 하면 다른 사람에게 폐를 끼치거나, 또는 내 스스로가 두려워서 집 안에만 계시는 경우가 굉장히 많이 있었습니다."

감염이라는 직접적인 방식뿐만 아니라 여러 간접적인 방식으로 코로나19 팬데믹이라는 상황이 노인들의 건강에 악영향을 끼쳤다는 사실은 수치로도 분명하게 확인된다. 앞서 인용했던 자료에 따르면, 코로나19 바이러스에 감염되어 사망한 경우를 제외한 '초과사망자 수'(초과사망자 수 = 〈2020-2022년 주차별 사망자 수〉 - 〈과거 3년 동주차 내 최대사망자 수〉)는 코로나19 팬데믹 이후 고령층으로 갈수록 뚜렷하게 증가하는 추세를 보이고 있다. 2022년 10월 16일 통계청 자료 기준으로 65~84세 사망자 수는 12,360명으로 과거 3년 최대사망자 수 대비 10.3% 증가한 반면, 85세 이상 사망자 수는 8,950명으로 과거 3년 최대사망자 수 대비 22.3% 증가하였다. 코로나19 바이러스는 눈에 보이지 않는 방식으로 노인들의 삶을 그 근본에서부터 붕괴시키고 있었던 것이다.

그런데 문제는 노인들의 줄어든 활동량만이 아니다. 코로나19 팬데믹이 야기한 상황의 변화는 재활을 위해 필요한 많은 좋은 환경을 환자들에게 차단해 버렸다. 윤동환 교수에 따르면 재활은 일종의 공동체적 활동으로서, 병원에 와서 자신과 비슷한 상황에 처한 다른 분들과 대화를 나누고, 서로를 격려하고 응원하는 것 모두가 치료의 과정일 수 있다. 그러나 사회적 거리두기를 시행하는 동안 타인과의 접촉은 물론, 면회가 제한됨으로써 가족과의 접촉도 극히 한정될 수밖에 없었고 이러한 관계의 단절 혹은 제한은 재활의학 관점에서 심각한 문제였다. 윤동환 교수는 사돈의 팔촌까지 찾아와 인사하던 옛날의 병문안 문화가 좋은 것은 아니라고 말하면서도 다음과 같은 점을 강조했다.

"찾아와서 뵙는 것, 그건 어떤 동기가 됩니다. 그러니까 누군가 나를 찾아주고 그런 것들 자체가 코로나로 인해 줄어들었기 때문에… 재활이라는 것이 배워 나가는 과정이고 어렵고 힘든 일을 해 나가는 것인데, 이런 일들을 해 나가기 위한 동기와 용기를 얻을 기회가 코로나 상황으로 인해 줄어든 겁니다."

이러한 현실 속에서 의료진들은 많은 노력을 기울였지만, 코로나19 팬데믹 상황은 의료진의 노력에도 분명한 한계가 있을 수밖에 없다는 점을 확인시켰다. 마스크를 쓴 채 접촉을 최소한으로 하도록 제한하는 상황에서 환자와의 친밀감 형성은 어려울 수밖에 없기 때문이다. 윤동환 교수는 이성적인 설명과 설득도 중요하지만, 환자에 대한 심리적 지원이나 접촉, 다정한 미소 같은 것이 재활에 핵심적 요소일 수 있다고 말한다. 이러한 것은 비록 정량적으로 측정될 수는 없지만 환자와의 친밀감을 형성하도록 만들고, 이러한 친밀감은 재활이라는 어려운 과정을 밟아 나가는 환자들에게 매우 중요하다. 코로나19 팬데믹이 차단해 버린 것이 바로 이런 좋은 환경이다.

"저희도 이러한 상황에서 열심히 한다고는 합니다만, 얼굴을 보여드릴 수도 없고 어려움이 있습니다. 또 인지 기능 장애를 가지고 계신 분들이 많기 때문에 이게 꼭 소리 말고도 이렇게 표정이라든지, 어떤 의료진하고의 스킨십이라든지 이런 것도 굉장히 중요한데 지금은 제한되어 있죠. 문제는 단순히 운동을 몇 번을 한다, 그런 것이 아닙니다. 시각, 촉각, 청각 여러 가지 인지적인 측면이 매우 중요하고요, 코로나 상황은 이런 재활을 위한 여러 가지 좋은 풍부한 환경들이 많이 차단이 되는 그런 상황이었습니다. 병원 내에서도 그렇고 사회적으로도 그렇고, 입원환자뿐 아니라 외래환자들도, 좋은 환경들이 제한되는 그러한 상황들을 많이 목도하게 되었습니다."

재활이 필요한 사회와 좋은 영향력

물론 코로나19 바이러스의 피해를 노인층만 입은 것이 아니고, 코로나19 팬데믹 상황이 환자에게만 가혹했던 것도 아니다. 윤동환 교수는 어느 날 갑자기 병원을 찾지 않는 환자의 죽음을 시간이 지나 그 환자의 보호자로부터 전해 들었을 때 느꼈던 상실감과, 코로나 상황에서 온전히 이루어지지 못한 애도 과정으로 인해 환자 보호자들이 겪는 심리적 고통에 대해서도 언급했다. 바이러스의 전파 경로를 따라 사회 전체가 영향을 받았고, 코로나19 팬데믹 상황에서는 누구도 안전할 수 없었다. 위축된 활동으로 모든 사람들은 육체적으로 약해져 있고, 정신적으로 취약한 상태에 놓여 있다. 말하자면, 코로나19 팬데믹이라는 상황을 함께 겪은 우리 모두에게는 일종의 재활이 필요하다. 그렇다면, 이 재활의 방식은 어떤 것이 될 수 있을까? 윤동환 교수의 말에서 어떤 해답을 찾을 수 있었다.

"재활의학과에서 이렇게 같이 가고 서로 사랑하고 이런 것들이 굉장히 중요하다고 생각하거든요. 환자와 의사라는 이런 관계만이 아니라, 정말로 어렵고 힘든 어떤 각 사람들만의 고유한 특성들을 잘 파악하고, 같이 가고 서로 용기를 주고 하는 게 중요합니다. 그게 꼭 의사가 환자한테만 일방적으로 드릴 수 있는 건 아닌 것 같아요. 환자분들한테도 굉장히 큰 그런 힘을 저희는 얻거든요. 왜냐하면 매우 힘든 그런 상황인데도 그거를 정말 힘들 때는 정말 힘들지만, 그런 시절을 같이 겪고 이겨나가시고 하는 것을 볼 때면 감동적인 순간이 너무너무 많고 저희도 환자분들 곁에서 배우는 점이 너무 많아요. 그래서 이렇게 서로 많이 사랑하고 아껴주고 좋은 것들을 서로 주고받았으면 좋겠다는 생각입니다."

윤동환 교수는 인터뷰를 진행하는 동안 '좋은 영향력'이라는 표현을 자주 사용했다. 이 좋은 영향력은 의사가 환자에게 주는 일방적인 것이 결코 아니다. 서로가 서로에게 주는 것이고, 나눠가짐으로써 바이러스가 우리 서로를 감염시켰듯이, 서로에게 스며드는 것이다. 그리고 이렇게 좋은 영향력이 서로에게 스며들어 사회 전체에, 모든 사람들에게 퍼져나갈 수 있을 때, 서로가 서로를 책임지는 책임의 공동체가 완성될 것이다. 책임의 공동체, 그것이 바로 코로나19 팬데믹이라는 어려운 시절을 함께 겪으며 고통받았던 우리가 이제부터 실행해 나가야 할 재활 과정의 목표일 것이다.

마스크를 벗어야 하는 이유

인터뷰를 마치고 병원을 나서며 마스크를 벗었다. 시원한 바람이 맨 얼굴에 와 닿았다. 문득, 마스크를 벗고 인터뷰를 진행하지 못한 점이 후회스러웠다. 윤동환 교수의 얼굴, 마스크가 결코 다 가릴 수 없었던 그 맑은 표정을 좀 더 쉽게 마주할 수 있었으리라. 윤동환 교수의 그 맑은 얼굴은 환자와 또 주변 사람들과 좋은 영향력을 주고받으면서 자연스럽게 얻게 된 결과일 것이다.

잘 알려져 있는 것처럼, 코로나 사태 초기부터 마스크와 관련된 여러 논의들이 있었다. 그러나 마스크를 벗어야 하는 이유를 명확하게 제시하는 주장은 없었다. 마스크는 다만 재난의 상징이었고, 이 상징의 제거는 사태의 종식을 의미할 뿐이었다. 그러나 이제는 알겠다. 마스크를 벗고 누군가를 바라보는 일은 누군가를 책임지려는 사랑의 행위이며, 나와 타인을 회복시키려는 재활의 과정이다. 우리는 건강해져야 하며, 마스크를 벗어야 한다. 맞은편에서 걸어오는 맨 얼굴의 타인이 반가워 살짝 미소를 지었다. 우리는 이제 곧 건강해질 것이다. 아니, 이미 건강해지기 시작했다. 인터뷰를 마친 뒤, 적어도 나는 내가 이미 건강해졌음을 느낀다.

하늘 아래 새로운 것은 없다*

─한의학의 '다른' 코로나 대응법

김현구

보이는 것과 보이지 않는 것

한의학은 어떤 면에서 문제적이다. '한의학'은 한반도에서 수천 년 동안 실천되면서 그 임상 지식과 경험이 축적되어 전래된 의학 전통이고, 오늘날의 보건의료체계에서 일정 부분 역할을 담당하고 있다. 하지만 어떤 순간에 있어서는 보이지 않는 의학이 된다. 대표적인 예가 코로나19 팬데믹 시기라고 할 수 있다. 코로나19의 감염을 막는 보건의료의 최전선에서 '한의학'은 보이지 않았다. 적어도 공적, 국가적 영역에서는 말이다. 코로나19가 확산되기 시작하던 2020년 초, 이웃 나라인 중국에서 중의사와 중의 치료를 국가 방역에 참여시킨 것처럼 한국에서도 방역에 한의사의 참여를

---

*   이 글은 한의원에서 30여 년 넘게 진료하면서 연구를 병행해 온 김홍균 한의사를 서울에 있는 그의 한의원에서 2022년 9월 24일 인터뷰한 내용을 바탕으로 작성된 것이다.

촉구하는 대한한의사협회(이하 한의사협회)의 목소리가 있었다. 그러나 일부 단체의 견제와 당국의 소극적 태도 때문에 결국 무산되었다. 그 뒤로 한의사협회가 '코로나19 한의진료 전화상담센터'를 자체적으로 설치하여 코로나19 확진자 및 격리자, 그리고 후유증을 겪는 환자들에게 전화를 통해 처방을 하고 한약을 지원해 주는 등의 사업을 진행하였지만, 백신이나 생의학에서 만들어진 치료약에 비하면 언론의 큰 관심을 받지 못했다. 그러나 공적인 영역에서 보이지 않았다고 해서 아무 일도 하지 않았다거나 사라져 버린 것은 아닐 것이다. 보이지 않았던 의학, 한의학은 코로나 기간 동안 어떤 방식으로 존재했을까? 또한 한의사들을 대표하는 기관의 공식적 목소리뿐 아니라 일상에서 환자들을 마주하는 현장인 일선 한의원에서 진료하는 한의사들의 생각은 어떠했을까?

한의사와의 인터뷰를 통해 그 실마리를 잡아보고자 나는 김홍균 한의사가 진료하는 한의원을 찾았다. 60대인 김홍균 한의사는 한의학의 역사를 연구하는 의사학(醫史學)으로 2000년 한의학박사 학위를 취득한 후, 한의원 건물 1층에서는 진료를 하고 2층에는 연구 공간을 마련하여 진료 외 시간에는 연구를 계속하고 있었다. 김홍균 한의사와 약속을 하고 2022년 9월 24일 그의 연구 공간에서 인터뷰를 실시했다. 오후 3시에 시작된 인터뷰는 질의응답으로 시작하여 때때로 그의 한의학에 대한, 또는 바이러스와 미생물에 대한 강의로 확장되기도 하면서 6시가 넘어서야 끝났다.

새로운 코로나바이러스, 새롭지 않은 코로나 증상

김홍균 한의사는 개인적으로 코로나19에 대해 미지의 것이라든가, 혹은 두려워 할 대상이라고 생각하지 않았다고 했다. 2022년 9월 현재 코로나19에 대한 경각심은 한국 사회 전체적으로도 많이 누그러진 상황이지만, 코로나19에 대한 정보가 부족하고 경각심이 높았던 2020년 초에도 그의 생각은 크게 다르지 않았다고 한다. 한 사람의 의료인으로서 그는 질병이 생기면 마땅히 달려들어서 치료해야 한다고 생각했다. 2020년 초반 한국에서 코로나19에 대한 공포감이 있었을 때, 그는 오히려 자신감이 있었다고 했다.

한의사협회에서도 코로나19가 본격적으로 유행하기 시작한 2020년 3월경에 '코로나바이러스 감염증 한의진료 권고안'을 두 차례에 걸쳐 제작해 한의사들에게 공개 및 배포했었다. 해당 권고안에는 코로나19환자에 대해 '청폐배독탕'*이라는 처방을 통치방으로 쓰거나, 환자의 증상에 따라 표열증, 이열증, 습증 등으로 구분하여 그에 맞는 처방을 선별하여 쓸 것

---

* 청폐배독탕(淸肺排毒湯)은 마황 9g, 자감초 6g, 행인 9g, 생석고 15-30g, 계지 9g, 저령 9g, 백출 9g, 복령 15g, 시호 16g, 황금 6g, 강반하 9g, 생강 9g, 자원 9g, 관동화 9g, 사간 9g, 세신 6g, 산약 12g, 지실 6g, 진피 6g, 곽향 9g을 열수출한 한약으로 중국 후한 시기 장중경(張仲景)이 저술한 『상한론』에 나오는 처방인 마행감석탕, 오령산, 소시호탕, 사간마황탕, 곽향정기산의 합방에 산약을 첨가하여 새롭게 조합한 처방이다. 한국에서는 마황의 유무로 마황이 있는 처방을 청폐배독탕 I , 마황을 모두 뺀 처방을 청폐배독탕II로 구별해 쓰기도 하였다. (강보형 외, 「COVID-19에 대한 청폐배독탕의 연구 동향 분석」, 『대한한방내과학회지』 제41권 3호., 2020, 426쪽)

을 제안하였다. 하지만 김홍균 한의사는 코로나19 유행 전부터 그가 사용해 오고 있는 처방과 관점을 적용하여 코로나19 환자들을 치료하였다고 이야기하였다. 중국의 중의학에서는 코로나19를 온병(溫病)으로 봐서 석고와 같이 열을 꺼주는 약제를 사용하는데, 김홍균 한의사의 관점에서는 그런 처방은 사상의학에서 말하는, 몸에 열이 많은 소양인에게만 듣지 몸에 한기가 있는 소음인에게 쓰면 오히려 환자의 상태를 악화시키는 처방이었다. 이러한 관점에서 그는 중국의 중의계에서 코로나19 치료에 사용하는 약을 환자의 체질을 고려하지 않고 통치방처럼 아무에게나 사용하는 것에 비판적인 입장을 갖고 있었다. 그럼에도 불구하고 그도 한의사협회의 경우처럼 기본적으로는 정부가 시행하는 방역에 한의사들이 적극적으로 개입해야 한다는 입장이었다. 그가 보기에는, 백신보다도 한약이 코로나19를 응대하는 데 더 효과적이었다. 그는 소음인, 소양인, 태음인, 태양인의 사상인 별로 2개의 처방을 할당해서 이것을 체질과 증상을 감별해서 쓰면 효과적이라고 했다.

수십 년의 임상 경험과 연구 활동에 기반해서 김홍균 한의사는 한의학을 활용하는 자신만의 임상적 관점을 갖게 되었다. 보다 구체적으로, 오랜 기간에 걸쳐 성립된 고전 의서 및 다양한 의학 서적들을 연구하는 동시에 환자들을 진료하며 임상 징후들을 관찰하면서, 질병명에 관계없이 환자의 증상에 따라 풍(風)과 한(寒)으로 우선 감별하는 관점을 갖게 되었다. '풍'이라고 하는 것은 문자 그대로 하면 '바람'으로, 한의학의 고전인 『황제내경·소문』의 〈풍론〉편에서 언급된 것처럼 "바람은 백 가지 병—사실상 모든

병―의 원인이 된다"(風者 百病之長也)라고 보고 있다. 이것은 전통적으로 한의학에서 사람에게 병을 일으키는 외부 원인으로 보는 육기(바람, 한기, 더위, 습기, 건조함, 화기) 중 가장 영향력이 크고 중요한 원인으로 바람을 꼽은 것이다. 이와 더불어 추운 기운인 '한기'도 『황제내경』에 버금가는 한의학의 고전인 『상한론(傷寒論)』의 제목에 들어갈 정도로 중요한 외부 병인이 된다. 그는 환자의 병을 볼 때 육기 중에서도 풍과 한, 이 두 개의 병사(病邪)를 가장 중요한 범주들로 삼았다.

김홍균 한의사는 위와 같이 임상 경험을 바탕으로 한 한의학 고전 연구를 통해서 환자와 병을 보는 관점을 얻었지만, 그와 동시에 생의학적 지식도 같이 탐구했다. 좀 더 정확하게는 생의학의 연구 성과를 '한의학적 관점'으로 보려는 노력을 했다. 이를테면 그는 바이러스와 박테리아의 '모양'을 통해서 그것의 특징을 파악하려고 했다. 이는 한의학 전통에서 말하는 '취상'과 연결된다고 볼 수 있다. 취상(取象)이란 어떤 사물의 형태 또는 현상의 외부 발현 양상을 상징화하여 특정 속성으로 분류하는 사고 과정이라고 할 수 있다. 예를 들면 어떤 사물의 고정되고 굳어 버린 딱딱함, 혹은 차가운 성질 등은 '음'이라는 속성으로 묶일 수 있고, 반대로 발산하거나 뜨거운 성질 등은 '양'이라는 속성으로 묶일 수 있는 것과 같다. 김홍균 한의사에 따르면 풍(바람)은 이리저리 움직이고 잘 변하는 성향이 '양'적이고, 한기는 정적이고 응결되려는 성향이 '음'적이라고 구분하였다. 이러한 사고를 바탕으로 박테리아와 바이러스를 비교하면 박테리아는 종류에 따라 그 모양이 아주 다양하지만, 바이러스는 기본적으로 구형이라는 거의 일정한 모습을 하고 있다. 김홍균 한의사는 바이러스에 비해 다양한 형태를 띤 박테리아가 '풍'의 속성을 갖고 있다고 보았다. 박테리아가 바람(風)처럼 다양하게 변화하고, 이리저리 왔다갔다 하기도 하고, 환경 속에서 변화를 쉽게 일으키는 것이다. 이런 맥락에서 박테리아의 감염이라고 하는 것은 곧 풍의 감염, 풍의 기운을 받아서 인체에 일어나는 현상과 같은 것으로 해석될 수 있다. 또한 그에 따르면 박테리아는 습한 환경에서 잘 번식하는데, 이와 마찬가지로 인체 내부가 습한 환경이 되면 박테리아가 몸 안에서 자라기 쉬워지므로, 이런 습한 기운이 조성되는 걸 막아야 한다고 보았다. 즉 한의학에서 습한 기운이 과도한 것을 말려 주는 거풍산, 방풍통성산과 같은 처방들을 써야 한다는 것이다. 이에 반해 바이러스는 박테리아와 다르게 추울 때 주로 활동한다는 관찰을 통해 '한'의 성격을 띤다고 보았다. 이렇게 '한'으로 해석된 바이러스성 질환은 '한기'를 다스려주는 곽향정기산, 마황발표탕과 같은 처방을 써서 처리할 수 있다고 보았다.

김홍균 한의사는 그의 임상 경험과 공부를 통해서 사상인 중에서 소양인, 소음인 및 태음인의 풍증과 한증에 각각 적용될 수 있는 처방을 하나씩 배정하였다(표1). 이것은 코로나19에 걸린 환자에게도 똑같이 적용할 수 있는 처방이다. 여기에 언급되지 않은 사상인인 태양인의 경우는 그도 임상을 하면서 별로 보지 못해서 어느 처방이 잘 듣는 지 시험해 볼 기회가 적었다고 하였다. 또한 이 처방들은 대표적인 것을 추려놓은 것뿐이지 다른 사상 처방도 충분히 응용 가능하다고 하였다.

	소양인	소음인	태음인
한증	형방패독산	곽향정기산	마황발표탕
풍증	방풍통성산	거풍산	갈근해기탕

〈표1〉 소양인, 소음인, 태음인의 한증과 풍증에 쓸 수 있는 처방 예시

코로나19 바이러스도 시간이 경과하면서 변이가 있었다. 그에 따른 증상, 전염력 등도 달랐는데, 김홍균 한의사는 이러한 생물학적 변이 과정도 감염 시 증상 변화와 같은 것의 취상을 통해서 한의학적으로 해석했다. 예를 들어, 오미크론 변이 이전까지는 바이러스만 처리하면 된다고 보아 한기만 다스리는 처방을 사용했다면, 오미크론 변이 이후에는 박테리아까지 같이 작용해서 증상을 일으킨다고 보아 풍한을 같이 다스리는 처방을 사용했다. 인터뷰를 진행한 2022년 9월 현재 시점에 대해 김홍균 한의사는 바이러스의 전염력은 약해지고 박테리아의 전염이 지속되는 상황이라고 보았다. 코로나19가 확진된 환자들이 내원했을 때의 증상을 보고 내린 판단이라고 하였다. 그런 경우에 풍한을 같이 치료해주는 처방을 사용한다고 하였다.

코로나19는 한의학에 무엇이 될 수 있을까

김홍균 한의사는 코로나19 백신접종을 한 번도 하지 않았다고 한다. 그리고 아직까지 확진된 적도 없다고 했다. 예전에 코로나19가 한창 확산세였을 때, 증상을 약간 보여서 검사를 해 보았는데 음성 판정이 나왔다고

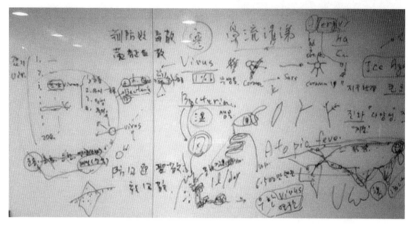

한 시간을 계획했던 인터뷰는 김홍균 한의사의 한의학 강의시간으로 변하기도 해서 3시간이 넘게 진행됐다. 그가 필자에게 설명한 내용이 화이트보드에 적혀 있다.

했다. 그때는 그도 살짝 겁이 나기도 해서 검사를 해 보았지만 아무 이상이 없었다는 것이다.

반면 그의 가족 중에는 확진자가 있었다. 자녀 중 한 명이 확진되었는데, 그가 보기에 그 자녀는 소양인이어서 소양인 처방인 형방패독산과 방풍통성산으로 '처리'했더니 곧 괜찮아졌다고 했다. 사흘 정도 처방을 복용하니 증상이 없어지고 괜찮아졌는데, 호전되었음에도 규정에 따라 일주일 동안 격리를 해야 했다. 다행히 다른 가족에게 전염되지는 않았다고 했다. 가족 중 한 명이 확진된 후 막내딸이 걱정되어서 PCR 검사를 받기는 했는데 음성 판정을 받았다. 다른 자녀는 '우리 아빠가 있는데' 하면서 걱정하지 않았다고 한다.

코로나19 기간 동안 김홍균 한의사는 오히려 코로나 '특수'를 누렸다며 여유 있는 반응을 보였다. 그의 한의원은 오랜 기간 동안 같은 장소에 있기도 해서 한의원을 오래 다닌 환자들이 많았다. 그에 따르면 환자들은 대체로 그의 '풍한 이론'에 익숙해져서, 문제가 되는 증상이 생겼을 때 '풍한을 처리하면 된다'라는 생각을 하게 된다고 한다. 코로나19에 걸리면 그에게 와서 풍한에 대한 조치를 받고, 코로나19 백신 후유증이 있는 사람들도 풍한 조치를 받고 회복되기도 한 경험들이 소문으로 전해져서 그에게 진료 받는 사람이 늘어났다고 한다. 오히려 코로나에 대한 긴장이 완화된 인터뷰 시점 즈음에서는 코로나 증상 처치를 위해 한의원을 찾는 사람들이 한창때보다 줄었다고 했다.

김홍균 한의사는 근본적으로 바이러스나 박테리아를 포함한 외부의 병인보다도 인체의 정기를 잘 관리하는 것이 더 중요하다고 강조했다. 코로나에 얽매이고, 서양의학이 부여하는 병명이 무엇인지에 얽매이기보다는 바람이 들고 한기가 드는 근본 원인인 정기의 부족을 야기하는 상황을 만들지 말아야 한다는 것이다. 일찍 잠을 자고, 적절히 운동하고, 밥을 제대로 챙겨 먹고, 마음에 행복을 추구하는 기본적인 생활이 잘 유지되면 외부의 병인도 크게 두려워할 것이 없다는 이야기이다. 이러한 개인적 측면 외에도 그는 정부에게도 바라는 점이 있었다. 코로나 백신이나 치료제 같이 외국의 자원을 들여오거나 외국의 연구 결과에만 의존해서 정책을 수립하기보다는 한국 고유의 의학인 한의학의 치료 원리와 자원들을 방역에 활용해 달라는 것이다. 이렇게 해서 한국식의 방역 모델을 찾아내 그것을 세계 각국에 수출할 수 있으면 그것이 곧 한국의 위상을 세계에 드높일 수 있는 사례가 되지 않겠느냐고 그는 비장한 어조로 이야기했다.

정리하자면, 김홍균 한의사의 코로나19에 대한 시각은 새롭게 진화한 변이 바이러스라 하더라도 한의학의 방법론을 사용해서 충분히 대응이 가능하다는 것이다. 이러한 그의 관점은 중의계의 진료 가이드라인을 통해 전해진 통치방 개념과는 궤를 달리해, 그만의 임상 경험과 연구를 반영한 사상인의 한증과 열증을 구별하여 처방을 투여하는 방식으로 구체화되었다. 이러한 사례는 학술논문으로 발표되지 않았고, 한의사협회의 공식 지침과 일치하지 않으며, 더욱이 정부에서 채택한 공식 치료 지침과는 다르지만, 일선 현장에서 일어나고 있는, 또 적지 않은 사람들이 '효험'을 인정하는 하나의 현실이었다. 이러한 '현실'은 우리가 언론을 통해서, 또 방역 당국 및 각 기관의 수치화된 브리핑을 통해서 접하는 '현실'과는 어떤 차이가 있을까? 또 이렇게 다른 현실들 속에서 나타나는 괴리는 어떻게 설명될 수 있을까? 본 인터뷰를 통해서 살펴본 한의학의 코로나19에 대한 '다른' 대응은 생의학 위주의 방역 시스템 바깥에 있는 다양한 의료 실재의 모습과 그 가능성의 한 측면을 보여 주고 있다.

"그 순간 제가 산모의 엄마였어요"*

─산부인과 전문의 이야기

이상덕

코로나 초기 - 무지의 공포

산부인과 전문의 A씨는 경기 남부의 한 사립 산부인과 전문 병원에서 근무한다. 이 병원은 분만이 전국적으로 급격히 줄어들어 폐업하는 병원이 늘어나는 가운데 젊은 인구 유입으로 일정 수의 분만을 유지하고 있는 신도시 병원이다. 산부인과는 코로나19 팬데믹 상황이 아닌 때에도 환자의 불안감이 높은 의료 분과이다. 아이를 적게 낳는 최근의 추세에서는 더욱 그렇다. 많은 산모가 초산이어서 산모 자신에 대해서도, 뱃속의 아기에 대해서도 불안해한다. 코로나가 발생하자 그 불안은 더욱 커졌다고 한다.

---

* 이 글은 경기도 남부의 산부인과에서 산부인과 전문의로 일하고 있는 의사 A씨(가명)를 2022년 10월 2일에 인터뷰한 것을 바탕으로 쓴 것이다.

"2020년 4월이었을 겁니다. 그때 병원에 출입 제한하고 막 그랬었잖아요. 마스크를 서로 쓰고 진료를 보기 시작했을 때 처음에는 이게 어느 정도에서 감염이 되는지 진짜 전혀 몰랐잖아요. 그러니까 아마도 다른 데도 다 그렇게 했을 거예요. 한 번 환자 왔다 가면 방역하고 쓸고, 닦고, 그런 걸 매번 했었어요. 그리고 한번은 같이 진료를 보러 왔던 환자 보호자가 코로나에 걸려서, 다음 날 그 보호자가 코로나에 걸렸다고 병원으로 연락이 온 거예요. 그때는 동선과 접촉자를 다 파악할 때니까. 그래서 그 주치의 선생님은 2주 동안 격리를 했었죠."

코로나19 바이러스에 대해 정확히 알지 못하고, 여러 가지 설들만 돌아다니던 사태의 초기에는 혼란이 더 심했다. A씨가 처음 코로나로 인한 혼란을 크게 겪었던 것은 2020년 4월의 일이었다. 출산 앞둔 한 산모가 약간의 미열이 나고 설사 증세가 있었다. 이 산모는 한 번 이상 출산 경험이 있는 경산모였고, 자궁경부가 열려 있어서 분만 진행이 빨리 될 것 같아 보였다. A씨는 산모를 입원시키려 했다. 그런데 분만장 간호사가 입원을 막아섰다. 간호사는 바로 전날 누군가 열이 나고 설사를 했는데 코로나였다는 뉴스를 들었다고 했다. 당시 바로 감염 여부를 진단할 수 있는 키트도 없었고, 산모가 나중에 코로나로 확진되면 분만장에 있는 모두가 바이러스에 노출되는 셈이라 간호사는 분만장에 산모를 들일 수가 없다고 주장한 것이다. 결국 코로나로 의심되는 산모를 전원해야 한다고 판단하고 병원들을 수소문했고 근처 대학병원에 산모를 보내기로 했다. 그 산모를 혼자 보냈다가 이동 중에 아기가 나올까 걱정되어 A씨는 대학병원으로 가는 구급차에 동승하여 따라갔다. A씨는 산모를 응급실로 데리고 갔는데, 산모의 남편은 첫째 아이를 다른 사람한테 맡기느라고 늦어져서, A씨가 산모의 보호자 역할을 하고, 등록도 해 주어야 했다. 그런데 대학병원에서도 산모가 증상에 해당되어야 코로나 검사를 해 준다는 입장을 보였다. 끝내 병원에서 검사를 안 해 준다고 하고, 산모도 본인의 동선이 걱정이 되는데다가 아직 진통이 없으니 다른 병원에 가서라도 검사하겠다고 했다. 그래서 밤중에 다시 동네 병원 응급실에서 코로나 검사를 하는 동안에 본격적인 진통이 걸려 버렸다. 거기서는 A씨의 병원이 제일 가까웠지만, 병원에서는 열 나는 사람이니까 받아줄 수 없다, 우리 병원 환자라도 받아줄 수 없다는 입장을 고수했다. 대학병원에 차트를 이미 만들어 놓은 상태라 대학병원으로 돌아가기로 결정하고 구급차를 타고 가는 도중에 아기가 나왔다. 다음날 보니 코로나는 음성이었다. 병원과 환자가 코로나에 대해 무지하고, 그러면서 과도하게 공포를 가지고 있었기에 벌어진 일이었다. 그날 이후 A씨는 왠지 목이 아픈 것 같기도 하고 몸이 피곤한 것 같기도 하고, 가족들한테 혹시나 감염시킬까 봐 코로나 감염 검사 결과가 나올 때까지 혼자 방에 들어가 있었다고 한다.

"그때는 코로나가 스쳐 지나가기만 해도 동선 다 파악해서 격리하였으니까 아마 저 같은 사람들이 많았을 거예요."

코로나19 팬데믹 초기 우리는 정말 이 감염병에 대해 무지했고, 공포를 느꼈다. 아기를 가진 엄마들의 공포는 당연히 더 컸을 것이다. 산부인과 의사는 자신도 그 위험에 노출되어 있으면서도 산모들의 이러한 공포를 먼저 달래주어야 했다.

코로나 걸린 엄마

산모가 코로나에 감염되었다고 하더라도 배 속의 아기는 코로나에 감염된 것이 아니다. 코로나는 호흡기로 감염이 되고, 바이러스는 태반을 통과하지 못하므로 아기는 안전하다. 다만, 출산의 과정에서 감염의 우려가 있으므로 아기가 배에서 나오면 우선 엄마는 마스크를 쓰고 격리하고, 아기를 따로 데려가서 코로나 검사를 한다. 다행히 A씨의 병원에서 태어나자마자 코로나에 걸린 아기는 없었다고 한다. 필자도 엄마인 터라, 격리되는 산모가 안스러워 물었다. "엄마가 코로나면 아기를 낳고, 완치가 되는 동안 못 보겠네요?"

"아기와 엄마를 분리 하는 게 아기가 안전할 수 있는 확실한 방법이지만 마스크, 손소독을 잘 하면 직접 모유 수유도 가능하다고 해요. 하지만 제가 본 대부분 산모들은 혹시라도 아기한테 감염되면 안 되니까 코로나에 걸리지 않은 가족들이 아기를 데려가고 산모 혼자 집에서 격리하고 이런 식으로 했었던 것 같아요. 요즘은 다 조리원을 들어가는데 코로나에 걸리면 조리원에는 당연히 못 들어가요."

그런데 산모가 아기를 직접 보살필 수밖에 없는 상황도 있지 않을까? 그러한 상황에서 코로나 걸린 엄마는 갓난아기를 어떻게 만날 수 있었을까?

"최근에는 어떤 엄마가 아기 낳고 나서 한 3일 만에 코로나에 걸린 일이 있었어요. 그런데 산모의 간병을 해줄 수 있는 가족들이 모두 산모의 수술 전날 코로나 양성 판정을 받았어요. 그러니 산모가 혼자 병원에 와서 제왕절개로 아기를 낳을 수밖에 없었지요. 이 엄마도 불안하니까, 당시에는 걸리지 않은 상태였는데도, 매일매일 검사를 했어요, 병원에서. 3일째에 양성이 나왔는데 아기를 데리고 집에 혼자 갔어요. 다른 가족들 역시 모두 코로나 양성이니까 아기를 맡길 사람도 없어서 그냥 엄마가 아기를 계속 봤어요. 그런데 아기는 코로나 안 걸렸어요. 엄마가 계속 마스크를 여러 겹 쓰고 아기를 본 거죠. CDC 통계에 따르면 2020년부터 2021년까지 미국에서 분만 직전부터 2주 전 사이 코로나에 감염된 산모에서 태어난 아기 중 14일 이내 코로나 감염은 5~6퍼센트 정도였어요. 수직감염의 경우는 아니고 엄마와 아기가 접촉하면서 걸린 거죠. 다행히 우리 산모가 감염 관리를 잘해서 아기가 무사할 수 있었어요."

정말 엄마의 힘은 대단하다.

응급 출산 - 코로나 전담병원 신설

앞에서 말한 산모가 그랬듯, 출산의 경우 약간 탈수되는 경우도 있고, 진통 중에 열이 나는 경우도 간혹 있는데, 열이 대표적인 코로나19 감염 의심 증상으로 분류되다 보니 병원에서 받기를 꺼리는 경우가 많았다. 출혈을 하는 산모가 구급차에서 코로나 검사 결과를 기다리다가 태반 조기 박리 때문에 아기가 사망하는 사고도 일어났다. 태반은 아기가 완전히 배에서 나온 이후에 떨어져야 하는데 태반 조기 박리는 그 전에 태반이 떨어진다. 이런 경우 산소 공급이 안 되어 태아가 사망할 수 있고, 과다출혈로 산모도 위험할 수 있다. 그나마 구급차 안에서 아기를 출산한 경우는 운이 좋다고 할 수 있다.

"코로나 환자들이 한참 많아지기 시작할 때, 처음에 대학병원에서는 코로나에 걸린 산모들이 분만에 임박하면 전원을 다 받아준다, 이런 얘기가 있었어요. 그런데 코로나 걸린 산모가 진통이 걸려서 대학병원에 전화했더니 대학병원에서는 국립중앙의료원 응급의료센터에서 갈 수 있는 병원을 알려준다는 거예요. 그래서 국립중앙의료원에 전화했더니 거기서는 또 그 얘기가 금시초문이래요. 그리고 중앙에서는 119로 전화하래요. 그렇게 환자가 올 때마다 혼란을 겪었어요."

결국 A씨의 병원에서는 다른 분만 병원의 도움을 받았다. 서울의 I 병원에서 산모들을 위한 코로나 병상을 열었다. 사실은 음압시설도 안 되었지만 궁여지책으로 코로나 산모를 위해서 연 것이었다. 그런데 이마저도 중앙에서 연결해 준 것은 아니고, A씨의 병원 원장님이 인맥을 통해 연결한 것이었다. 산모들이 길거리에서 아기를 낳는 일이 벌어지기도 하는 상황에서 명확한 시스템이 없었다는 게 당시 의사들에게는 너무 속상한 일이었다고 한다. 한참 동안 컨트롤타워가 없었다. 그러다 일산병원, 한양대병원 등 몇 군데가 산모들이 입원할 수 있는 코로나 전담 병원이 되면서 숨통이 트였다.

"그래서 코로나에 걸렸다 하면 그 산모를 거기에 입원시켰어요. 왜냐하면 그때 아마 폐 합병증으로 사망한 산모가 있었어요. 그때 태아도 같이 다 사망해서 굉장히 경각심이 심해졌거든요. 그런데 그렇게 옮긴, 그러니까 새로 입원한 병원에서는 주치의가 바뀌죠. 보호자도 같이 있을 수 없고 병원은 집이랑 대부분 멀어. 산모들이 아마 호흡기 내과로 입원하고 그다음에 산부인과와 협진을 해서 태아 상태를 봐주고 그랬을 거예요. 코로나가 나으면 다시 오는 거죠. 그때는 2주 격리였잖아요. 그런데 거기 있으면 산모도 불안한 거예요. 자기를 늘 봐주던 산부인과 주치의도 없고, 새로운 병원이 낯설기도 하고……. 그래서 병원으로 그렇게 문의 전화가 많이 왔어요. "선생님, 나 지금 증상이 없는데 병원에서 나를 퇴원을 안 시켜줘요, 선생님 혹시 얘기해서 퇴원시켜 주면 안 돼요?" 막 이런 식으로 전화가 오고 그랬어요."

산모들이 겁이 나서 전화에 대고 많이 울었다고 한다. 외롭고 무서운 상황에 산부인과 의사가 할 수 있는 것은 확인과 위로뿐이었다고 한다. 그들은 위기의 순간 산모의 또 다른 엄마가 되어 주었다.

"퇴원을 해서 외래로 오면 내가 뭐 해 줄 수 있는 게 있나요. 산모는 이미 다 나았고, 이제 아기가 잘 있는 거를 확인해 안심시켜 주는 거죠."

코로나 시기 다양한 에피소드

산부인과에서는 코로나 때문에 웃지 못할 해프닝들도 있었다는데, 그 가운데 몇 가지를 전하며 글을 마칠까 한다.

코로나 사태 초기에는 신기하게도 사후피임약 처방이 많았다고 한다. 원치 않은 임신이 많았던 것이다. A씨가 일요일에 당직하는데 한 30명의 외래환자 중에서 15명은 사후피임약 처방을 원했다. 평상시에는 고작해야 같은 환자 수에 두세 명 정도였다.

코로나 동안에 열 달 동안 산모의 얼굴을 보지만 마스크를 벗은 모습을 한 번도 못 본다는 것이 또 하나 특이한 점이었다. 분만실에서는 마스크를 벗어야 하므로 그때가 돼서야 산모와 주치의가 서로의 얼굴을 제대로 보는 것이다. 원래는 열 달 동안 담임선생님과 학생처럼 친해진다고 한다.

아기의 기형이나, 뭔가 다른 이상이나, 아니면 더 나쁘게는 사산이 되었는데 명확한 원인을 찾기 힘든 경우가 있다. 그러면 그냥 코로나 때문에 그랬나 보다 이렇게 얘기하면서 위로를 하기도 했다고 한다. 오히려 그럴 때는 코로나가 위안이 되었다. 실제로 임신 시에 코로나가 걸려도 태아의 기형과는 연관이 적다고 되어 있다. 다만, 사산과는 연관성이 있을 수 있다. 임신 3분기에 감염되었을 때 조산과는 연관성이 있다고 보고되었다.

독감이 줄어든 것도 매우 특이한 점이다. 2019년 겨울까지만 해도 독감 환자들이 심심치 않게 있었고 산모 중에서 타미플루 처방도 많았으나, 코로나 이후에는 독감 환자가 확실히 없어졌다고 한다. 아마 마스크의 착용이 역할을 했을 것으로 보인다.

산부인과 전문의는 다른 과와는 달리 질병이 있는 환자를 보는 것이 아니라, 특별한 경험을 하고 있는, 그래서 불안감이 높은 산모를 열 달 동안 정기적으로 만난다는 특수성을 띠고 있다. 산부인과 의사들은 또한 한 번에 엄마와 아기를 포함하는 두 명 이상(쌍둥이의 경우도 있으므로)의 생명을 돌본다. 짧은 시간이지만 산부인과 전문의를 인터뷰하면서 A씨의 생명에 대한 사랑, 산모에 대한 애정과 책임감이 느껴졌다. 산부인과 의사는 위기 상황에서도 열 달 후에 아이를 건강하게 출산한다는 목표로, 산모들과 고락을 함께하고 있었다.

"그런 거 없었어요. 평상시대로…"*

—응급실은 언제나 응급실

이상덕

응급의학과

응급의학과에 대해선 드라마에서 보던 위급한 상황과 119 구급차를 떠올리거나, 일반 병원 근무 시간 외 어쩔 수 없이 비싼 진료비를 감수하고 찾아야 하는 곳으로 생각하던 필자에게 코로나19 시기 응급실에서의 경험을 인터뷰하는 것은 선입견을 깨는 좋은 기회였다. 온 나라가 위급한 상황을 마주했던 코로나19 팬데믹 3년의 기간 동안 응급의학과는 어떤 혼란을 겪었을까? 한 치 앞을 예측할 수 없었던 기간 내내 응급의학과 의사는 매번 변화하는 상황에 적응하기 분명 어려웠을 것으로 생각하고 인터뷰에 임했다. 영등포구 대림동의 한 응급의학과에서 일하고 있는 전문의 H씨

---

* 이 글은 응급의학과 전문의 H씨(가명)를 2022년 9월 25일에 서울 영등포구 대림동에서 만나 인터뷰한 것을 바탕으로 쓴 것이다.

를 만났을 때, 그는 자신이 언급하고자 하는 주요한 문제들을 사전에 정리하여 필자가 이해하기 쉽게 준비해 두고 있었다. 인터뷰에 앞서 차분하게 필자에게 필요한 정보를 설명해 주고자 한 것이다. 다급한 응급실의 분위기만 떠올리고 간 필자가 만난 H씨는 차분하고 잘 정리된 분이었으며, 그러면서도 친절했다. 그는 인터뷰를 하러 온 필자를 오히려 더 편안하게 해주었고, 응급의학과를 잘 이해할 수 있도록 차근차근 안내해 주었다. 그는 먼저 응급실의 등급에 관해 설명했다.

> "응급실이 등급이 있어요. 지역응급의료기관이 있고 그보다 큰 것이 지역응급의료센터, 그다음이 권역응급의료센터, 이렇게 크게 세 가지 정도로 나뉘어요. 제가 지금 일하는 곳은 지역응급의료기관이고, 2020년 2월까지 일하던 남양주 응급실은 지역응급의료센터였어요."

응급의학과는 병이나 외상이 생긴 모든 연령대와 성별의 환자에게 일차적 의료 처치와 감별 진단을 신속하게 해야 하는 전공이다. 동시에 당황한 환자들이 최대한 빨리 안정을 취할 수 있도록 도와야 한다. 24시간 돌아가는 전공의 특성에 따라 전문의들은 교대 근무를 하는데, 병원에 따라 24시간, 12시간, 8시간 교대 등이 있다. H씨가 근무하는 병원은 전문의 4명이 4교대를 하고 있었다. 4명이 24시간, 12시간, 8시간 교대를 적절히 섞어서 일하는 방식이다. 법적으로 당연히 휴가를 쓸 수 있지만, 전공의 특성상 한 사람이 빠지면 다른 사람이 그 자리를 대신 해야 하는 구조이고, 병원

휴원을 거의 못 하기 때문에 휴가를 쓸 때 고려할 사항이 많았다. 또한 교대 근무를 하면서도 응급 환자를 대해야 해서 과의 프로토콜, 즉 상하전달 방식의 규칙이 강하다. 병원의 통일되고 일관된 규칙이 있어야 의사가 교대되어도 환자를 안정적으로 치료할 수 있기 때문이다. 일반적으로 응급실은 경황이 없고 혼란한 곳이라는 인상이 강하지만, 그곳에서 일하는 전문의는 누구보다 냉철하면서도 차분해야 한다. 그들은 병원의 시스템 안에서 차질 없이 행동해야 하고, 주어진 프로토콜을 잘 숙지하고 그대로 이행해야 한다. 그러면서도 환자를 대할 때는 환자가 안정을 취할 수 있도록 친절해야 한다. 코로나19 팬데믹의 혼란한 3년도 이들에게는 늘 같은 날의 반복이었다고 한다.

코로나의 발생 - 하나의 프로토콜 추가일 뿐

2020년 초 코로나에 대한 경계가 시작되었을 때 응급실에는 큰 변화가 있었다기보다 업무 시간 내 프로토콜이 바뀌었다. 코로나 관련 증상이 있는 사람은 일단 무조건 격리해야 한다는 것이 가장 큰 변화였다. 코로나 관련 증상이 너무 많아서 크고 작은 변화가 있었지만, 기본적으로 열과 호흡기 증상, 더 나아가 두통, 어지러움 등이 있을 경우, 우선 격리실에 받아서 코로나 검사를 진행하는 과정이 추가됐다는 것이다.

"처음에 코로나 관련 증상이 있는지 먼저 물어보고, 그러니까 열나는지, 호흡기 증상이 있는지, 기침, 콧물, 가래, 목 아픈 것 또는 몸살기 이런 것이 있는지를 물어보는 게 제일 먼저 하는 일인데 그 자체를 못하는 경우가 있어요. 아니, 많아요. 의식 저하 환자 또는 취객, 혹은 말 못 하는 노인분들의 경우가 그렇죠."

프로토콜이 하나 추가되었지만, 간단한 문제가 아니었다. 의사소통이 되지 않는 응급 환자의 경우, 심폐소생술(CPR)과 기관삽관을 해야 하는데 코로나 관련 증상을 확인할 시간도 상황도 되지 않는 것이다. 급하게 처치다 하고 접촉도 했는데 나중에 가족이 와서 최근에 코로나 확진 받았다고, 혹은 최근에 열이 났다고 하는 상황이 벌어지곤 했다. 아니면 병원에서 실시한 검사에서 코로나 확진 판정이 나오기도 했다.

"다른 과 외래는 보통은 걸어서 가잖아요. 그러니까 확인이 가능하죠. 못걸을 때 응급실로 오시는 거거든요. 그런데 그건 코로나의 특수한 상황은 아니에요. 격리와 검사가 추가된 것일 뿐이죠."

응급의학과 전문의들은 그래서 방호복을 입고 일하는 등 방역에 특히 신경을 썼다. 그럼에도 불구하고 의사들이 전염되는 경우도 발생했다. 그런데 응급실에서는 의사든 간호사든 인력 공백이 생기면 누군가가 이를 채워 줘야 한다. 전문의가 코로나 확진이 되어 격리할 경우, 인력 공백이 생겨 다른 의사들의 업무 부담이 커진다. 다른 전공처럼 그 시간을 비워서 환자 예약을 미루는 것은 불가능하다. 코로나 시기 응급의학과 의사들은 서로에게 폐가 되지 않기 위해서라도 더 방역에 힘썼고, 혹여나 업무량이 늘어날 때에도 이를 감수하면서 일에 매진했다. 프로토콜은 얼마나 자주 바뀌었는지 묻자, 자주 바뀔 때는 며칠에 한 번씩, 일반적으로는 몇 주에 한 번씩 바뀌었다고 했다. H씨는 근무 조가 아닐 때에도 집에서 이메일로 공지를 받아 숙지했다고 한다.

> "응급실은 하나의 팀이기 때문에 응급실장이 있고 실장이 병원 회의에 참석해서 결정 사항을 응급실 과장들에게 전달하는 식으로 해요. 응급실은 하나의 팀이라 공유가 잘 되어야 해요. 이 과장은 이런 식으로 진료를 했는데 다음 날 과장은 다른 식으로 진료하면 안 되기 때문에 보통 통일되게 하는데 그걸 실장을 통해서 하는 거죠."

격리실의 부족 - 전담병원의 필요

제일 큰 문제는 격리실을 무조건 사용해야 해서 환자 수용이 어려웠다는 점이다. 환자가 수용 여력이 있는 격리실을 찾아 환자들이 병원을 찾아 헤매야 하는 상황이 벌어진 것이다. 응급 환자는 열이 나거나 호흡기 증상이 있는 경우가 많다. 그런데 이들을 모두 격리실에 수용해야 하므로 병원으로서는 이를 감당할 능력이 없었다. 상황이 이렇다 보니 응급 환자가 병원을 찾는 데 어려움을 겪었다.

"대동맥 박리 뭐 이런 위급한 질환인데 열이 나서 못 받는 경우가 있었어요. 어차피 응급실이야 뭐 병상이 부족한 건 항상 있었던 일인데, 격리실 부족까지 추가로 생긴 거죠. 격리실을 응급실마다 갖춰 놨는데 우리 병원은 두 개밖에 없고, 대학병원도 두 개 또는 세 개예요. 대여섯 개 이렇게 갖춰 놓은 곳은 많지 않아요. 우리 병원에 베드가 열 개 있었는데, 격리실이 두 명 차 있으면 베드 열 개가 비어 있어도 열 나는 환자가 오면 못 받는 거죠. 그러면 이제 '옆에 병원 가세요' 하면 옆에 병원도 격리실 여유가 없을 때가 많고……. 폭행을 당해서 와도 열이 나고, 그냥 스트레스 받아도 열이 날 수도 있고… 기준이 37.5도인데 37.5도가 생각보다 금방 넘거든요."

듣기만 해도 답답한 상황이었다. 필자 자신도 모르게 "성가실 때도 있으셨겠어요?"라는 질문이 튀어나왔다.

"성가시다? 그렇진 않았어요. 이거 하나 때문에? 어쨌든 우리가 응급실에서는 모든 질병을 다 보잖아요. 응급실은 정신과 환자만 보거나 내과 환자만 보거나 하는 게 아니라 모든 사람이 오고 모든 질환을 어쨌든 넓게 보는 과인데 그거 하나가 추가됐다고 해서 성가시다는 것보다는 이제 그런 새로운 질병이 생김으로써 말한 대로 프로토콜이 하나 더 생긴 거죠. 지금부터는 열나거나 호흡기 증상이 있는 사람은 격리실에 먼저 수용을 하고 코로나 검사 신속항원검사를 먼저 해서 결과가 음성이 되면 어떻게 진행하고 양성이 나오면 어떻게 진행하고… 이런 프로토콜이 진행되는 거예요. 어차피 질병은 워낙 많고 응급실에 온 사람은 모든 가능성을 다 가지고 오기 때문에 그거 하나가 늘었다고 해서 성가셨다기보다는 로딩이 좀 는 거죠."

H씨는 오히려 병원 수용의 문제가 더 중요하다며 이야기를 연결해 나갔다. 응급 환자들이 구급차 안에서, 길 위에서 헛된 시간을 보내는 현실을 꼬집었다. 구급차는 응급실에 연락을 먼저 취해서 수용 능력을 일단 확인한다. 그러나 이 역시 쉬운 일은 아니다. 구급차 내에서 미리 신속항원검사라도 하면 시간을 줄일 수 있을 텐데 이는 행정적으로 효력이 없다. 병원 내에서 실시한 검사만 효력이 있기 때문이다.

H씨의 가족도 같은 일을 겪었다. 친누나의 시어머님이 쓰러지셨는데 열이 있어서 역시 격리실이 있는 병원을 찾아야 하는 신세가 된 것이다. 누나가 H씨에게 전화해서 H씨의 병원 근처인 노량진인데 갈 데가 없어 구급차를 타고 떠돌고 있다는 얘기를 들었을 때도 H씨는 어떻게 해 줄 수 없었다고 한다. 격리실이 없으면 못 가는 게 당연하기 때문이다. 가족이라고 편의를 봐 줄 수는 없는 노릇이었다.

대학병원에는 격리실이 많을 것 같지만 꼭 그렇지 않다. 코로나 이전에는 격리실에 수용해야 하는 환자가 그렇게 많지 않았기 때문에 대학병원에도 격리실의 숫자가 많이 필요가 없었다. 코로나로 인해 필요가 늘면서 국립병원에서는 어느 정도 국가의 지원으로 격리실이 늘어났지만, 대학병원은 사립인 경우가 많아 자체적으로 확충하는 데 한계가 있다. 정부에서는 코로나 환자를 수용할 수 있도록 국립병원, 시립병원 등에 수용을 위임

하거나, 사립병원 중에서 지원 희망을 받아 전담병원을 확충했다. H씨가 전에 근무하던 남양주의 한 사립병원은 음압 격리실을 13개까지 늘렸다고 한다. 그러나 여전히 부족한 것이 현실이고, 꾸준히 늘어나는 추세다.

병원은 늘 똑같죠

오히려 한동안은 환자가 줄었다고 한다. 심야 시간 영업 제한 때문이다. 사회적인 분위기 때문이기도 하겠지만, 시민들의 활동 자체가 줄어들어 환자가 줄었던 것으로 보인다.

> "10시 이후로 술집이 문을 닫고, 술집이 문을 닫으면 술 마시는 사람이 당연히 줄고, 술 마시다가 다치거나, 배가 아프거나, 토하거나 이렇게 오는 사람이 줄 수밖에 없었죠. 제한이 있을 때는 환자가 확 줄었다가, 풀리면 환자가 도로 늘고… 그러긴 했어요."

그래도 병원 내에서는 변한 것이 없었다고 한다. 사회적인 분위기가 바뀐다고 병원이 달라질 건 없었다는 것이다. 병원에서는 여전히 모든 일이 프로토콜대로 진행되었다. 필자의 마지막 질문이 던져졌다. '코로나와 같은 위기에 대응하는 선생님의 자세는? 응급의학과 전문의로서 어떤 생각으로 위기에 임하셨는지?'

"그런 거 없었어요. 평상시대로….”

응급의학과 전문의는 병원 내에서 자기 생각대로 행동하지 않는다. 응급실 전체가 하나의 뜻으로 움직여야 사고가 나지 않기 때문에 늘 프로토콜대로 행동한다. 위기의 때에도 평정심을 잃지 않으려고 한다. 그들이라고 왜 불안하지 않겠는가? 의사소통도 되지 않는 환자가 도움을 원하고 있고, 도울 사람은 자신 하나뿐인 상황에서 방호복 한 겹으로만 자신을 보호한 채 치료에 임한다는 것은 참으로 용기가 필요한 일이다. 게다가 사회적인 시스템이 불충분하고, 프로토콜은 시시때때로 바뀌니 불만이 있을 법도 하다. 그러나 응급의학과 전문의 H씨의 태도는 한결같았다.

"이게 정답이 없기 때문에, 정답을 알면 전 세계가 지금 3년 동안 고생을 했겠나. 정해진 답이 없고, 아무도 해결할 수 없고, 예측할 수도 없기 때문에, 병원에서 그때그때 정한 대로 따를 뿐이죠. 그건 개인이, 의사들이 정하는 게 아니고, 그 집단에서 정한 대로 따르는 거예요."

그들이 변하지 않아서, 평상시대로 그 자리에 있어서 위급한 상황에 처한 우리가 조금이라도 더 빨리 안정을 찾을 수 있었던 것 같다고 생각하며 인터뷰를 마쳤다.

신종 감염병과의 싸움 최전선에서*

—두려움을 이겨낸 자부심과 열정

최 성 민

코로나19 전담병동

코로나19는 낯선 질병이었다. 한국어로 코로나19, 영어로 COVID-19라는 이름이 공식적으로 명명되기 전에, 신종코로나바이러스 감염병으로 불렸다. 말 그대로, 신종 바이러스였기 때문이다. 초기 확산 국면에서 그 누구도 이 감염병의 정체를 알지 못했다. 얼마나 빠르게 확산될 수 있는지, 어떤 상황과 조건에서 쉽게 확산되는지, 얼마나 위험한지, 어떤 연령대나 기저질환자에게 더 치명적인지를 알 수 없었다. 2019년말~2020년 초, 중국 우한 지역에서 환자가 처음 나왔을 때는 이 질병이 사람 간에 전염이 될 수 있는지조차 불명확했다. 한동안, 해외 감염병 전문가들조차도 증상

---

* 이 글은 대전 건양대학교병원 코로나19 전담병동에서 근무했던 정미희 간호사를 2022년 11월 3일, 건양대병원에서 직접 만나서 인터뷰한 것을 바탕으로 쓴 것이다.

이 없는 사람은 전파력이 없으므로 마스크를 굳이 쓰지 않아도 된다고 주장했었다. 증상이 없는 사람도 또 다른 사람에게 전파를 시킬 수 있고, 고령자나 기저질환자에게는 치명적일 수 있다는 사실이 확인된 것은 바이러스가 발견된 지 몇 달이 지난 뒤의 일이었다.

새로 등장한 바이러스에 대해 거의 모든 것을 알지 못했을 때부터 사망자가 발생하기 시작했다. 2020년 1월 11일 중국에서 첫 사망자가 나왔고, 우리나라에서는 2020년 2월 19일 첫 사망자가 나왔다. 정체 모를 바이러스였지만, 의료진들은 이 바이러스에 맞서 싸워야 했다. 의료진이라고 두렵지 않을 리 없었지만, 온몸을 감싸는 레벨D 등급의 방호복을 입고 환자들을 마주하고 치료해야 했다.

대구 경북을 중심으로 코로나19가 대거 확산된 2020년 2월 말, 전국 각지에 코로나19 전담병원이 지정되었다. 코로나19 환자와 일반 환자가 뒤섞여 취약한 기저질환자에게 코로나19가 확산되는 것을 막기 위한 조치였다. 코로나19가 장기화되면서, 코로나19 증세의 위중함에 따라 환자의 상태를 구분하고, 각기 전담 병동에서 치료를 받도록 했다. 증상이 없거나 경증의 증상만 있는 경우에는 병원의 병상 부족을 막기 위해 생활치료센터에서 치료하게 하고 생활을 지원해주도록 했다. 2021년 10월부터는 '단계적 일상회복'을 목표로, 경증의 저위험군 환자들은 '재택 치료'를 하도록 했다.

2023년 1월 통계에 따르면, 전 국민의 절반 이상이 코로나19에 감염된 적이 있다. 다행히 이들 대부분은 경증의 증상 혹은 무증상으로 지나간 것으로 보인다. 그러나 위중증 환자는 아직도 수 백 명에 달하고, 누적 사망자는 3만 명을 넘어섰다. 그래도 한국의 경우에는 감염자 대비 사망자의 비율이 세계적으로 낮은 편에 속한다. 그만큼 환자 치료와 관리가 상대적으로 잘 된 편이라고 할 수 있겠다. 그 과정에서 코로나19와 가장 가까이서 맞서 싸운 의료진들의 공을 빼놓을 수가 없다.

대전에 위치한 건양대학교병원에서도 코로나19 전담병동을 운영했다. 정미희 간호사는 건양대학교병원의 코로나19 전담병동의 도입 과정에서 병실 배치, 간호사 교육을 비롯한 준비와 기획 과정에서부터 참여하였고, 1년 정도 코로나19 전담병동에서 근무했다. 특히 위중증 환자를 주로 담당하였기에 코로나19의 최전선에 있었던 셈이다.

2020년 12월경, 한국의 코로나19 감염 환자는 크게 늘어나고 있었다. 2020년 12월 13일 일일 신규 확진자수가 1천 명을 넘어섰다. 2020년 초에 대구 경북지역에서 첫 확산이 있었던 이후로, 다시 병상 부족 문제가 심각해지고 있었을 때였다. 특히 수도권을 중심으로 감염 환자가 크게 늘었다. 2020년 12월 20일경, 수도권에는 코로나 중증환자를 수용할 수 있는 병상이 거의 바닥났다. 서울에는 아예 전담 치료병상이 한 개도 남아 있지 않았다. 자택에서 입원치료를 기다리다가 사망하는 사례도 생겨났다. 정부에서는 전국 각 지역의 병원에 코로나19 중환자를 수용할 수 있는 병상을 확보하라는 행정명령을 내렸다.

대전의 건양대병원은 2015년 메르스 환자를 겪은 경험이 있었다. 코로나19에 대한 경험은 없었지만, 코로나19 중증환자를 받기 위한 준비에 들어갔다. 음압병실 시설부터 새로 설치하고, 전담 의사와 간호사 교육도 새로 실시했다. 몇 개월의 준비를 거쳐 2021년 3월, 처음 다섯 개의 병상으로 코로나19 확진자를 받기 시작했다.

사명감과 자부심

아직 백신은 보급되기 전이었다. 코로나19 확진자를 환자로 받아들이고 치료에 임해야 하는 간호사의 마음은 어떠했을까. 정미희 간호사는 그때의 심정을 이렇게 표현했다.

"나중에 생각했을 때는 뭐 여러 가지 생각도 들었지만, 막상 처음에 제의를 받았을 때는, '아, 드디어 나의 도움, 나의 손이 필요한 시점까지 왔구나.'라고 생각했어요. 저는 제안을 받았을 때, 망설임 없이, '네, 제가 하겠습니다.'라고 했어요. 그리고 병상의 세팅부터 시작해서 준비 작업부터 같이 하게 됐어요."

사명감으로 코로나19 전담병동 간호사 업무를 맡았지만, 본인뿐만 아니라 가족들에게도 크게 부담스러운 일이 아닐 수 없었을 것이다. 정미희 간호사는 그 당시의 상황을 다음과 같이 회고했다.

"다른 간호사들도 많이 거절을 했어요. 저는 사명감으로 선뜻 하겠다고 했어요. 물론 지금도 후회하지는 않지만, 좀 지나서 생각해 보니 제가 사실 세 아이의 엄마거든요. 막내는 아직 초등학생이고요. 내가 혹시라도 확진 자를 간호하고 돌보다가 감염이 돼서, 또 가족들에게도 피해를 줄 수도 있 다는 생각에 걱정도 많이 했어요. 그래도 '그거는 내가 해야 되는 일이다' 라고 생각을 했고, 그래서 바로 병원 기숙사를 얻었어요. 가족들과의 접촉 도 줄이기 위해서였죠. 다행히 저희 아이들은 엄마를 적극적으로 지지하고 응원하는 입장이었어요. 학교에 가고 그러면 선생님들이나 친구들, 또 친 구의 부모님들 만나면 저희 엄마는 건양대병원에서 코로나 환자 보고 있어 요, 이렇게 자랑스럽게 이야기하고 그랬다고 하더라고요."

자부심을 느낄 만한 용기라고 하지 않을 수 없다. 아무리 레벨D의 방 호복을 입는다고 해도, 착탈의 과정에서나 돌봄 과정에서 감염의 위험이 100% 사라지는 것은 아니었을 것이다. 당시 코로나19 전담병동을 준비하 는 도중에 막 백신 접종이 시작되었지만, 백신의 안전성에 대한 우려도 적 지 않았던 시점이었다. 더구나 위중증의 환자의 경우에는 호흡 곤란이 오 는 경우도 많아서, 마스크를 상시 착용할 수가 없었다. 2015년 메르스 환자 를 겪을 때는, 당시 환자가 심정지가 와서 CPR(심폐소생술)을 시행하는 과정 에서 중환자실 팀장이었던 동료 간호사가 메르스에 감염되는 아픔을 겪기 도 했다고 한다. 다행히 완치는 되었지만, 치료 과정에서 환자로부터 신종 감염병을 옮았던 일은 적지 않은 트라우마를 남겼다고 한다.

환자들을 간호하고 돌보며

건양대병원에 코로나19 전담병동을 만들고 나서, 처음에는 경증 환자들도 받았다고 한다. 코로나19 확진자 치료 경험이 전혀 없었기 때문에, 처음부터 위중증 환자를 받을 경우에는 위험 부담이 너무 컸기 때문이었다. 얼마 후, 정부에서는 위중증(危重症), 중증, 준중증(準重症), 경증(輕症)의 네 단계로 환자를 분류하고 구분했다. 정미희 간호사는 주로 위중증 환자를 전담했다. 고열과 호흡곤란을 겪는 60대 이상의 환자가 대부분이었다. 인공호흡기 치료는 물론, 에크모(ECMO: 중증의 환자들에게 사용하는 체외막 산소 공급장치)가 필요한 환자, 지속적인 신장투석이 필요한 환자들이었다. 시기에 따라 조금씩 세부 조건은 달라졌지만, 비강 캐뉼라(콧구멍을 통해 산호를 공급해주는 장치)의 산소 공급 용량에 따라 위중증 환자 병실 입실 조건이 정해져 있었다. 정미희 간호사가 중증의 환자들을 지켜본 경험으로는 백신 접종 여부에 따라 진행 속도가 크게 달랐다고 한다.

"백신을 접종한 환자하고 접종하지 않은 환자의 진행 속도가 굉장히 달랐거든요. 저희 근무하는 간호사 의료진들 다 인정할 정도였어요. 저희도 처음엔 낯선 백신에 대한 두려움도 있었지만 다 접종하고 근무를 시작했어요. 그런데 환자들을 돌보다 보니 확실히 백신 접종 여부에 따라 달랐어요. 상황이 엄청 급작스럽게 진행되고 급작스럽게 안 좋아지는 환자들은 대부분 백신 접종을 하지 않은 환자들이었어요. 미접종 환자들을 더 유심히 볼

코로나19 전담병동에서 근무한 정미희 간호사와 동료 의료진들이 레벨D
방호복을 입은 모습이다. (사진 : 정미희 간호사 제공)

수밖에 없었어요. 지금은 호흡이 어느 정도 괜찮은데, 갑자기 안 좋아질 수
있었거든요. 그때 당시에 지켜본 바로는 백신 접종 유무에 따라 환자의 진
행 속도가 굉장히 많이 달랐다고 느꼈어요."

정미희 간호사가 기억하는 환자 중의 한 사람은 처음에 입원했을 때는
비교적 상태가 괜찮아서, 준중증 병실에 입원을 했는데, 기침 가래가 심해
지고 호흡이 급격히 곤란해지면서 위중증병실로 옮기게 되었다. 하루 이
틀 지나면서 폐렴 증상 엑스레이 상태도 급격히 안 좋아졌다고 한다. 역시

백신을 접종하지 않은 환자였다.

코로나19 환자들은 병원에 들어오면 면회도 제한을 받았다. 정미희 간호사는 중환자실 근무 경험만 십오 년 정도되는 베테랑 간호사였지만, 코로나19는 낯선 질병일 수밖에 없었다. 질병 자체도 낯설지만, 그에 따른 행정적, 의료적 방침들도 과거와는 크게 달랐다.

"과거 일반 중환자실에서는 그래도 하루에 한 번씩 면회를 30분이라도 시행할 수 있었습니다. 그런데 코로나19 위중증 병상에서는 면회가 전면 제한되었습니다. 일반 환자들은 면회가 어려우면 영상 통화라도 연결해 드리고 하는데, 위중증 환자들은 숨쉬기도 힘들고 호흡 곤란을 겪는 중이라, 영상 통화를 연결해 드릴 상황도 되지 않았습니다. 오로지 저희가 보호자나 가족들에게 전화를 해서 설명 드리고 이런 정도가 전부였어요. 그래서 저희는 더더욱 보호자들에게 전화로라도 자주 연락을 드리곤 했어요."

코로나19로 입원한 환자들에게는 보호자도 간병인도 없었다. 오로지 의료진들만이 그들의 곁을 지킬 수 있었다. 더욱이 워낙 고령의 환자들이 많다 보니, 보호자들도 덤덤하게 받아들이는 경우도 있었지만, 면회를 강하게 요청해 오는 경우도 있었다. 실제로 임종이 임박한 환자의 경우에는 면회를 할 수 있도록 조치를 했다. 보호자들 역시 레벨D 보호장구를 입고 병실로 들어가야 했기 때문에, 보호장구의 착용과 탈의 과정도 간호사들이 모두 도와 드려야 했다. 그 과정에서의 감염 위험에 대해서도 상세히 설명해드려야 했다. 그러다 보니 때로는 면회를 준비해 드려도, 면회를 사양하는 경우도 있었다. 그럴 때는 국가지정병상에 의무적으로 설치되어 있는 CCTV를 통해 환자의 모습을 보여 드리기도 했다.

정미희 간호사를 비롯한 의료진의 노력에도 불구하고, 위중증병상의 특성상, 환자의 사망도 여러 차례 겪어야 했다. 일반적으로는 환자가 사망에 임박하면 가족들이 모두 와서 임종을 지키고, 장례 절차를 차분하게 밟아가게 되지만, 코로나19 사망자는 그럴 수가 없었다. 확진자가 사망한 경우에는 병실에서 사망 선언을 하고, 바로 그 자리에서 소독을 하면서 비닐로 이중 포장을 하고 입관을 하였다고 한다. 그런 뒤에야 보호자가 확인을 하게 되는데, 보호자가 가까이 없는 경우에는 그마저도 여의치 않았다. 그 다음에 감염 환자 전용 안치실로 모신 후에 시청에 신고를 하고 전용 화장터를 예약하게 되는데, 이 과정은 연계된 장례지도사들이 도움을 준다고 한다. 물론 장례지도사들도 레벨D 방호복을 입고 들어와야 했는데, 장례지도사들의 방호복 착탈의 과정도 간호사가 도와야 했다. 어떤 사망 환자의 경우에는 화장 절차까지 모두 끝난 뒤에야 보호자가 인계 받는 일도 있었다고 한다.

"고인의 일생에 대해서 이야기를 나누고, 가족들과 슬픔을 나누는 과정조차 어려운 상황을 보니 참 가슴이 아팠어요. 가족들끼리의 임종의 시간도 갖기 어려운 죽음이라는 것이 너무 외롭고 슬프더라고요. 저희 의료진들끼리도 코로나로 인한 사망은 다른 질병으로 인한 사망보다도 더 안타깝다는

13개월 아기가 확진되어 입원하게 되자, 건양대병원 코로나전담병동에서는 아이의 안전을 위해 음압병실 내의 침대를 치우고 바닥에서 생활할 수 있도록 조치를 취했다. 사진은 아기가 무사히 퇴원한 이후, 병실 바닥을 다시 소독하고 있는 정미희 간호사의 모습을 CCTV로 바라본 모습이다. (사진 : 건양대학교병원 제공)

얘기를 많이 했습니다."

코로나19 상황에서는 환자의 치료 과정은 물론, 환자가 사망한 경우에도 통상적으로 보호자와 가족이 하던 일을 의료진들이 대신하는 경우가 많았다. 조금 다른 사례도 있다. 2021년 7월 말, 생후 13개월 된 아기가 코로나19에 확진되었다. 그때만 해도 어린아이의 확진은 드문 일이었다. 원래 거주지는 서울이지만, 대전 할머니집에 왔다가 확진이 된 아이를 건양대병원에서 담당하게 되었다. 워낙 어린아이였기 때문에 보호자로서 엄마도 함께 음압병실에 들어오게 되었다. 현실적으로 보호 장구를 하고 아이를 돌보는 것도 불가능해서, 엄마는 감염을 각오하고 병실에 함께 머물렀다. 아이는 처음에 40도 정도의 고열에 열성 경련 증상을 보였다. 국가 지정병상에 의무적으로 요구되는 시설을 모두 갖추고 있었지만, 아이에게는 적합한 공간이 아니었다. 높은 침대 때문에 낙상 사고가 있을까봐, 엄마는 아이를 24시간 내내 한순간도 빠짐없이 옆에서 지켜봐야 했다. 아이 엄마는 간호사들에게 보행기를 가져다주면 좋겠다고 얘기했다. 잠시 보행기를 타고 있는 동안에 화장실이라도 다녀오고 싶었던 것이다. 이 이야기를 들은 정미희 간호사는 자신이 아이를 키우다 아이가 아플 때, 친정어머니가 해주신 간호 방법이 생각났다. 침대를 치우고 이불을 까는 것이었다. 큰 병실 바닥 구석구석을 방호복을 입고 무릎을 꿇은 채 소독 티슈로 닦으면서, 병실을 아이가 편하게 놀 수 있는 공간으로 바꾸어 놓았다. 방호복을 입은 의료진을 무서워하던 아이도, 얼마 지난 뒤 바닥을 기어다니면서 의료진에게 미소를 지어 주었다고 한다. 아이의 엄마는 퇴원 이후, 인터넷 맘카페에 이 사실을 올렸고 그것이 화제가 되어 여러 방송과 신문에서 인터뷰 요청이 이어지기도 했다. 코로나19에 따른 지침과 규정을 지키면서도, 환자의 상태와 조건에 따라 창의적인 융통성을 발휘한 것이 큰 만족으로 되돌아온 경험이었다.

아쉬움이 남는 두 가지

코로나19의 최전선에서 위중증 환자들을 돌보면서 정미희 간호사는 매일매일이 전쟁터 같기도 했고, 매 순간이 드라마 같다고 느꼈다고 한다. 글솜씨가 없어, 그 과정을 다 기록해 두지 못한 것이 아쉽다고도 했다. 코로나19를 지나오면서 남은 아쉬움은 없냐는 질문에 정미희 간호사는 두 가지를 이야기했다.

첫째는 매번 상황과 국면에 따라 변화된 정책과 지침에 대해 좀 더 친절하고 자세히 설명해주었더라면 하는 아쉬움이었다. 확진자수, 백신접종율, 잔여병상수 등에 따라 방역 정책이나 지침은 계속 달라질 수밖에 없었고, 실제로 어느 정도 예상된 변화 흐름을 따라가기도 했다. 그런데 언론 보도를 보면, 마치 경제 상황에 따라 마음대로 풀어주고 조였던 것처럼 느껴져서 국민들에겐 정책과 지침이 일관성 없다고 생각되었을 것 같다는 것이다. 언론이 좀 더 관심을 가지고 친절하게 보도했다면, 워낙 시민의식이 뛰어난 우리 국민의 참여와 호응도 더 좋아졌을 것이라는 생각이 들었다고 한다.

둘째는 헌신한 의료진들이 감염병에 대해 얻은 경험과 성과를 유지할 수 있도록 지원해주었으면 하는 바람이다. 코로나19를 겪으며 환자를 돌본 의료진들은 감염병에 대한 교육과 훈련, 경험이 누적되었음에도 적절한 보상도 제대로 주어지지 않고, 변화하는 확진자 수에 따라 업무와 보직이 자주 바뀌다 보니, 경험에 대한 자부심을 느끼기도 힘들게 되었다는 것이다. 애써 키운 전문 인력들이 뿔뿔이 흩어지는 것도 아쉽게 느꼈다. 두려움보다 사명감을 앞세운 열정에 대한 보상도 파견직 여부에 따라 수당이 다르게 책정되고, 그나마 정권이 바뀌면서 정부가 약속한 보상 지급도 몇 달 지급되다 말면서, 자부심에 상처를 입게 되었다고도 했다. 각 지역별로 감염병 전문 병원이나 전문 병동이 유지될 수 있다면, 전문 인력도 유지되고 또 다른 다음 팬데믹에 대한 대비도 될 수 있을 것이라는 제언도 전했다.

인터뷰를 하던 날, 야간 근무를 앞두고 휴식을 취해야 하는 시간이었지만, 정미희 간호사는 자신의 경험에 대해 이야기를 전하는 순간에도 열정적으로 임해 주었다. 완치된 환자를 퇴원시킬 때의 즐거움과 환자를 살리지 못하고 임종의 순간마저 가족들을 대신해야 했던 아픔은 물론, 코로나19라는 신종 감염병이 남긴 교훈에 대해서도 꼭 이야기해보고 싶었던 듯했다. 아마도 그 열정이 전세계적으로 가장 낮은 코로나19 치명률을 기록한 힘이 되었을 것이다.

지금까지 이런 약국은 없었다*

—약사 이승준 씨의 팬데믹 모험기

조태구

서초동 롯데마트 내에서 5년째 약국을 운영하고 있는 이승준 씨는 필자와는 중학교 시절부터 알고 지낸 오랜 친구 사이다. 학창시절 이승준 씨가 얌전했다거나 차분했다고 말할 수는 없지만, 그렇다고 그가 소란스럽다거나 모험을 즐기는 역동적인 성격을 가졌던 것도 아니다. 굳이 한쪽을 선택한다면 온화한 성격이었다고 말해야 할 것 같다. 적정한 감정선을 유지한 채 상황에 따라 위아래로 움직였지만, 그 진폭은 그리 크지 않았다. 물론 나를 포함한 다른 친구들이 워낙에 시끄럽고, 삶의 방향을 휙휙 뒤집으면서 살아왔기 때문에 상대적으로 그렇게 느끼는 것인지도 모르지만, 적어도 내게 이승준 씨는 어린 시절부터 지금까지, 언제나 그곳에 그렇게 있을 것 같은 안정적인 사람이고, 큰 굴곡 없는 일관된 삶을 추구해 온 사람이

---

* 이 글은 롯데마트 서초점에서 약국을 운영하고 있는 약사 이승준 씨를 2022년 11월 9일에 만나 인터뷰한 내용을 바탕으로 작성되었다.

약사 이승준 씨.
결국 그의 답은 약국은 언젠가 예전의 모습으로 돌아간다는 것이다.

다. 내가 약사라는 직업이 이승준 씨에게 썩 잘 어울린다고 생각하는 이유이다. 약사는 이승준 씨의 말처럼, "안정적이고 큰 변화 없이 쭉 유지되는 한결같은 직종"이다.

그래서 코로나19 팬데믹 상황은 이승준 씨에게 특별했다. 아마도 전국의 모든 약사들에게 그러했을 것이다. 코로나19 팬데믹 시기만큼 약국이라는 공간이 뉴스의 중심이 되었던 적은 없었다. 이승준 씨는 코로나19 팬데믹 상황으로 인해 맞이하게 된 이 예외적인 약국의 역동적 시기를 전기와 중기 그리고 후기로 나누어 증언한다. 이승준 씨에 따르면, 이 예외적인 국면은 아직도 진행 중이다.

마스크 대란

마트에서 약국을 운영하는 까닭에 이승준 씨에게 휴일은 매우 드물다. 마트가 문을 여는 날에는 그의 약국도 문을 열어야 하고, 따라서 그에게 휴일은 마트가 문을 닫는 날, 즉 한 달에 딱 두 번뿐이다. 2020년 설날 연휴 (1월 24일~1월 27일) 기간에도 이승준 씨는 약국을 열어놓고 있었다. 그리고 그때 뭔가 큰 일이 닥치고 있다는 것을 직감했다고 말했다. 평소보다 마스크를 찾는 사람들이 유난히 많았기 때문이다.

"설날 연휴에도 나는 일을 계속 했잖아. 그러니까 주변에 열린 데가 우리 약국밖에 없고…. 사람들이 갑자기 마스크를 찾고 막 이러는 거야. 그래서 뭐지? 왜 그러지? 하다가 검색을 해 보니까 며칠 전에 인천에서 첫 확진자가 나왔더라고."

마스크 판매로 초기에는 "재미를 좀 봤다"고 이승준 씨는 솔직하게 말했다. 이승준 씨에 따르면 그 당시에는 황사의 영향이 예년보다 적어져서 마스크 판매가 이전만큼 잘 이루어지지 않던 시기였다. 황사를 대비해서 어느 정도 양의 마스크를 비축해 놓았지만 판매가 되지 않던 그때, 코로나로 인해 마스크 판매가 갑자기 늘어나기 시작한 것이다. 그러나 좋은 시절은 아주 잠깐이었다. 코로나19 바이러스의 위기가 고조됨으로써 마스크 수요가 급격히 늘어나자 확보해 두었던 마스크는 곧 동이 났고, 모든 회사,

모든 업체의 마스크 물량이 동이 나기 시작했다. 정부에서도 난리가 났지만, 마스크를 판매하는 약국에서도 난리가 났다. 당시 스트레스가 엄청났다고 이승준 씨는 회고한다. 일단 마스크를 확보하기가 너무 어려웠고, 마스크를 사러 오는 사람들의 소위 "진상 짓"으로 여러 황당한 일을 겪기도 했다. 왜 빨리 판매를 시작하지 않느냐는 항의부터, 따로 빼돌린 것 아니냐는 시비까지 다양한 일들이 있었다. 그리고 초기 팬데믹 상황에서 누구나 그랬듯이 이승준 씨에게도 감염에 대한 공포가 있었다. 당연한 일이다. 사실 이승준 씨의 말처럼, 사태 초기에는 감염자가 가장 먼저 만나는 대상이 의사이기보다는 약사이기 쉬웠다. 더구나 약사는 의사와 달리 한정된 공간에서 지정된 한 사람을 만나는 것이 아니라, 공개된 장소에서 불특정 다수를 만난다.

> "마스크 판매 때문에 손님들과 시비 붙는 것부터 시작해서, 마스크가 없다고 하면 다 빼돌렸네 뭐 별말을 다 듣고…. 그리고 그때는 코로나에 대해 잘 모르고, 증상도 심각할 때였잖아. 판매하는 우리도 사람들이 많이 오면 코로나에 대한 두려움이 있잖아. 가족들한테 또 옮길 수도 있고 하는 거니까. 사람들이 오는 것도 사실 처음에는 두려움이 좀 있었어."

2020년 3월 9일 정부는 보건용 마스크의 공급을 원활하게 하기 위해 "공적 마스크" 제도를 시행했다. 마스크 생산량의 대부분을 정부가 구매하여 약국 등을 통해 판매하는 방식이었다. 그러나 이 제도 시행 이후에도 판매하는 약사와 마스크를 찾는 사람들의 시비로 약국의 혼란은 지속되었다. 이승준 씨는 공적 마스크 판매로 약국이 코로나19 팬데믹 기간에 큰돈을 벌었다는 일부의 주장에 단호하게 아니라고 답했다. 공적 마스크는 공급가와 소비자가를 모두 정부가 정해주는데, 그 마진 자체가 워낙에 적어서 각종 수수료와 인건비를 제외하고 나면 남는 것이 없었다는 것이 이승준 씨의 설명이다. 그럼에도 마스크 판매에 대한 정부의 제안을 약사회가 수용한 것은 무엇보다 보건의료의 한 축이라는 사명감과 마스크 판매에 대한 일부 세제혜택이 있을 것이라는 정부의 약속 때문이었다. 그러나 서류로 만들어지지 않은 이 약속은 지켜지지 않았고, 결과적으로 마스크 판매로 약국의 매출이 늘면서 내야 할 세금만 올랐을 뿐이다. 공적 마스크 판매와 관련해서 자신이 기울여야 했던 노력과 다양한 방식으로 겪어야 했던 정신적 스트레스를 제외하고, 순수하게 경제학적인 관점으로만 보더라도 명백히 손해를 봤다는 것이 이승준 씨의 주장이다.

타이레놀 대란

이승준 씨가 코로나19 팬데믹 상황의 초기로 분류하는 마스크 대란 이후, 중기 상황은 백신 접종이 시작되면서 찾아왔다. 그 당시에는 코로나 상황에 대해 정부 관계자가 매일 정례 브리핑을 진행했다. 그런데 한 브리핑에서 정부 관계자가 백신 접종 이후 이상 반응을 보일 경우의 대처법을 설명하다가 '타이레놀'이라는 특정 제품명을 말함으로써 소위 '타이레놀 대란'이라는 사태가 촉발되었다.

> "정부 관계자가 설명하는 과정에서 현장 경험의 부족으로 실수한 거겠지
> 만, 접종 후 불편한 증상이 있으면 '아세트아미노펜'이라는 성분명을 얘기
> 하면서 해열제를 드십시오, 이렇게 말했어야 하는데, 타이레놀 드세요, 이
> 렇게 말해 버려서⋯ 모든 약국들은 다 패닉에 빠졌고, 사람들은 다 타이레
> 놀 찾아서 돌아다니기 시작했지."

실제로 정부 관계자의 이 발언 이후 타이레놀 판매는 급증했고 곳곳에
서 품귀현상이 빚어졌다. 정부 당국이 뒤늦게 발언을 해명하고 의사와 약
사 등 전문가들이 '아세트아미노펜' 성분의 해열진통제는 모두 동일한 효
과를 가지고 있다는 점을 각종 매체를 통해 설명했지만, 이미 사람들에게
각인된 그 이름, 타이레놀은 쉽게 지워지지 않았다. 2021년 6월 15일 건강
보험심사평가원이 국회에 제출한 자료에 따르면, 2021년 4월 약국과 편의
점 등에 공급된 타이레놀의 물량은 2020년 4월에 비해 60%나 증가했고,
이러한 증가세는 그 폭이 줄어들기는 했지만 현재까지도 지속되고 있다.

그런데 이승준 씨의 설명에 따르면, 사태는 다만 타이레놀이라는 단일
상품의 품귀현상에 그치지 않았다. 타이레놀을 찾는 사람들 가운데 그래
도 몇몇은 약사의 설명을 듣고 동일 성분의 다른 제품을 사 가는데, 이제
타이레놀에 이어 그런 제품들도 하나 둘씩 품절이 되기 시작한 것이다. 아
세트아미노펜 성분의 해열진통제들을 중심으로 의약품의 품귀 현상이 발

생하고 있던 상황에서 2022년 2월, 한국에서 코로나19 바이러스 확진자가 폭증하기 시작했다.

품절의 일상화

이승준 씨는 2022년 초의 코로나 확진자 폭증 이후부터 현재까지의 상황을 코로나19 팬데믹의 후기로 분류한다. 그리고 이 후기 상황은 '의약품의 일상적인 품절과 품귀 현상' 그리고 '제품 가격의 전반적인 상승'으로 특징지어진다. 이제 품절이 발생하는 상품은 해열제들만이 아니다. 갈근탕과 같은 한방제제가 품귀현상을 빚을 뿐만 아니라, 도대체 왜 품절이 되는 것인지 쉽게 납득되지 않는 불특정 다수의 제품들이 품절되기 시작했다. 이승준 씨는 이러한 현상을 촉진한 하나의 원인으로 유튜브를 꼽았다.

"코로나 확진자들이 쏟아져 나오면서, 이제 유튜버들이 코로나에는 뭐를 먹어야 한다 말하기 시작했어. 감기약 종류로부터 시작해서 갈근탕 같은 한방제제를 싹 다 얘기한 거야. 그러니까 사람들이 이제 '코로나 비상약'이라고 해서 그 약들을 쟁여놓기 시작했지."

문제는 대부분의 제약회사들은 사람들이 생각하는 것만큼 규모가 크지 않다는 데 있다. 갑자기 늘어난 수요에 즉각 대처하기에 이 회사들의 규모로서는 어려움을 겪을 수밖에 없다. 전혀 예상하지 못했던 제품이 갑자기 품절이 되는 이유도 여기에 있다. 잘 팔리는 제품을 생산하기 위해 상대적으로 덜 팔리는 제품의 생산라인을 사용하는 것이다. 더구나 한방제제의 경우에는 품질 관리에도 어려움을 겪고 있다. 이승준 씨는 제철 과일이 있듯이 좋은 약재가 나오는 시기가 따로 있는 것 아니겠냐고 말한다. 즉 갑자기 판매량이 늘어나서 품절이 났지만, 회사로서는 상품을 새로 만들기 위해 품질이 입증된 원료를 확보하기가 결코 쉽지 않다. 그렇다고 좋지 않은 품질의 원료로 상품을 만들어낸다면 식약처의 품질 평가를 통과하기가 쉽지 않다. 결국 회사는 팔고 싶지만 제품을 만들 수가 없어서 못 팔고, 약사들은 왜 상품을 주지 않느냐고 아우성인 것이 현재의 상황이다. 이러한 상황에서 의약품의 공급가가 상승하는 일은 필연적이다.

> "한방제제도 마찬가지지만, 예전에 공급되던 가격에서 50~100% 정도씩 인상됐어. 거의 더블이야. 왜냐하면 회사에서도 이제 품질 관리를 더 엄격하게 해야 하잖아. 그러니까 제조 원가도 높아지고 물건도 못 구하고…. 어차피 지금 100개를 만든다고 하면 무조건 다 나가는 거니까 가격을 올리는 거지."

이승준 씨는 당장 떠오르는 것만 따져 봐도 20~30개의 약품이 현재 품절 상태라고 말했다. 이러한 상황에서 약사와 제약회사 간의 관계가 변화되는 것은 매우 자연스럽다. 이제 더 이상 약사가 필요한 제품과 그 양을 결정하여 주문하고 구입하는 시대가 아니다. 품절된 의약품의 경우 제약

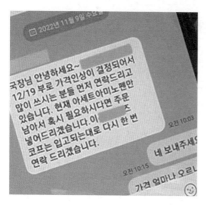

인터뷰 도중에 이승준 씨가 받은 가격인상에 대한 안내 카톡

회사나 도매업체가 제품이 들어오면 약국에 임의로 배분해 주는 방식으로 바뀌었고, 따라서 제품 유통의 결정권은 제약업체나 도매업체로 넘어가게 되었다.

약국의 평화로운 미래를 위하여

인터뷰 도중 어딘가로부터 이승준 씨에게 카톡이 왔다. 몇 차례 카톡을 주고받은 후 이승준 씨는 카톡의 내용을 보여주었다. 약품의 가격이 인상 되었다는 안내였다. 앞서 이승준 씨가 설명한 내용이 생생하게 확인되는 순간이었다. 물가가 오른다는 것을 사람들이 다 인식하고 있으니까, 이 기회에 다 올려 버리자는 제약회사의 의도가 없지 않다는 것이 이승준 씨의 설명이다. 그러나 그렇게 제약회사가 가격을 올린다고 해서, 약국도 덩달아 판매가를 올리기에는 부담이 있다. 그는 이래저래 고난의 시대를 살고 있었다.

앞으로 어떻게 될 것 같냐는 물음에, 한 2년쯤이면 예전으로 돌아가지 않겠냐는 답이 돌아왔다. 그리고 이승준 씨가 2년이라고 말한 것은 단지 코로나19 팬데믹 때문만은 아니었다. 환율 상승과 전쟁으로 인한 물류비용 증가도 원인이 되어 해외 의약품 수급에 문제가 되고 있다. 그리고 해외 의약품 가운데는 처방전에 따라 조제되는 전문의약품도 많아서 이제 수급 문제는 일반 의약품을 넘어 의약품 전반의 문제가 되고 있다는 것이 그의 말이다. 전반적인 의약품 가격의 상승은 피할 수 없는 일이라고 그는 진단했다.

그러나 결국 그의 답은 약국은 언젠가 예전의 모습으로 돌아간다는 것이다. 약사는 "안정적이고 큰 변화 없이 쭉 유지되는 한결같은 직종"이고, 이제 이 코로나19 팬데믹이라는 예외적인 상황이 끝나면 약국은, 그 시기가 언제가 될 것인지 정확히 알 수는 없지만, 어쨌든 다시 평화를 찾을 것이다. 평화로운 약국에서 언제 찾아가도 변함없이 그곳을 지키고 있는 한결같은 그를 곧 다시 만나게 될 것이다.

창살 없는 감옥 안의 그분들은 더 아픕니다*

─수원시의 요양원장 이야기

김현수

감염취약시설의 일선을 찾다

2022년 10월의 마지막 날 점심시간을 막 넘겨 경기도 수원시 장안구에 위치한 선재재활전문요양원의 윤재현 원장을 만났다. 그는 2021년 4월 중순부터 치매 말기의 내 부친이 의탁한 요양원의 설립자이자, 운영자이기도 했다. 애초 인터뷰를 약속한 날은 일주일 전 같은 시간이었다. 그러나 폐렴으로 중환자실에 이송된 내 부친이 약속 전날 별세하셔서 상을 치르는 중이었기에, 부득불 발인 후에 약속을 다시 잡고 인터뷰를 진행하였다. 무척이나 청명하고 포근한 가을날이었다. 하지만 부친상을 당한 지 얼마 안 된 필자도 그러했지만, 시설에 의탁하고 계시던 어르신들이 운명하신

뒤 자꾸 꿈에 보여 술을 한잔 걸치지 않으면 잠을 잘 수 없다는 윤 원장도 마음이 편치는 않았을 것이다.

코로나19가 종식되지 않았고 요양원에는 기저질환을 지닌 어르신들이 대부분이기에, 인터뷰가 진행된 원장실로 이동하기 전에 발열 체크는 물론이고 자가진단 키트를 사용한 신속항원검사까지 진행하였다. 부친이 구급차에 실려 응급실로 이송됐던 전날 이루어진 가족 면회 때도, 인터뷰 약속을 다시 잡기 위해 방문한 며칠 전에도 방역 수칙은 동일했다. 노인 요양시설은 여전히 코로나19 바이러스라는 보이지 않는 적들의 공격에 쉽게 함락될 가능성이 상존하는 고위험군 시설임을 재차 상기시켰다.

선재재활전문요양원은 장기요양기관으로서는 선재재활주야간보호센터라는 명칭으로 등록되어 있다. 가정에 머물면서 장기요양을 요하는 어르신들에게 방문목욕, 방문요양과 함께 일정 시간 주야간보호 서비스를 제공하거나 요양원 내 공동생활 구역에 머물면서 장기요양을 요하는, 특히 많은 경우 주간보호 서비스를 이용하다가 밤에 이상 행동을 나타내 센터에 입소하신 고령의 치매 어르신들에게 전면적인 주야간보호 서비스를 제공한다. 쉽게 말하면, 전자는 주야간보호센터를 후자는 요양원을 이용한다고 볼 수 있다.

윤 원장은 선재재활주야간보호센터가 2014년 개원할 때, 수원시에서는 민간 차원에서 처음 시도된 장기요양기관이라 했다. 1개 층이라 하더라도 전용면적 230평의 큰 공간을 임대했기에, 주야간보호와 방문요양 서비스만 제공할 수는 없어 9인 시설 요양원을 함께 운영하였다고 했다. 공간을

선재재활전문요양원 윤재현 원장. 윤 원장은 어르신들을 위해 우울증 케어를 위한 심리상담이나 프로그램 제공 등이 이루어져야 한다고 강조했다.

나눠 주야간보호센터와 어린이집을 운영하려던 당초 계획이 변경된 것이다. 노령 인구의 급증이라는 시대적 상황과 무관하지 않았다. 요양원 입소 희망 대기자가 4~50명에 이르는 등 수요도 많았다. 임대로 입주해 있던 층을 매입하고 수원시에서 보내준 일본 연수를 통해 요양시설을 둘러본 후, 가정적인 주야간보호센터를 만들기 위해 설계부터 공사까지 직접 관여하였다. 창가 쪽으로는 어르신들 방, 중앙홀 3~40평은 어르신 참여 프로그램 운영을 위한 공간을 배치했다. 어르신들이 휠체어만 탈 수 있어도 매일 중앙홀에서 식사나 운동을 비롯하여 재활 프로그램 참여를 할 수 있도록 고려한 것이다. 하루의 대부분을 병상 위에서 지내는 어르신들이 많아서, 이분들을 휠체어에 태우고 다시 병상에 옮겨야 하는 요양보호사들이 허리

통증을 호소하여, 지금은 이틀에 한 번 꼴로 진행하는 실정이지만 처음 다짐을 지키려 한다고 말했다. 수요에 따라 18인 시설 요양원이 운영되었고, 1개 층을 추가로 임대하여 주야간보호센터를 운영하면서 25인 시설 요양원으로 확장되었다. 몇 년 뒤, 정부 시책과 장려에 따라 치매전담형 주야간보호센터도 가동하였다. 가동을 위해 1년간 직원들은 치매 돌봄 교육을 이수하기 위해 애를 썼다. 1개 층 임대로 시작했던 주야간보호센터는 현재 대출을 포함하여 5개 층을 매입하여 운영할 정도로 확장되었다. 어르신들을 머리가 아닌 가슴으로 돌보겠다는 의지와 실천이 늘어난 장기요양 요구의 수요와 맞물려 빚어낸 결과일 것이다.

피해갈 수 없었던 코호트 격리

어르신들이 내 집처럼 지낼 수 있는 환경 마련 외에도, 건강 관리를 위해 다음과 같은 경우들은 더욱 신경을 쓰고 있다고 말했다. 첫째는 식사 관리이다. 면역력이 떨어진 어르신들은 기력이 쇠하여 짧고 가볍게 아플 수 있는 질환도 중증으로 진행될 수 있다. 특히 당뇨가 있는 경우에는 저혈당 쇼크가 올 위험이 높아 반드시 단체 메신저에 식사를 거른 사실을 올리도록 하고, 환자식이나 편의점에서 판매하는 죽이라도 사다가 드시도록 하게 한다. 둘째는 배변 관리이다. 배설은 기본적 욕구이며 원활한 수면 활동을 위해 필수적이기 때문이다. 3일 정도 대변을 못 보신 어르신들은 약에 의한 관장이나 핑거 처치를 시행한다. 셋째는 수면 관리이다. 대인관계가 이루어지는 낮 시간 재활 프로그램 참여나 규칙적 생활 리듬을 갖게 하기 위해서는 밤에 적절한 수면이 이루어져야 하기 때문이다. 보호자들의 동의를 거쳐 요양원 내 어르신의 5~60퍼센트는 잠들기 전 신경안정제를 드신다고 한다. 넷째는 발열 관리이다. 요양원 이용 어르신의 가장 주된 사망 원인인 폐렴 발생을 사전에 방비하기 위해서는 염증 반응에 의해 일어나는 열 체크를 절대 소홀히 해서는 안 되기 때문이다.

애초 감염취약시설이었던 요양원이었기에, 윤 원장은 코로나19 팬데믹 선언 이후에도 보건복지부의 지침을 준수하며 직원 교육에도 더욱 만전을 기했다고 한다. 덕분에 큰 걱정 없이 2020년 한 해를 무사히 넘길 수 있었다. 2021년 6월부터 직원들 가운데 확진자가 나왔을 때에도 14일 이내 유급 휴가를 충분히 활용하여 감기 기운 등이 보고되면, 아예 출근을 막았다. 길어지는 팬데믹에 매일 이루어지는 직원 교육의 효과가 반감될 것을 우려하여 그 빈도를 줄였을 때, 공백의 틈을 노린 일이 일어났다. 일주일에 두 번씩 PCR(Polymerase Chain Reaction) 검사를 했음에도, 신규 간호사 직원에게 유급 휴가 활용의 지침이 제대로 전달되지 않았고 PCR 검사 결과 양성으로 판정되어 코호트 격리에 들어갔다.

월요일에 직원의 양성 판정이 나왔다고 하여 그다음 날부터 어르신들에게 확진의 영향이 바로 나타나지는 않았지만, 순차적으로 분명하게 나타났다. 산소호흡기와 산소통 등 호흡 곤란에 대처하기 위한 준비도 갖췄지만, 코로나19에 감염된 어르신을 모시다가 다른 어르신 모두에게 감염이 이루어질 수 있었다. 그래서 초기에는 확진된 어르신을 병원에 보냈다.

그러나 통상 병원에서 치료 후 요양원으로 15일이면 귀소하신 어르신들은 오히려 제대로 식사도 못 하시고, 호흡 곤란 또한 발생했다. 윤 원장은 집이 매우 가까웠음에도 최초 코호트 격리가 이루어졌던 8월부터 10월까지 인터뷰가 진행된 원장실에서 숙식을 해결해야 했고, 요양원에서 보유한 2대의 산소 발생기 외에도 4대를 빌려 운영해야 했을 정도로 당시 상황이 엄중하고 어려웠다고 전했다. 윤 원장 너머로 보이는 접이식 간이 침대가 원장실 구석에 있게 된 이유를 알아챌 수 있었다.

아쉬웠던 감염취약시설 지원

윤 원장은 코호트 격리 기간 동안, 어르신들은 물론이고 직원들을 위해 내부에서 조리된 것이 아닌 외부 음식을 조달했다. 보건복지부나 국민건강보험공단에서도 그 방식을 요청했다고 한다. 코호트 격리에 들어가면, 노인장기요양보험제도를 운영 및 관리하는 국민건강보험공단에서 지원금이 지급됐다. 2021년 8월에 이어, 2022년 3월과 7월 총 세 번에 걸쳐 코호트 격리 기간에 지출된 식대만 1천만 원이었으나, 지원금으로 집행할 수가 없었다. 직원들 인건비로만 지출이 가능하다는 공단의 방침 때문이었다.

공급이 부족해 가격이 4~5배 올랐음에도 구입할 수밖에 없었던 방제복 등 방역 물품 지원비로 어르신 1인당 1만 원씩 지급도 이루어졌지만, 이도 재고가 2~3천 벌 잔뜩 남은 방제복 같은 소모품에만 지출될 수 있다는 답변이 돌아왔다.

사회적 거리두기 해제 이후, 구청과 보건소에서 들어온 후원 물품은 보건복지부나 국민건강보험공단에서 지침을 준 KF94 마스크가 아닌 외부 기업 등으로부터 기탁받은 KF-AD나 KF80, 혹은 덴탈 마스크였다.

알코올 소독약을 뿌리는 기계도 층마다 사용할 수 있도록 승인이 난 제품으로 대당 40만 원씩 6대를 구매하여 운용하였지만, 올해 초 어르신들이나 종사자들에게 좋지 않다고 사용하지 말라는 지침이 보건복지부에서 내려왔다.

시설 내 확진자 증가 때나 코호트 격리 기간에 도움이 되었을 감염병 예방 교육도 정작 그 필요성이 낮아진 한참 뒤에야 이루어졌다.

윤 원장은 당시 보건소 역학조사관들에게 했던 말을 포함해 다음과 같이 하소연했다.

"보건소 역학조사관이 와도 당신네들 왜 오냐고 물어봤어요. 코호트 격리에 들어가서 확진자가 늘어난다든지 그러면 그에 맞춰 실질적으로 어찌어찌 해라 등 구체적 지원이나 교육을 시켜줘야 하는데, 당시에는 그런 게 별로 없었어요. 사무실 직원들 힘들게 매일같이 보고하는 등 형식적 요구만 많았고요."

팬데믹 이후, 요양원은 세 차례의 코호트 격리를 거쳤지만 어르신들 가운데 확진된 비율은 3~40퍼센트에 불과했다. 코로나19로 사망하신 어르신도 없었다. 코호트 격리에 들어가면서 전체적으로 어르신들이 확진되고 사망자도 나왔던 다른 시설들에 비하면 단순히 운이 좋았기 때문이라 볼 수 없을 것이다.

주야간보호센터를 이용하는 어르신들은 보건소에서 하지 말라는 지침이 내려올 때까지, 매일 PCR 검사를 진행했다. 세 차례 코호트 격리가 이루어졌던 요양원과 달리, 주야간보호센터가 정상적으로 운영될 수 있었던 이유일지도 모르겠다.

더 아픈 창살 없는 감옥 안의 어르신들

인터뷰가 진행되는 그 시간, 바깥에서 음악 소리가 들렸다. 원장실이 있는 10층 주야간보호센터 중앙홀에서 어르신들을 모시고 무엇인가 프로그램이 진행되는 듯했다. 지침에 따라 주간보호센터는 2022년 8월부터 마스크 착용을 조건으로 프로그램이 재개되었다고 했다. 요양원은 인터뷰 시점이 조금 지난 후부터 재개될 예정이라고도 했다.

코호트 격리 기간 동안, 요양원의 어르신들은 비말 위험으로부터 원천적으로 보호하기 위해 요양원 문을 넘을 수 없었다. 외부에서 프로그램 강사가 찾아올 수도 없었다. 팬데믹 선언 이후, 윤 원장은 특히 요양원 한 곳에 계시는 어르신들의 치매 증상이 악화되는 것을 눈으로 확인하였고 큰 안타까움을 느꼈다. 이에 직원들에게 방제복을 갖춰 입고라도 눈을 맞추고 말을 거는 등 어르신들의 심리적 안정을 도모해 달라고 자주 독려했다고 말했다. 가정의 달인 5월, 설이나 추석과 같은 명절 기간에 이루어진 가족 면회 때도 정부 지침인 10분 제한의 비대면 면회 대신 방제복을 갖춰입고 비닐장갑을 착용한 채, 온기라도 충분히 나눌 수 있도록 배려하였다. 필자 또한 부친과의 면회에서 그러한 배려의 도움을 받았다. 어떤 어르신은 면회 초반 가족을 알아보지 못하다가 시간 여유를 두고 눈을 맞추며 이야기를 듣는 와중에 가족을 알아보는 경우도 적지 않았고, 이러한 상황을 목도한 윤 원장은 가족들에게 면회 기회를 한 번 더 주기도 했다. 장소도 보안키로 작동하는 유리문 앞 좁은 복도가 아닌 10층 중앙홀 널찍한 공간을 제공하였다. 병실과 다른 층으로의 이동 등 직원들의 업무량은 늘지만, 어르신들의 심리적 건강이 조금이라도 회복되고 마찬가지로 혈육을 요양원에 의탁한 가족들 또한 짧더라도 평온함을 갖고 웃음을 얻을 수 있음이 분명하기 때문이었다.

마지막까지 윤 원장의 안타까운 당부가 이어졌다.

"저도 지금 정신적으로 힘든 게 뭐냐 하면 아직 코로나 안 걸려서 진짜 사람을 조심해서 만나요. 친한 친구랑 만나서 술을 마셔도 자가검사키트를 가져가서 검사하고 먹을 정도예요. 우리 직원들도 확진된 적 없는 사람이 20퍼센트 정도인데, 그만큼 대외 활동 안 했다는 거겠고, 제가 정신적으로 힘든 것처럼 직원들도 힘들 거라고 봐요. 그런데 입소해 계신 어르신들은 표현을 못하셔서 그렇지 얼마나 힘드시겠어요. 요양원은 어찌 보면 창살 없는 감옥이잖아요."

윤 원장은 요양원에 의탁한 어르신들 가운데, 인지 능력 장애가 심하지 않은 분들이 팬데믹 이후 치매 증상의 악화 말고도 우울증이 심해지신 게 확연히 눈에 띈다고 재차 안타까움을 표했다. 중앙정부와 지방자치단체의 협력 속에 어르신들의 우울증 케어를 위한 심리상담이나 프로그램 제공 등이 이루어져야 함에도 관심조차 없는 것 같으니, 이 지면을 빌려서라도 널리 알려달라고 말이다. 그 마음을 담아 대신 전한다.

"창살 없는 감옥 안의 그분들은 더 아픕니다."

Chapter2

우리를 향한
돌봄

보호자 일기를 쓰다*

—환자 보호자의 이야기

이은영

    병원에서 환자를 간병하는 것은 팬데믹 이전에도 쉬운 일은 아니었다. 좁고 불편한 보호자 침대에서 자고 공동 화장실에서 빠르게 씻고 환자 옆에서 서둘러, 혹은 잠깐 환자를 혼자 두어도 될 만한 틈이 날 때 식당에서 급히 불규칙한 식사를 하면서, 간병하던 사람이 오히려 병이 나기도 한다. 팬데믹 동안의 간병은 어떠했을까? 일반적인 간병 경험 외에 팬데믹으로 인해 달라진 간병 경험도 있을까? 필자는 이러한 의문을 가지고 80대 친정아버지를 간병하고 있으며, 그것을 자신의 블로그에 〈보호자 일기〉로 연재하고 있는 이은희 씨를 인터뷰했다.

---

* 이 글은 2022년 6월부터 11월까지 3개의 병원에서 친정아버지를 간병한 이은희 씨(53세)를 2022년 11월 1일에 인터뷰하고, 11일에 추가 인터뷰한 것을 바탕으로 쓴 것이다.

80대 아버지의 첫 입원: 보호자 일기를 시작하다

책읽기를 좋아하는 이은희 씨는 블로그에 자신이 읽은 책을 정리해서 올리고 취미 생활을 공유하는 것을 즐겼다. 그렇게 책읽기의 즐거움과 일상을 소소하게 나누던 이은희 씨의 블로그에 2022년 7월 〈보호자 일기〉라는 새로운 카테고리가 등장했다. 84세에 이르도록 단 한 번도 입원해 본 적이 없을 정도로 건강했던 친정아버지는 6월 말 구급차에 실려 응급실에 가셨다. 놀라긴 했으나 그때만 해도 그 이후의 삶이 그리 달라질 줄은 몰랐다. 그날을 기점으로 은희 씨의 가족, 친정 가족들의 삶은 환자 보호자의 삶이라는 뉴노멀에 익숙해져야 했다.

은희 씨와 친정 가족들은 그전까지 병원 경험이 거의 없었다. 그래서 은희 씨는 걸음마 배우듯 병원 외래 진료를 가는 것, 입원해서 병원 생활을

보호자 일기

[보호자 일기 1] 80대 아버지의 첫 입원

책읽는여름 2022. 7. 22. 15:33 　　　　　URL 복사　　+이웃추가

2022년 6월 26일 일요일

황달이 심해지고 있었는데
괜찮다면서 병원에 안 가셨던 친정 아버지는
일요일 새벽 친구분들 모임에서 구급차에 실려 응급실에 가셨습니다.

84년 평생 첫 입원입니다.

소식 듣고 응급실에 도착하니 7시가 좀 넘은 시간.

이은희 씨 블로그의 〈보호자 일기〉

하는 것, 각종 검사를 받는 것을 하나 하나 배우고 체험했다. 병에 대해서도 병원에 대해서도 간병에 대해서도 알아야 할 것이 너무나 많았다. 그런데 이처럼 환자 보호자로서 새로운 일상으로 바쁜 나날을 보내면서도 은희 씨는 왜 시간을 쪼개서 블로그에 보호자 일기를 연재하기 시작했을까?

> "저는 그 블로그를 제 개인적인 기록이라는 의미로 하고 있었던 거예요. 그러던 중에 환자 보호자라는 것이 그때 저한테 가장 크게 닥쳤던 일이었고, 그래서 간병에 완전히 나 자신을 쏟고 있는 상태인데 기존처럼 책을 읽고 글을 남기는 것은 적절하지 않다고 생각했어요. 그리고 간병을 시작하면서 정보를 검색해 보니 정보가 너무 없었지요. 또 한편으로 아버지와의 추억을 기록한다는 의미로 하기 시작했어요."

넉 달 반, 3개의 병원, 같은 듯 다른 방역 지침

고열과 심한 오한 증세를 보인 은희 씨의 아버지는 6월 말 응급실을 통해 A병원에 입원했다. 그것이 시작이었다. 6월 말부터 현재까지 은희 씨와 아버지는 3개 병원의 응급실, 외래, 입원을 체험했으며, 병실의 종류도 응급실, 일반병실, 코로나 격리병동, 중환자실로 다양했다. 일반병실도 1인실부터 2인실, 4인실, 6인실까지 거의 모든 종류를 다 체험했다. 이 모든 것이 팬데믹 기간 동안에 이루어졌다. 팬데믹 기간이기 그 때문에 특별히 어려웠던 점은 무엇이었을까?

"상주 보호자를 1명으로 제한하는 것, 간병을 하러 들어가려면 매번 코로나 검사를 해야 하는 것이 가장 힘들었어요."

은희 씨가 아버지의 평생 첫 입원, 게다가 응급실을 통한 갑작스러운 입원에 상주 보호자를 맡아서 입원실에 따라 들어가게 되었던 이유도 이것 때문이었다. A병원의 경우 상주 보호자가 한 명으로 제한되었을 뿐만 아니라 한 번 들어가면 일주일은 다른 보호자나 간병인과 교대할 수 없었다. 병실로 올라가는 엘리베이터부터 통제되었고 건물 바깥으로는 전혀 나갈 수 없었다. 지하의 편의점이나 식당을 가려고 해도 외래 진료 시간 이후에만 가능했다. 직장에 다니는 동생들은 일주일을 계속, 그것도 갑작스럽게 시간을 낼 수가 없었다. 아버지의 정확한 병명도 모르는 상태, 수술을 받아야 할지 시술을 받아야 할지도 모르는 상태인데 간병인을 고용해서 쓰는 것도 걱정이 되었다. 친정어머니가 아직 건강한 70대이긴 하지만 의료진으로부터 정확하게 설명을 듣고 가족에게도 전하고 필요하면 빠르게 결정을 내리는 것을 잘할 수 있을까, 일주일이나 아버지를 간병하며 병원 생활을 하다가 어머니마저 병이 나지 않을까 걱정도 되었다. 그러니 맏딸이자 전업주부인 은희 씨가 상주 보호자로 간병을 하게 된 것이다.

A병원은 친정집, 그리고 은희 씨의 집으로부터도 차로 15분~20분 내의 비교적 가까운 거리에 있는 대학병원이다. 아버지가 응급실에 입원했다는 연락을 받고 남편과 함께 서둘러 병원에 왔던 은희 씨는 상주 보호자로 자신이 들어가기로 결정한 후 그 병원에서 코로나19 검사를 받았다. 검사 결

과가 나오기까지는 몇 시간이 걸린다고 했다. 서둘러 집으로 향해서 길게는 일주일 동안 못 나올 수도 있는 병원 생활을 위한 짐을 챙겼다.

그 후 A병원에서 6월 말 퇴원한 은희 씨 아버지는 7월 중순 담관 스텐트가 막혀서 다시 고열과 오한 증세를 보였고, 당시 외래 진료를 보러 다니던 B병원 응급실로 향했다. 스텐트를 교체하고 빠르면 그날 오후 퇴원하면 되리라 여겼는데 뒤늦게 아버지가 응급실 도착 후 한 코로나19 검사 결과가 확진이라는 연락을 받았다. 전혀 예상치 못했던 일이었다. 아버지는 스텐트 교체 후 상태가 호전되었고 코로나19 증세도 없었지만 격리병동에 일주일간 입원해야 했다. 게다가 격리병동은 보호자나 간병인도 들어가지 못한다. 아버지는 그곳에서 홀로 일주일을 입원했고 의료진은 보호장구를 갖추고 병실에 들어왔다.

8월 중순 은희 씨 아버지는 수술을 위해 B병원에 입원했다. 그리고 그 병원에서 약 40일간 중환자실, 일반병실에 입원했다. 팬데믹 동안 어느 병원이나 방역을 철저하게 시행하긴 하지만, B병원의 방역 지침은 A병원과 또 달랐다. B병원의 경우도 상주 보호자 혹은 간병인이 한 명만 곁에 있을 수 있는 것은 마찬가지다. 그러나 A병원보다는 더 자유롭게 자주 간병인을 교대할 수 있었다. 그리고 A병원은 해당 병원의 신속검사만 유효하다 했지만 B병원은 자가진단키트로 한 검사 결과도 인정해 주었다.

B병원에서 9월 말 퇴원 후 항생제 주사를 매일 맞아야 했던 은희 씨 아버지는 B병원에서 연계해 준 동네의 C병원에 외래로 다녔다. 그러다가 11월 초 급성신부전으로 B병원에서 치료 받은 후 아버지는 연계병원인 C병

원으로 전원되었다. B병원에 입원실이 나지 않았기 때문이다. C병원에서도 상주 보호자 혹은 간병인은 한 명만 들어갈 수 있으며 C병원의 코로나 검사를 받아야 한다고 했다. 처음에는 급하게 은희 씨가 아버지를 따라 들어갔다가 이틀 후 어머니와 교대했다. 그러나 막상 입원생활을 해 보니 원칙은 일주일 단위로 간병인을 바꿔야 하는 거였지만 실제로는 더 유연하게 교대할 수 있긴 했다. 결코 길지 않은 기간 동안 경험한 세 개의 병원은 모두 제각기 같은 듯 다른 코로나19 방역 지침으로 운영되고 있었다.

팬데믹 시대의 간병

A병원과 C병원에서의 아버지의 상태는 거동이 전혀 어려운 것은 아니었다. 그렇기에 간병에 있어서 가장 어려운 것은 답답함과 지루함이었다. 그러나 B병원에서의 간병은 몸도 마음도 여간 힘든 게 아니었다. 은희 씨 아버지는 8월 중순 B병원에 담도암 수술을 위해 입원했지만 우여곡절 끝에 원래 예정했던 수술이 아니라 복부대동맥 인공혈관 치환술을 응급으로 받았다. 그러나 그 뒤로 여러 시술과 재수술을 받게 되면서 은희 씨 아버지는 중환자실과 일반병실을 거치며 약 40일간 B병원에 입원했다.

중환자실에서 일반병실로 옮겨진 아버지는 혼자 힘으로는 침대에서 조금도 움직일 수 없는 상태였다. 간병 경험도 없는 상태에서 혼자 힘으로 아버지의 체위를 바꾸고 대변 처리까지 하는 것은 대단히 어려운 일이었다. 게다가 고령에 두 번의 개복수술과 세 번의 전신마취, 인공호흡기를

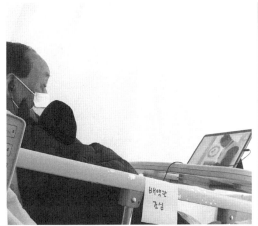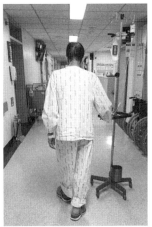

B병원 입원 중인 이은희 씨의 친정아버지. 은희 씨 친정아버지는 중환자실과 일반병실을 거치며 약 40일간 B병원에 입원했다.

오래 가지고 중환자실에 있으면서 아버지는 섬망에 시달렸다. 섬망에 많은 배액관과 인공호흡기, 경관식 투여를 위한 콧줄, 맥박과 산소포화도 측정 장치가 줄줄이 매달려 있는 아버지는 아주 잠시라도 곁을 비울 수가 없는 상태였다. 간호사 실수로 담낭 배액관이 한 번 빠지기도 했던 터라 더욱 간병은 긴장되는 일이었다. 입원이 길어지고 위중한 상태에 처하게 된 것도 바로 그 담낭 배액관 시술 후 패혈증 증세가 나타나서였다. 연쇄적으로, 성공적이었던 복부대동맥 수술 부위에 염증이 생겨 재수술까지 받았고, 그마저 실패해서 스텐트그라프트 시술까지 받아야 했다. 그래서 은희 씨 아버지는 간단한 시술도 늘 혹시 모를 응급상황에 대비해서 중환자실 세팅까지 한 상태로 받아야 했다.

은희 씨 가족은 1~2일 간격으로 간병을 교대하는 방식으로 버텼다. 섬망이 있는 환자에게는 가족이 곁에 있는 것이 도움이 된다 해서 이번에도 간병인을 구하지 않았다. 힘에 부치고 허리가 아프고 잠도 못 잤고 섬망으로 고집을 부리는 아버지와 실랑이를 벌이기도 했다. 중환자실에서 올라온 아버지의 낮밤 사이클을 돌려놓기 위해 은희 씨는 24시간을 꼬박 잠을 안 자고 낮에는 자려는 아버지를 깨우고 밤에는 안 자려는 아버지와 실랑이를 벌였다. 다음날 남동생이 다시 24시간을

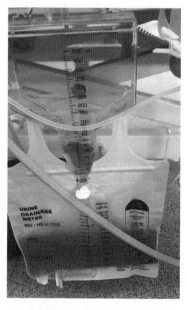

소변백. 간병을 교대하는 가족들이 소변을 비우고 양을 체크하는 것을 단톡방에 올려 간병 방법을 공유했다.

날을 새며 낮밤 사이클을 돌려 놓았고 여동생이 들어간 날 저녁부터 다음날 정오까지 깊은 수면을 취한 아버지는 섬망이 사라졌다.

팬데믹이 아니었다면 보호자가 한 명이 아니라 두 명이 들어가서 함께 간병하고 서로 휴식도 취했을 것이다. 그러나 오직 한 사람만 곁에 있을 수 있었기에 체위를 조금만 바꾸려 해도 혼자 끙끙대며 애를 쓰거나 결국 혼자 힘으로 도저히 못해서 간호사에게 도움을 청해야 했다. 방치하면 욕창이 생길 우려도 있었다. 게다가 소변을 비우고 양을 체크하는 것 등 여

러 가지 간병인이 해야 할 일들을 직접 다음 간병을 맡은 가족에게 보여주면서 알려줄 수도 없는 노릇이었다. 은희 씨 가족은 어떻게 했을까? 교대하러 들어와서 방법을 몰라 당황할 다음 가족에게 정확하게 알려주기 위해, 그리고 자주 교대하면서 매번 간호사에게 다시 방법을 알려달라고 부탁하지 않기 위해 단톡방에 사진과 동영상을 찍어 알려주고 공지사항에 일정과 간병 방법을 정리해서 공유했다.

팬데믹 시대 슬기로운 의료를 위하여

그렇다면 혼자 힘으로 거의 전혀 몸을 움직일 수 없는 상태의, 섬망으로 정신도 오락가락하는 상태의 아버지를 간병하는 것이 팬데믹 시대에 입원을 하게 된 아버지를 둔 은희 씨에게 가장 힘들었던 점일까? 물론 여기저기 안 아픈 데가 없게 몸이 쑤시고 피곤했다. 그런데 한편으로 간병을 할수 없는 때가 마음은 더욱 힘들었다. 2022년 9월 19일 은희 씨는 블로그에 〈보호자 일기 27. 중환자실 보호자〉라는 글을 올렸다.

중환자실은 코로나 이후 면회가 엄격해졌다. … 코로나 상황인 지금은 중환자실 들어가는 날 딱 하루만 1회 면회가 가능하다. 장기 입원인 경우, 주치의 허락으로 추가 면회가 가능하다. 그렇다면 가족들은 환자의 치료 상황이나 상태 변화 등을 어떻게 알 수 있을까. 일주일에 두 번 정해진 요일에 중환자실에서 전화해 주게 되어 있다.

병원에서 병마와 싸우고 있는 환자의 의지를 어떻게 북돋워줄 수 있을까. 원수가 아닌 다음에야 가족이 가장 큰 힘일 것이다. 더구나 상태가 위중해서 들어가게 된 중환자실이다. 그 어떤 환자보다 마음이 약해지기 쉬운 상태이다. 그런 환자를 낯선 공간에서 낯선 사람들과만 접촉하게 하는 게 맞는 일일까. 더구나 코로나로 인해 환자는 자신을 돌봐주는 의사나 간호사의 얼굴도 마스크를 쓴 얼굴로만 만나고 있는 상황이다. 마스크를 쓴 얼굴은 '개인'이 아닌 '의사', '간호사 1', '간호사 2'일 뿐이다.

보호자 입장에서는 어떠할까. 아픈 가족으로 인해 마음이 무너지는 가족들은 환자가 어제보다 나아졌는지, 어제보다 나빠진 것은 아닌지도 알지 못한 채 하루하루를 보내야 한다. 이게 얼마나 힘든 일인지는 겪어본 사람만 안다. 환자 상태는 연락 주는 요일이 아니면 알 수가 없다. 좋아진다는 전화는 오지 않으니, 전화가 오면 가슴이 쿵 내려앉는다. 전화 포비아. 제1연락처인 보호자는 샤워할 때에도 핸드폰을 들고 들어간다. 더구나 중간에 휴일이나 연휴라도 끼어 있으면…. 무소식이 희소식이라는 희망으로 하루하루를 견뎌야 한다. 이게 맞는 일일까.

그렇지 않아도 힘든 환자와 보호자에게 불필요한 짐을 지우는 이 의료 시스템. 중환자실의 환자들은 모두 중환자들이다. 각종 모니터를 달고 있는 환자들. 의료진들은 환자들에게 집중해야 하는 법. 매일 전화해 보고 싶은 마음이 굴뚝 같아도 그곳에서 일하고 있는 의료진들의 수고를 알기에 꾹꾹 눌러 참는다. 전화 응대로 의료진들의 주의를 흩뜨리고 싶지 않기 때문이다. 내 가족만이 아니라 중환자실에 있는 모든 환자를 위해서 참고 있다.

그저 참고 기다리는 것. 현재의 대학병원이, 메이저 병원이 환자와 보호자에게 가르쳐 주는 덕목이다.

환자의 치료 의지가 가장 중요하고 그 치료 의지는 가족들의 지지와 격려로 더 강해진다는 것을 누구보다 잘 아는 의료진들이 왜 이 시스템을 수정하지 않는지 모르겠다. 특히 고령 환자는 중환자실의 장기 입원이 상태를 더 악화시킨다. 섬망은 물론이거니와 우울감은 어떻게 할 것인가.

은희 씨는 환자와 보호자를 위한 더 나은 팬데믹 시대 중환자실 의료를 모색한다. 첫째, 환자 상태 알림 문자를 보내주는 것이다. 중환자실 의료진이 매일 보호자에게 환자 상태를 전달하는 문자를 보내는 것은 어떨까. 인공호흡기 자가 비율을 늘렸다거나, 콧줄 식사를 시작했다거나, 진정약물 투여중이라거나, 어제와 별 변동이 없으면 없다고 보내는 문자만으로도 보호자는 안심이 될 것이다. 전화로 상태를 보고하는 일에 쓰는 시간보다 시간도 훨씬 적게 소요될 것이다. 그래서 은희 씨는 전화와 문자를 혼용한 방법을 생각해 보기를 제안한다. 둘째, 면회의 방식을 다양화하는 것이다. 코로나를 비롯해 감염에 조심해야 하는 중환자들이 있는 곳이니만큼 유리문을 통한 면회를 생각해 봐도 좋을 것 같다고 한다. 체온을 나눌 수 있는 면회도 중요하지만 일방적으로 면회를 금지해 놓은 상태에서는 얼굴만 보는 면회도 큰 힘이 될 것이다. 면회 시간보다 면회 횟수가 많은 게 더 좋다고 은희 씨는 생각한다. 2~3일에 한 번의 면회로 환자와 보호자는 큰 힘을 얻을 것이다.

이처럼 지난 몇 달간 여러 병원에서 아버지를 간병하는 경험을 했던 은희 씨에게 가장 힘들었던 시간은 오히려 코로나로 인해 중환자실에 들어간 아버지를 간병할 수도 없고 면회조차도 쉽지 않았던 때였다. 그럼에도 불구하고 은희 씨는 그동안의 병원 경험에서 가장 인간적인 대우를 받는다고 느꼈던 곳도 바로 중환자실이었다고 한다. 비록 면회는 제한되었지만 중환자실 주치의는 시술이나 수술의 결과, 경과 보고도 직접 나와서 자세히 해 주었다. 어떤 날은 잠깐이라도 환자를 보고 싶어하는 가족의 심정을 배려해서 CT 촬영이나 시술을 위해 환자가 이동할 예정이라고 미리 알려주었다. 그러면 중환자실을 나와 빠르게 검사와 시술을 위해 복도를 이동하는 환자의 이동 베드를 따라가며 볼 수 있었다. 비인간적인 시스템 안의 따뜻한 개인이 보여주는 지혜가 빛나는 순간이었다.

가족의 돌봄은 누구의 책임인가?*
─팬데믹 시대의 청년 부양 문제

최 지 희

한국 사회의 구성원들은 코로나19 팬데믹에 따른 사회적 거리두기가 엄격히 시행되던 기간에(이하 '코로나19 팬데믹 기간'으로 씀) 각자의 위치와 상황에서 희생과 인내를 감수했다. 그러나 각자가 처한 상황에 따라 코로나19 팬데믹은 다양한 의미로 다가왔다. 누군가는 팬데믹 기간에 약간의 불편을 겪는 것에 그쳤지만, 누군가는 절망을 경험했을 것이다. 특히 우리 사회의 복지 사각지대가 늘어나며 사회적 돌봄과 보조가 필요한 사람들은 더 많은 어려움을 겪었다. 사회적 거리두기가 엄격하게 시행되고 복지에서 대면 서비스가 어려워지면서 도움을 줄 수 있는 창구가 줄어들었기 때문이다. 아울러 기저질환을 가지고 있는 환자나 그들을 돌보는 가족의 경

---

* 이 글은 광주광역시에 거주하는 J 씨(42세)의 인터뷰를 기반으로 하였다. 현재 J 씨의 부모님은 80세가 넘은 고령이며 신장질환과 당뇨, 치매를 앓고 계시고, 두 분의 자녀는 J 씨가 유일하다. 인터뷰이의 요청으로 이름과 자세한 개인정보는 비공개로 하였다.

우 생존의 위협을 받거나 사회적 관계의 단절을 경험하기도 했다. 이 글에서는 신장질환과 치매를 앓고 있는 부모를 돌보았던 J 씨의 인터뷰를 통해 코로나19 팬데믹 기간 기저질환자와 그 가족들이 겪었던 어려움은 무엇이었는지, 어떠한 복지 사각지대를 마주하였는지 공유하려고 한다. 특히 인터뷰 대상자 J 씨는 20대 초반부터 40대 초반인 현재까지 퇴직한 부모님을 홀로 모셔 온 청년 부양자이기도 하다. 그가 현재 경제적으로 자립이 불가능한 상황은 아니지만, J 씨가 직업과 삶의 방향을 선택하는 데 있어서 부모님의 부양을 고려해야 하기 때문에 많은 제약을 받았다. 즉 J 씨가 20대부터 겪었던 청년 부양의 문제가 현재까지 영향을 미치고 있기 때문에 청년 부양, 즉 영 케어러의 연장선상에서 볼 수 있을 것이다. 청년 부양, 나아가 가족의 '돌봄' 문제가 팬데믹 시기에 어떠한 난관을 맞았는지, 앞으로 어떤 관심과 개선이 필요한지 J 씨의 사례를 살펴보고 그들의 목소리를 경청해보았다.

J 씨의 상황과 부양의 무게

광주광역시에 사는 40대 J 씨는 이십 대 때부터 기저질환이 있는 부모를 모셔왔다. 어머니는 30여 년 동안 만성신부전을 앓았고 3년째 대학병원에서 정기적으로 신장투석을 받으며 위급한 수술을 여러 차례 거쳤다. 코로나19 유행 이전에는 일주일에 두 차례 통원치료를 하며 정기적인 신장투석과 관리를 받았다. 아버지의 경우 은퇴한 지 이십 년이 넘었으며 수년간

인터뷰 후 J 씨가 신장투석을 마친 어머니를 돌보기 위해 다시 병원으로 들어가고 있다.

당뇨병을 앓아 왔다. 부모님 두분은 모두 여든이 넘었고 기저질환 환자이며 몇 년 전부터 치매를 앓고 있다고 한다. J씨는 유일한 보호자로서 이십대 초반부터 부모님의 간병을 도맡았다. J 씨는 프리랜서로 일하기 때문에 비교적 부모님을 돌볼 시간을 조절하기 용이한 편이었지만, 한편으로 부모님의 부양으로 인해 여러 가지 제약이 있었기 때문에 강사와 프리랜서로 활동하게 되었다고도 이야기할 수 있다. 이러한 점에서 J 씨는 청년 부양자의 입장이라고 할 수 있으며, 가족의 돌봄을 개인이 부담하는 비중이 큰 우리나라의 현실과 관련하여 복지제도가 부족하다는 견해에 평소 크게 공감하고 있었다.

　J 씨는 수도권의 한 대학에서 학위 과정을 밟고 있었으나, 부모님을 돌

봐줄 다른 형제나 가까운 친척이 없었기 때문에 다시 고향에 돌아와 공부와 경제 활동을 병행하며 부모님을 보살폈다. 그나마 코로나19 유행 이전에는 요양보호사 두 분이 J 씨의 집을 방문하고 있었고, 오랫동안 왕래했던 동네 주민들, 친구들의 도움이 있었기 때문에 J 씨가 학업과 경제 활동을 하면서 부모님을 돌볼 수 있었다. 요양보호사는 국민건강보험공단에서 제공하는 노인장기요양보험을 통해 지원받았고 가정의 돌봄 공백의 해소와 복지 사각지대를 채우기 위해 운영되고 있다. 이러한 지원과 복지는 J 씨와 같은 청년 부양자나 홀로 환자를 돌보는 가족이 학업을 지속하고 일상을 유지하는 데 많은 도움이 된다. 그러나 이러한 도움에도 불구하고 J 씨 개인이 감내하는 부양의 무게는 결코 가볍지 않았고, 코로나는 예상하지 못한 지점에서 J 씨와 가족의 일상을 구석으로 내몰았다.

기저질환자 가족의 애로사항

2020년 초반, 코로나가 퍼지고 있다는 소식이 점차 국내 언론에 보도되었을 때만 해도 J 씨는 많은 사람이 그렇게 생각했던 것처럼 코로나라는 질병도 사스나 신종플루, 메르스와 같이 조금만 참고 조심하면 지나갈 것이라 여겼고, 자신의 일상에 영향을 미칠 것이라고 생각하지 않았다. 그러나 곧 마스크 대란이 찾아오고 지방에서도 확진자가 늘면서 코로나의 위험이 현실이 되었다.

2020년 중반부터 일상생활이 불가능할 정도로 위협을 받았다. J 씨 어머니와 같은 신장투석 환자는 주 2~3회 정기적으로 투석을 받아야 하는데 만약 투석 환자가 코로나에 확진되면 기존에 다니던 병원에서 투석할수 없었고 확진자가 갈 수 있는 투석 병원을 찾아야 했다. 현재 광주광역시에는 전남대학교병원과 조선대학교병원 두 곳의 대학병원이 있으며 가까운 화순에도 암을 전문으로 진료하는 화순전남대학교병원이 있다. 그밖에도 여러 종합병원이 있기에 병원 인프라가 부족하다고는 할 수 없다. 그러나 코로나와 같은 상황에서 확진 환자를 돌볼 수 있는 병원은 수도권에 비해 매우 부족한 편이었고, 확진 환자를 위한 투석실을 찾기가 쉽지 않았다. 이미 비슷한 사례로 코로나에 확진된 신장질환자가 투석실을 찾지 못해 사망하는 일이 언론에 보도되기도 했다. 현재 한국의 중소 도시에는 대학병원이나 3차 병원이 부족하며 대학병원 유치를 위해 각 시도에서 경쟁하는 상황이기도 하다. 이러한 지방의 의료 인력, 설비의 부족은 코로나 상황에서도 위험 요소가 된다. 코로나 기간 언론매체나 사회의 관심은 주로 수도권을 향해 있었지만 아마 중소 도시의 상황은 이보다 열악했을 것이다.

그나마 의료기관의 상황이 나은 대도시임에도 불구하고 J 씨는 마음을 놓을 수 없었다. 자신 외에는 부모님을 책임지고 보살필 수 있는 직계가족이 없으며, 가족 중 운전이 가능한 사람이 없어서 자유로운 이동이 어려웠기 때문에 J 씨는 주변보다 엄격하게 개인과 가족의 방역에 신경을 쓸 수밖에 없었다. J 씨 가족에게는 생존의 문제였기 때문이다. 그렇다면 J 씨와가족은 코로나 기간에 어떤 불편을 감수해야 했을까?

J 씨는 코로나가 한창인 2020년부터 타 지역을 오가며 프리랜서로 경제 활동을 이어가고 있었는데, 자가용이 없기 때문에 장거리 대중교통 이용이 불가피한 상황이었다. J 씨는 일주일에 두 번 어머니를 모시고 병원에 가기 때문에 PCR 검사를 수차례 받았지만, 코로나 감염의 위험을 항상 남들보다 민감하게 받아들였다. J 씨는 코로나 상황이 심각해지자 수시로 방역당국 발표, 시청 홈페이지, 시청의 블로그, 각종 댓글 등을 모두 챙겨 보며 스스로 종합적으로 판단하고 대비했다고 한다. 일을 마치고 집에 돌아온 뒤에도 거의 마스크를 벗지 않았으며, 자가키트 결과가 음성으로 나온 뒤에도 부모님과 함께 식사하는 것을 자제했다. 수시로 손 소독제를 사용하여 피부가 엉망이 되었지만 부모님의 상황을 생각하며 모든 불편을 감내해 왔다.

그러나 J 씨를 힘들게 한 것은 이러한 불편보다 코로나 피해를 가볍게 생각하고 방역 정책을 쉽게 어기는 사람들이었다. 대부분의 시민은 방역 정책을 잘 따랐고 타인에게 피해를 주지 않기 위해 노력했지만 코로나가 길어지고 엄격한 방역 정책에 대한 불만과 피로도가 쌓이면서 이탈하는 사람도 점차 늘어났다. 이러한 사람들은 언론에 보도되는 사례 외에 일상생활에서도 나타났다. J 씨의 경우, 코로나에 확진되었음에도 불구하고 자가격리를 하지 않고 몰래 무단으로 외출하거나 방역 정책을 가볍게 생각하는 이웃들을 마주하기도 했다.

"저는 정말 모든 신경이 소독과 방역에 몰려 있었어요. 만에 하나 내가 코로나에 확진되면 우리 부모님이 위험해지고 부모님을 돌봐야 하는 내 생활도 멈추기 때문이에요. 그런데 코로나 위험이 완화되었다고 해서 격리기간이 어도 조심하지 않는 이웃들을 볼 때면 정말 분노와 무력감을 동시에 느꼈어요."

J 씨는 모든 사람의 사정이 같지 않을 것이라는 점을 이해하면서도 자신만 특수한 상황에 고립된 듯한 소외감과 무력감, 타인에 대한 분노를 느꼈다고 고백했다. 정책의 큰 흐름이 위드 코로나로 전환되고 점차 공공장소에서의 모임이 개방되는 상황에 대해서 더욱 불안을 느꼈다고 한다.

J 씨의 부모님 역시 많은 고통을 겪었다. J 씨는 신장질환이 있는 어머니의 상태가 더 좋지 않았기 때문에 당뇨와 치매를 앓고 있는 아버지에게 많은 것을 양보하고 주의할 것을 수시로 당부하였다고 한다. 집안의 모든 관심이 어머니에게 집중되고 코로나 감염에 취약한 어머니를 배려해야 하는 상황이었다. 팬데믹 기간 동안 나이가 많은 노인을 모시는 가족의 경우 방역 정책을 인지시키고 챙기는 역할도 맡아야 했다. J 씨의 경우 코로나 확진자가 가장 많이 발생하던 기간에 아버지에게 외출 자제를 부탁했고, 방역 정책이 완화된 후에도 친구들과의 만남에서 항상 마스크를 쓰며 함께하는 식사나 술자리를 자제할 것을 요구하였다. 그때문에 아버지가 우울감과 감정의 기복이 심해졌다고 한다. J 씨는 아버지의 심정을 알면서도 아버지의 생활을 제약할 수밖에 없었다고 한다.

"아버지의 유일한 낙이 동네 친구들을 만나서 이야기하고 술 한 잔 하는 거라는 것을 알면서도 나가지 말라는 말을 수십, 수백 번 할 수밖에 없었어요. '아빠, 엄마 상태가 좋지 않으니까 나가서 친구들 만나지 마', '아빠, 나가더라도 사람들 앞에서 절대 마스크 벗지 마', '같이 술 마시고 밥 먹지 마.'라는 잔소리를 하면서도 마음이 좋지 않았죠. 아버지의 주변 분들은 그렇게까지 조심하지 않아서 제가 늘 불안해했거든요. 아버지는 자신이 '외톨이고 쓸모없는 사람' 같다고 우울해했습니다."

코로나 이전에 J 씨 아버지는 동네 사랑방에 모여 친구들과 술자리를 가지는 것이 유일한 즐거움이라고 하였는데, 인생의 모든 낙이 금지된 것이다. 더구나 치매 환자의 특성상 감정을 조절하기 어려운 경우가 많아서 부정적인 감정이 폭발하는 경우 가정불화의 원인이 되어 J 씨를 더욱 힘들게 하였다. J 씨는 팬데믹 기간 내내 어머니의 간호에서 오는 스트레스와 아버지의 짜증과 불만을 홀로 감내해야 하는 상황이었다. 가족 돌봄에서 가장 많은 어려움을 겪는 부분이 이러한 정신적인 고통이다.

그렇다면 J 씨는 다른 기관과 복지정책의 도움을 받을 수는 없었을까? 물론 평일에 방문하는 요양보호사는 J 씨가 사회생활과 경제 활동을 하고, 잠시나마 가족 부양의 일상에서 숨을 돌릴 수 있도록 많은 도움을 주었다. 즉 J 씨의 사례는 가족 돌봄에 사회와 국가, 복지의 개입이 얼마나 현실적으로 필요하며 중요한지를 보여주는 경우이다. 다만 J 씨는 다음 사항을 덧붙였다. 치매 노인과 중증질환자를 돌보는 일은 가족의 애정과 부모에 대한 의무감으로도 힘든 일이라는 것을 갈수록 느낀다고 한다. J 씨는 복지가 확대된다고 하더라도 가족을 대신하는 돌봄이 결국에는 누군가의 노동을 통해 이루어지는 일이라고 강조하였다. 돌봄 노동의 가치가 높아지고 대우가 개선되어야 한다는 것을 보여 주는 대목이다.

위기의 순간과 복지정책의 안내 미비

J 씨는 위기가 최고조에 도달했던 순간은 가족 모두가 확진되었을 때라고 답하였다. 2022년 8월 중순 J 씨가 먼저 확진되었고, 이틀 간격으로 어머니와 아버지가 차례로 확진되었다. J 씨는 코로나 증상을 느끼고 자가키트 검사 결과 양성을 확인하고 난 뒤, 스스로 자신을 돌볼 능력이 없는 가족을 책임지고 있는 경우 이러한 상황에 어떻게 대처해야 할지 백방으로 문의하였다고 한다. 보건소, 질병관리청, 119, 공공기관 등 방역 지침과 방법 등의 정보를 알려주고 안내해야 할 책임이 있는 기관에 100여 통의 전화를 하여 알아보았으나 결국 필요한 도움을 받기 힘들었다고 한다.

"정말 저는 코로나 증상이 나타나고 확진이 된 순간부터 '요양보호사가 없는 시간, 즉 부모님을 돌보지 못하는 돌봄 공백 시간을 어떻게 채워야 할지, 어머니가 코로나에 확진될 경우 투석 가능한 병원이 어디인지, 투석 받기 위해 이동할 때 어떻게 도움을 요청해야 하는지'를 수십여 차례 전화를 걸면서 문의했어요. 하지만 제가 만족할 만큼 정확히 대답을 해준 곳은 단한 곳도 없었어요. 다들 '정책이 바뀌어서 이동 지원 차량이 없어졌다', '내가 잘 모르는 부분이다'라고 했어요. 심지어 제가 확진 받기 전 장애인 전용 차량 이용에 대해 문의하니 '그럼 어머니 모시고 다녀온 뒤에 확진 받으세요'라는 식의 이치에 맞지 않는 안내를 받았죠. 이미 코로나 증상이 있는 나더러 이기적인 전파자가 되라는 건가요? 그럼 그동안의 방역 정책은 뭐가 되는 거죠?"

시에서 운영하는 장애인 이동 차량은 코로나 확진 격리 동안은 이용할 수 없는 것이 원칙이었고, 당시에는 코로나 방역 택시도 없어졌던 상황이어서 J 씨가 어머니를 모시고 병원으로 갈 수 있는 방법은 코로나 확진을 받지 않은 채 장애인 전용 차량을 이용하거나, 방역 수칙을 어기고 모르는 척 일반 택시를 이용하는 것이었다. J 씨가 마지막으로 안내 받은 것은 사설 구급차를 이용하는 것이었고, 이때의 비용은 편도 기준 17만 5천원이었다. 주 3회 투석을 하는 환자의 경우 105만원이라는 비용이 필요하다는 계산이 나온다. 그때 J 씨는 '지금까지 차 없이 살아온 내 죄구나'라고 자책하며 깊은 좌절감을 느꼈다고 한다. 지금까지 방역 정책을 잘 지키며 타인에게 피해를 주지 않으려 했으나 정작 본인에게 도움이 절실한 순간에 경제적으로, 정책적으로 아무런 도움을 받지 못하는 상황에 빠지게 되었던 것이다.

J 씨가 정책의 미비와 허술함을 느꼈던 순간은 또 있었다. 가족의 격리 기간이 끝난 뒤 J 씨가 당시 상황을 시청에 설명하고 억울하고 불합리하

다는 점을 호소하자 담당자가 그제야 구급차 비용을 지원받을 수 있다는 사실을 알려준 것이다. 또한 가족을 돌보기 힘든 확진자가 도움받을 수 있는 '긴급돌봄도우미' 서비스가 있었다는 것도 한참 뒤에야 우연히 행정복지센터에 붙은 포스터를 보고 알 수 있었다고 한다. 당시 J 씨가 먼저 어머니와 병원에 입원하여 치매 환자인 아버지가 혼자 집에 남겨졌을 때, 냄비가 올려진 가스 불을 끄지 않아 집안에 연기가 가득 차고, 큰불로 번질 뻔했다고 한다. 다행히 J 씨가 집에 설치한

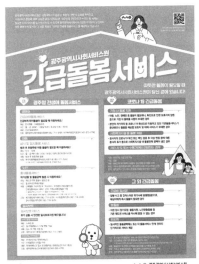

J씨가 이야기한 '긴급돌봄서비스'이다. 매우 유용하고 많은 도움을 받을 수 있는 서비스이지만 J씨가 우연히 이 포스터를 발견할 때까지 어떤 공무원이나 기관에서도 안내받지 못했다.

CCTV로 상황을 빨리 파악해서 큰 사고를 막을 수는 있었지만, 만약 '긴급돌봄도우미'와 같은 서비스를 미리 안내받고 이용하였다면 J 씨와 가족은 좀 더 안전한 환경에서 돌봄을 받을 수 있었을 것이다. J 씨는 자신과 가족이 코로나의 위험 속에 제대로 된 도움과 보호를 받지 못하고 방치되었다고 느꼈다.

코로나 시기 가족 돌봄의 위기

현재의 사회 흐름 및 복지정책의 방향은 가족 돌봄의 부담과 책임을 사회와 국가가 함께 지는 방향으로 전환되고 있는 추세이다. 출산율이 낮아지고, 가족 구성원의 수가 줄어들며, 부모가 되는 연령대 역시 높아지고 있는 상황에서 가족 돌봄과 부양이 곧 현실적인 문제가 되기 때문이다. 가족 돌봄에 대한 사회의 관심이 높아지고 관련 복지정책이 늘어나고 있는 것은 분명 다행이다.

그러나 코로나19 팬데믹의 상황은 사회적 연대를 어렵게 했고, 복지정책의 사각지대가 넓어지게 했다. 특히 청년 부양자, 즉 '영 케어러(Young Carer)', 치매노인의 돌봄, 중증장애 아동의 부모 등 개인이 가족의 부양을 전담하기 힘들었던 가정은 더욱 많은 어려움을 겪었다. 특히 J 씨의 사례처럼 코로나19 기간에도 복지혜택이 필요한 수요자에게 제공되는 정보가 부족했고, 복지 사각지대에 숨겨진 사람들이 많다는 것을 볼 수 있다. 끝이 보일 것 같지 않던 코로나의 기세가 점차 사그라들고 '위드 코로나' 시대가 왔지만, 또 다른 팬데믹이 발생했을 때 우리가 가족 돌봄의 위기에 어떻게 연대하여 대처할 수 있을지 새롭게 고민해 보아야 한다.

그들만의 책임이 아닌 청소년의 사회성 부족*

─S시의 청소년 상담사 이야기

김현수

청소년 상담 공간을 찾다

2022년 11월의 둘째 주 경기도 S시 청소년상담복지센터에 재직 중인 문민경 청소년 상담사를 만났다. 2014년 당시 필자가 소속되어 있던 K대학 연구소에서 당시 연구소 조교직을 수행하면서 많은 도움을 주었던 그녀는 오랜만에 불쑥 연락했는데도 흔쾌히 인터뷰를 수락해 주었다. 문 상담사를 만나 인터뷰를 진행한 공간은 평소에도 청소년 상담이 이루어지는 여러 상담 공간 가운데 한 곳이었다. 상담사들이 32명이나 근무하고 있다고 하니, 비슷한 공간 또한 적지 않을 것이 분명했다. 11월 초임에도 맑고 포근한 하늘과 기온만큼이나 상담 공간도 포근하고 편안한 느낌을 주었다.

---

* 이 글은 경기도 S시에서 청소년 상담사로 재직 중인 문민경 상담사와 2022년 11월 8일에 만나 인터뷰한 내용을 바탕으로 작성되었다.

바닥부터 천장까지 길게 난 창으로는 밝은 빛이 들어오고 있었으며, 상담이 진행되는 테이블에 접한 벽면 한쪽은 차가운 느낌이 들지 않도록 목재를 전체적으로 시공한 데다가 LED 조명까지 더해져 내담자와 상담사가 진솔한 이야기를 나눌 수 있도록 꾸며졌다. 신축 건물 설계 단계부터 여러모로 고민했음을 짐작하게 하였다.

상담이 진행되는 테이블 중앙에는 가림막이 있었다. 대학교의 강의실에서 흔히 보던, 얇고 투명하여 힘이 없어 몸이 닿으면 특유의 소리를 내는 필름이 아니라, 튼튼한 투명 아크릴 소재였다. 게다가 그것은 안정적으로 고정되어 내담자와 상담사를 분리한다는 느낌보다는 오히려 적절한 거리두기를 통해 내담자와 상담사 모두를 보호하고, 상담사가 내담자를 객관적으로 바라본다는 느낌을 더 강하게 주었다. 가림막은 내담자 측 테이블 위에 올려진 손소독제와 함께 코로나19 팬데믹 이후에 설치되었을 터이지만, 뉴노멀의 시대 변화에 익숙해진 필자에게는 그것들이 마치 처음부터 그곳에 있었던 듯한 착각을 불러일으켰다.

2015년부터 청소년 상담사로 근무하여 경력이 제법 긴 문 상담사는 여느 상담이 그러하듯 평소였으면 주로 내담자의 이야기에 귀를 기울였을 터이지만, 이 날은 뒤바뀐 역할에 조금도 당황하지 않고 인터뷰어인 필자의 짧은 질문들에 인터뷰이로서 귀한 이야기를 들려주었다.

코로나19 팬데믹과 청소년상담의 어려움

필자는 전문적 상담을 받아 본 경험이 전무한 탓에, 청소년이 어떤 과정을 거쳐 공공기관인 이곳에서 상담을 받게 되는지가 궁금했다. 문 상담사의 답변이 이어졌다.

> "여긴 지금 학부모님들이나 청소년 개인이 직접 전화로 신청을 해서 상담을 받게 되는 경우가 거의 대부분이에요. 7~80퍼센트는 학부모님들이고요. 청소년 개인이 신청하는 비율은 5~10퍼센트밖에 안 돼요. 그리고 나머지는 학교나 경찰서 같은 곳에서 상담이 필요한 청소년들이 발견되면, 전화나 공문을 통해 신청하시고요. 신청 순서에 따라 상담사 배정을 하고 12회기까지 무료 상담을 진행하고 있어요."

문 상담사는 코로나19 팬데믹이 선언되고 강력한 사회적 거리두기가 장기화되면서 상담 직무 수행에 여러 어려움을 겪었다고 말했다. 그 가운데 가장 큰 어려움은 상담 대상자와의 대면이 이루어질 수 없었던 상황 그 자체에 기인했다. 팬데믹 이전 상담은 대면으로만 이루어졌기 때문이다.

> "이전에 메르스를 겪었잖아요? 1~2주 정도로 짧게요. 이후 정상 생활로 바로 돌아왔기 때문에 코로나19도 금방 괜찮겠지 생각했어요. 그러다가 1개월, 3개월, 5~6개월 넘어가게 되니까 사람을 만나서 해야 하는 일들을 어떻

게 해야 되나 많이 당황하고 걱정들을 했었어요."

강력한 사회적 거리두기 시행은 상담 방법의 대전환을 촉구했다. 온라인 화상 접속이나 전화 연결을 통한 비대면 상담이 도입되고 시행되었다. 다만 기존에 센터에서 진행되었던, 도구 활용이 필수적인 놀이치료는 대면을 통해서만 이루어질 수 있기에, 6개월 가까이 시행할 수 없었다.

지방자치단체에서 운영하는 공공기관이기에 온라인 화상 접속을 위한 개인용 노트북과 유료 계정, 전화기 구매를 위한 예산 확보부터 물품 구입과 사용 환경 적응까지 어려움은 이어졌다. 공공기관이었기에, 유료 계정 달러 결제는 큰 난관이었다. 15인, 17인으로 이루어진 상담사 팀에 상담을 위해 확보된 노트북이 1~2대에 불과하여 턱없이 부족했다. 화상 상담이 몰리는 때에 겪었을 장비 부족으로 인한 어려움은 쉽게 상상이 되었다. 화상 상담이 몰려 장비 부족이 발생한 경우, 예약되었던 상담이 연기되는 경우도 있었다. 안정적이지 못한 통신망으로 인해 내담자인 청소년에게 이야기를 다시 해 달라고 하는 등 상담에 집중할 수 없는 경우도 있었다. 상담을 진행하는 상담사 입장에서도, 상담을 받는 대상자 입장에서도 답답했을 것임이 분명하고 때로는 같은 말을 여러 번 요청할 수 없어 온전한 상담이 이루어지지 못했을 수도 있었을 것이다. 디지털 통신 환경을 이용하면서 주변 소음이나 혼선, 통신 불량 등으로 우리가 겪었던 그러한 통화 경험처럼 말이다. 이런 문제 때문에 개인 스마트폰으로 개인 데이터를 소모하면서 화상 상담을 진행한 상담사도 적지 않았다고 문 상담사는 말했

청소년상담 공간과 문민경 청소년상담사. 문 상담사는 청소년들의 사회성 부족은 코로나19 팬데믹이 '만든' 측면이 강하다는 점에서 다른 세대의 이해와 관심 그리고 배려가 더욱 필요하다고 말했다.

다. 게다가 이러한 상황은 비대면 상담이 전체의 20~30퍼센트 정도를 차지하는 최근까지도 지속되고 있다고 했다.

대면 상담이 허용되었더라도 강력한 사회적 거리두기 시행 시기에 내담자에 의해 감염될 수 있다는 두려움 또한 큰 어려움이었다. 이에 상담 대상자인 청소년과 동행한 보호자를 잠재적 감염자로 인식할 수밖에 없었다. 문 상담사의 다음과 같은 말에 당시에 느꼈을 그러한 두려움이 짙게 묻어나고 있었다.

"상담 대상자나 보호자가 코로나에 감염된 사람이면 어떡하지, 접촉했을 때 감염되면 어떡하지, 그런 두려움이 커서 당시에는 진짜 창문도 계속 열고, 그리고 누가 왔다 갔는지 확인하고 손 소독도 무조건 다 시키고, 사람이 다녀가면 다 소독하고 두려움이 많이 컸습니다."

청소년 심리에 끼친 코로나19 팬데믹의 영향

코로나19 팬데믹은 대면 중심의 일상을 비대면 중심으로 바꾸었다. 이를 가리켜 뉴노멀이라 한다. 온라인이 중심이 된 비대면의 일상은 청소년들이 인터넷, 특히 스마트폰에 과몰입하기 쉬운 환경을 제공하였다. 이에 부차적으로는 음란물을 비롯한 유해 정보에 탐닉하는 경우가 증가했다고 한다. 또한 비대면 학습에 익숙해진 나머지 등교 거부를 하는 청소년들이 크게 증가했다고 한다. 코로나19 팬데믹 이전과 비교하면 어느 정도나 증가되었는지가 궁금했다.

"신청 전화만 봤을 때, 제가 체감하기에는 이전에는 등교 거부하는 전화가 10통 중에 2~3통이었다면, 지금은 7~8통이 와요. 되게 많이 늘었어요."

놀라운 증가율이 아닐 수 없었다. 뉴스에서는 온라인 수업으로 인한 학력 저하 문제를 심각하게 보도했을 뿐, 등교 거부가 급격히 증가한 사태의 심각성을 알기는 어려웠다. 원인 파악과 해결 방법 모색을 위해 교육부나 여성가족부를 비롯한 정부 부처의 대응 정책 마련 촉구, 그리고 사회적 경각심의 환기가 필요하지만, 이를 위한 심도 있는 취재가 이루어지지 않았기 때문이다.

문 상담사는 코로나19 팬데믹이 청소년들의 심리에 끼친 영향 가운데 특히 대중이 주목할 만한 지점으로 사회성 부족을 꼽았다. 대면 중심의 일상에서 자연스럽게 훈련되고 습득되어야 할 사회성은 충분히 성숙되거나 발달되지 못했고, 또래와의 교우관계 형성에서 큰 어려움을 겪는 것을 비롯하여 연장자와의 관계에서도 구체적 처신에 어려움을 겪는 경우를 많이 확인하였다고 전했다. 더 나아가 청소년들의 이러한 어려움은 향후 그들이 성인이 된 후에 사회적 문제로까지 발전할 수도 있겠다는 우려를 표했다. 그럼에도 문 상담사는 청소년들의 사회성 부족이 그들 스스로가 자발적으로 '선택'한 것이 아닌, 코로나19 팬데믹이라는 시대적 상황이 '만든' 측면이 강하다는 점에서 지금도 그리고 앞으로도 다른 세대의 이해와 관심 그리고 배려가 더욱 필요하다고 힘주어 말했다. 자발적 선택은 책임을 요구한다. 그러나 문 상담사의 지적처럼, 청소년들의 사회성 부족이 코로나19 팬데믹에 의해 내몰린 탓이라면, 우리는 그들에게 그 책임을 물을 수 없을 것이다. 그리고 코로나19를 함께 극복하는 길을 추구했듯이, 그들의 사회성 부족에 대해서도 향후 이해와 관심 그리고 배려로 함께 극복하는 길을 추구해야 할 것이다.

청소년상담복지센터는 여성가족부에서 관리, 감독의 권한을 갖고 있으며 〈청소년 기본법〉에 의거하여 만 9세부터 만 24세까지의 청소년을 대상으로 상담이 이루어진다고 한다. 팬데믹 이후 3년 가까운 동안, 문 상담사가 진행한 상담 가운데 본인들이 신청한 20대 청소년들이 적지 않았고 25,

26세의 내담자도 세 명이나 있었다고 한다.

K-방역은 검사(Test), 추적(Trace), 치료(Treat)의 3T 요소를 통해 나름의 성공을 거두었다. 그러나 문 상담사와의 인터뷰를 통해 확인할 수 있듯이, 청소년을 비롯한 국민 일반에게 코로나19 팬데믹이 끼친 심리적 영향에 대해서는 그 관심도가 매우 낮은 것으로 보인다. 또한 예산 확보와 운용 장비 지급 등이 더 조속히 그리고 충분히 이루어졌다면, 청소년들에게 시의적절한 상담이 더욱 많이 제공될 수 있었을 것이다. 포스트 코로나 시대를 위해 전자에 대해서는 관심도 제고가, 그리고 후자를 위해서는 적시에 충분한 예산 지원이 이루어질 수 있도록 정부 차원의 노력이 필수불가결하다.

공동체를 지탱하는 힘, 진심과 관심의 실천*

―여수의 사회복지사 이야기

조민하

코로나19 팬데믹의 사회적 거리두기가 엄격히 시행되던 시기는 감염 방지를 위한 방역 조치들이 우선시되던 기간이었다. 당연히 인간의 본질적 욕구를 실현하는 사회적 활동은 제한될 수밖에 없었다. 단절과 고립이 심화되면서 정신적, 경제적 손상을 입는 사람들도 증가하게 되었다. 실제로 보건복지부 자료에 의하면 코로나19 이전인 3년 전과 비교해 기초생활수급자가 58만 명 가까이 급증한 것으로 나타났다. 이는 코로나19 발생 전 6년간 증가한 인원보다 12만여 명 더 많은 수치이다.

대면 돌봄이 제한될 수밖에 없는 상황에서 기초생활수급자들의 삶은 어떻게 지탱되어 왔을까. 직접 조사를 대신하기 위해 이들의 현실을 누구보다 가까이에서 함께했을 것으로 생각되는 사회복지사를 만나 그간의 이

---

* 이 글은 전라남도 여수시에서 사회복지사로 근무하고 있는 최형록 복지사를 2022년 9월 20일과 21일 양일간 인터뷰한 것을 바탕으로 쓴 글이다.

야기를 들어보고자 하였다.

여수 소재 '미평종합사회복지관'에 근무 중인 사회복지사 최형록 씨가 그 주인공이다. 최형록씨는 복지관에서 시민들이 안정적이고 독립적인 생활을 할 수 있도록 돕기 위해 지역사회보호사업과 교육문화사업을 수행하고 있다. 주로 기초생활수급자를 대상으로 정서적, 신체적, 사회적 돌봄을 제공하고 있다.

고립과 단절은 더 큰 소외로 이어지고

먼저 코로나 이전과 달라진 점들이 어떤 것이었는지, 업무에 어떤 제약이 있는지부터 물었다.

"아무래도 직접적 서비스가 많이 줄었죠. 감염 위험 때문에요. 코로나 전이랑 비교했을 때 대면으로 하는 활동이 거의 없어졌어요."

무엇보다 중요한 건 돌봄 대상자들의 건강과 관련된 사업이 위축되었다는 점이다. 기초생활수급자의 상당수가 독거노인이라는 점은 최형록 씨가 더욱 안타깝게 생각하는 지점이다. 코로나 전에는 병원과 연계하여 지역주민들에게 수액을 놓거나 직접 방문이 어려운 사람들을 방문 진료해주는 봉사활동이 있었다. 대면 활동이 금지되면서 방문 봉사 창구가 막히게 된 것이다.

여수에 있는 미평종합사회복지관에 근무 중인 최형록 사회복지사.
어르신들의 대면 지원이 전면 중지되면서 우울증 발병률이 높아졌다고 한다.

독거노인을 위한 나들이 프로그램, 생신 잔치 모임, 이미용 서비스, 목욕 및 세탁 지원, 사랑의 김장 나누기, 무료 급식 행사 등이 사실상 모두 중단되다시피 했다. 나들이 프로그램과 생신 잔치 모임은 홀로 지내는 분들에게 정서적인 안정감과 건강한 사회관계를 만들어주는 기능을 한다. 이 외의 지원들도 거동이 불편하거나 경제적 자립이 힘든 사람들에게 최소한의 생활이 가능할 수 있도록 하는 사회적 지원 활동이다.

갑자기 대면 지원이 전면 중지되면 지원 대상자였던 개인이 감당할 수 없는 부분도 있었을 것이다.

"정신적으로 고립되는 분들이 많아서 우울증 발병률도 높아졌어요."

임대 아파트에 살던 한 30대 청년은 올 초 아버지가 돌아가신 후 자신을 놔 버렸다고 한다. 우울증과 대인기피증이 심해서 어두운 방에서만 지냈다. 어떤 70대 노인은 아내가 먼저 세상을 떠난 후 우울증과 신체적 질병으로 인해 오랜 기간 스스로 고립되어 살아왔다. 방에서 나오지 않고 사회적 회복에 대한 본인의 의지가 전혀 없어서 사회복지사들이 방문하는 날은 먼저 냉장고부터 살펴본다. 냉장고는 가득 차 있는데, 들여다보면 몇 달씩 되어 곰팡이가 낀 식자재뿐이다. "뭘 드세요?" 하고 물어보면 "라면 먹고 살아요", "편의점 도시락이요"라고 이야기한다. 외부랑 소통을 안 하니 자연히 신체적, 심리적 손상이 뒤따르게 마련이다.

나들이 프로그램은 65세 이상 어르신을 위한 소규모 효도 관광 성격의 활동이다. 이 프로그램이 중단된 후 거동이 불편한 분들은 밖을 나가고 싶어도 옴짝달싹할 수 없는 상황이 매우 답답해졌다. 생신 잔치 역시 대부분 가족이 없거나, 있더라도 멀리 떨어져 있어 사실상 자녀들과 연락이 닿지 않는 분들을 위해 치르는 행사였다. 노인 한 분 한 분이 주인공이 되는 시간이다. 태어나고 살아 있음을 축하받고 존재의 소중함을 스스로 다시 느끼게 되는 공존의 공간을 만들어내는 것이었다.

활동 영역이 좁아지고 정서적 소외를 겪게 되면서 신체적 정신적 어려움은 더욱 심화되었다.

"복지관이 임대 아파트 쪽에 있어요. 가끔 새벽에 119가 와요. 온 이유는 어르신들이 자살해서….."

코로나19 이전에는 거의 발생하지 않았던 자살 사건이었다. 코로나19 이후 일 년에 두 번 정도 자살로 인한 119 호출 장면을 목격하게 된다고 했다. 복지관에서는 임대 아파트 대상 서비스를 많이 하는데도 불구하고 여전히 복지 사각지대의 소외된 사람들이 많다는 것을 깨닫게 된다. 대상이 안 되는 사람들에게는 복지관에서 따로 해줄 수 있는 서비스가 없다. 주민센터랑 연계해서 긴급 의료 지원이 가능하기도 하지만 그마저도 한계가 있다. 지원 사업을 따로 기획해서 프로젝트를 따내는 수밖에 없다. 사회복지사의 역량에 따라 지역 복지의 질이 결정된다는 의미이다. 그래서 쉴 수가 없다. 최선을 다해 제안서를 쓰고 또 써야 얼마간의 죄책감과 자괴감을 덜 수 있다. 죽음의 절망 속을 헤매던 사람들이 희망의 미소를 얻어갈 수 있다. 서류 작업에 밤잠을 설치고 사생활은 엄두도 못 내는 상황이 되어도 계속해서 제안서를 쓰게 된다.

내가 나로 살 수 있는 유일한 방법

복지사님은 누가 보살펴주는지, 복지사님이 이렇게 힘든 일을 계속할 수 있게 하는 힘의 원천은 무엇인지 물어 보았다.

"나를 통해서 한 사람의 인생이 더 나은 방향으로 나아가게 됐구나 하는 생각이 들 때마다 제 존재 의미를 느껴요. 정말 큰 보람을 느껴요."

어떤 70세 남자 어르신은 냉장고도 없이 폐인처럼 살던 분이었다. 화장실에 찬물을 받아놓고 김치를 보관하고, 상하지 않는 마른반찬만 드셨다. 걱정이 되어서 도시락을 제공한다는 명분으로 매일 어르신 댁을 방문했다. 남은 인원이 한 명뿐이었던 도시락 지원 대상을 가까스로 확보한 덕분이었다. 올해 초에는 다행히 냉장고도 후원받아 지원해 드릴 수 있었다. 그렇게 시간이 흐르면서 어르신의 표정이 밝아지고 개인사도 듣게 되었다. 관절염으로 거동이 불편하신데도 보행기로 이동하면서 운동도 열심히 하셨다. 지금은 엄청 표정이 밝아지고 인사도 잘 받아주신다. 복지사님을 볼 때마다 감사하다고, 늘 감사하다고 하신다.

어르신들은 인사만 잘해 줘도 고맙다고 하신다. 큰 경제적 도움이나 거창한 사업들이 아니어도 조금만 관심을 기울이면, 진심어린 말 한마디만 나눌 수 있다면 많은 사람들에게 만족과 희망을 줄 수 있다. 그분들의 만족스러움이 복지사의 보람이 된다. 그런 보람이 커서 이 일을 계속하게 된다.

코로나 이후의 전망과 계획

코로나 상황이 정리되어 가는 분위기인데, 지금은 복지관 활동이 정상화가 되고 있는지를 여쭈었다.

"부분적으로는요. 그래도 아직 코로나 이전으로 회복하려면 많은 노력이 필요해요."

사회적 거리두기가 엄격하게 시행 중일 때는 경로식당을 운영하지 못하고 도시락으로 배식을 대신했다. 이제는 경로식당도 다시 운영하게 되면서 어르신들이 서로 얼굴을 마주하고 인사하며 소소한 이야기들을 나눌수 있게 되었다. 짧은 거리지만 복지관과 집을 오가며 나름의 운동 효과도 얻을 수 있다. 대면 교육도 활성화되어서 소규모로 노래 교실과 한글 교실, 독서 교실도 다시 시작하게 되었다.

그러나 아직 대면 사업이 부분적으로만 시행되고 있어서 갈 길이 멀다. 특히 코로나 이전 수준의 대면 지원 인력을 확보하는 것이 급선무다. 코로나 이전에는 지역 사회 복지를 위해 봉사하시는 분들이 많았다. 코로나가 장기화되면서 자원봉사자들의 숫자가 급감했다. 작년에는 공익요원과 사회복지사가 직접 방문 도시락 서비스를 했다. 사회복지사 한 사람이 매일 5~6집을 방문하는데 이건 업무 외의 추가 근무여서 지속적인 지원에는 한계가 있다.

코로나가 완전히 극복된다면 복지사님은 5년, 10년 후에 어떻게 살고 계실지도 여쭤어 보았다.

"글쎄요 (하하), 내 앞에 있는 이 일들만 잘 처리하자. 매일 이런 생각하며 살아요. 너무 바빠서 미래를 생각할 수가 없어요. 음… 저는 좀 더 전문성 있는 사람이 되었으면 좋겠어요. 5년 후면 팀장이 되어 있겠죠? 대상자가 올

때 어떤 게 필요한지, 제대로 파악해서 더 좋은 서비스를 제공해 주고, 더 좋은 프로그램을 개발해서 나눠주고 싶어요. 아마 모든 사회복지사 선생님들은 다 똑같을 거예요."

요즘 들어서야 10시 전에 퇴근을 할 수 있게 되었다는 최형록 복지사. 월급을 20만 원만 더 올려주면 정말 숨통이 트일 것 같다고 농담처럼 말하는 미소 천사. 그래도 복지사를 하면서 성격도 외향적으로 바뀌고, 좋은 동료와 어르신들도 만나 행복하다는 말을 전했다. 습관처럼, 본능처럼 항상 대상자들을 위한 질 높은 서비스를 위해 고민하는 모습이다. 고단한 인내의 시기를 견디고 보람과 성숙의 열매를 얻어낸 최형록 씨와 같은 분들이 있기에 단절과 소외의 외로운 시간들이 조금은 더 따뜻할 수 있었으리라.

팬데믹 시대의 어밴던데믹을 넘어서기 위하여*

─유기견들에게 제2의 삶을 찾아주기 위한 노력

박성호

팬데믹 속의 어밴던데믹, 비닐하우스 방치견들을 발견하다

코로나19 바이러스가 한창 맹위를 떨치던 2020년 8월, 고양시 모처에서 비닐하우스에 사실상 방치된 채로 있던 60여 마리의 개들이 발견되었다. 당시 주인은 중성화조차 하지 않은 채로 비닐하우스 안에서 개들을 키웠고, 그 결과 개체 수가 급격하게 불어나서 감당할 수 없는 지경이 되었다. 한여름에는 40도에 육박하는 열악한 환경에서 굶거나 병들어 죽는 것은 물론, 태어난 지 얼마 되지 않은 강아지들이 밟혀 죽는 일까지도 있었다. 다행히 한 개인 구조자를 중심으로 이 비닐하우스 방치견들을 원래 주인으로부터 인계받아 구조하는 활동이 이루어질 수 있었고, 지난 2년 동

---

* 이 글은 고양시 덕양구 비닐하우스 방치견들의 구조 및 입양 프로젝트를 추진하고 있는 박아름 개인 구조자를 2022년 9월 28일에 인터뷰한 내용을 바탕으로 쓴 것이다.

안 60여 마리 가운데 소수를 제외한 대부분의 개들이 새로운 가정을 찾아서 안착하게 되었다.

이번 인터뷰는 다소 특이하게 진행되었다. 바로 차량 안에서 이동하면서였다. 운전과 동시에 인터뷰를 진행해야 한다는 점에서 다소 부담스러웠고, 과연 심도 있는 대화가 가능할지 걱정도 되었지만, 마침 인터뷰 주제와도 관계가 깊은 일이었기에 이런 특수한 형식을 취하는 데에는 양쪽 모두 이견이 없었다. 어떤 일이었냐고? 바로 이동봉사가 그것이다.

인터뷰와 동시에 진행하게 된 이동봉사는 심장사상충 검사를 위해 병원에 갔던 구조견을 다시 임시보호처로 데려오는 일이었다. 이 일을 진행하는 당사자이자 이번 인터뷰의 대상자이기도 한 박아름(자영업자, 36세) 씨가 이동과 관련된 제반사항을 담당했고, 필자는 병원에서 임시보호처로 이동하는 차량을 운전했다. 안전을 위해서 이동을 마친 뒤 인근 공터에 주차를 하고 인터뷰를 진행하였다.

고래별 프로젝트(고양시 비닐하우스 방치견들의 입양 프로젝트)에는 필자 역시 직간접적으로 참여하기는 했지만, 동물 구조 전반에 대해서는 아는 바가 그리 많지 않았기에 박아름 씨와의 인터뷰를 통해 코로나19 팬데믹 전후를 두고 벌어진 일들과 그 여파에 대해 이야기를 나눠보고 싶었다. 더불어서 아직까지도 새 가정을 찾지 못한 개들의 앞날과, 동물구조자로서의 박아름 씨가 생각하는 앞으로의 전망에 대해서도 들어보고자 했다.

팬데믹이 일으킨 연쇄작용, 좁아져 버린 재입양의 길

"얼핏 생각할 때에는 코로나19로 인한 여파가 그렇게 큰 것 같지는 않았어요. 하지만 상황을 들여다보면 이게 결코 가벼운 문제가 아니었다는 걸 알 수 있죠. 나비효과처럼, 그 여파는 아주 먼 곳에서부터, 하지만 무시할 수 없는 크기로 다가오기 시작했어요."

한때 코로나19 바이러스가 개나 고양이와 같은 반려동물을 통해서도 전파될 수 있다는 뉴스가 나오기도 했지만, 막상 한국에서는 이 때문에 반려동물을 유기하는 일 같은 건 별로 벌어지지 않았다. 이렇게만 놓고 보면 코로나19가 반려동물의 유기와 관련된 일에는 큰 영향을 주지 않은 것만도 같다.

그러나 진짜 문제는 예기치 않은 곳에 있었다. 바로 코로나19 확산과 더불어 막혀 버린 하늘길 때문이었다. 한국은 문화적인 특성상 품종견이 선호되고, 특히 소형견에 대한 수요가 많은 편이다. 품종이 명확하지 않거나, 설령 품종견이라고 해도 중대형견이라고 하면 그다지 인기가 없다. 하물며 유기견 같은 경우에는 소형 품종견이 아닌 한은 재입양에 대한 관심이나 문의가 거의 없다고 봐도 좋을 정도다. 그래서 많은 중대형 유기견들이 재입양을 가지 못하고 안락사를 당한다.

그나마 유의미한 돌파구라고 할 수 있는 것이 바로 해외입양이다. 안타깝게도 한국은 대표적인 유기견 수출국 중 하나다. 매년 적지 않은 유기

고래별 프로젝트 거리입양제 당시의 박아름 구조자(2021년 10월, 일산)

견, 특히 중대형 유기견들이 항공편을 통해 해외로 입양된다. 한국에서 활동하고 있는 동물구조단체들 중 상당수는 이런 해외입양을 주선하고 시행하는 일을 해 왔다. 검역의 문제나 문화적·언어적 차이, 항공 이동의 어려움 등으로 인해 해외입양은 개인보다는 단체 차원에서 진행하는 편이 수월했기 때문이다.

그런데 코로나19와 더불어 하늘길이 막히자 해외입양의 가능성도 사실상 차단되었다. 이제 단체들은 해외입양길이 막힌 임시보호견들을 자체적으로 소화하기에도 버거운 형편에 빠져들었다. 입양이 원활하게 이루어져야 새로 구조되는 유기견들도 단체의 보호를 받을 수 있을 텐데, 입양이 어려워지면서 단체들도 수용 능력이 포화 상태에 달하게 된 것이다. 그 결과 예전에는 홍보 등을 위해서라도 적극적으로 구조활동에 나섰던 관련 단체들이 대규모 구조 활동에 대해 소극적으로 돌아서게 되었다.

결국 적잖은 영역에서 구조 활동은 개인 구조자가 감당하는 것으로 돌려졌다. 박아름 씨의 경우도 그러했다. 그녀는 개인 구조자 신분이기에 고양시 비닐하우스 방치견과 같은 대형 이슈에 대응하기에는 여러 모로 한계가 있었다. 코로나19 이전에는 보통 이런 이슈가 터졌을 때 동물구조단체에서 구조와 입양 과정 등을 진행하는 것이 일반적이었다. 그런데 위에서 말한 이유로 그 어느 단체도 선뜻 고양시 비닐하우스 방치견 구조 문제에 나서지 않았다. 하지만 이미 구조를 시작한 이상 이제 와서 포기할 수도 없는 일. 결국 이 60여 마리의 방치견은 박아름 씨를 비롯한 여러 개인 구조자들의 손에 맡겨지게 되었다.

"개인 구조자의 한계는 뚜렷해요. 자기 생계를 위한 경제활동과는 별개로 구조활동을 진행할 수밖에 없으니까요. 그래서 적정한 지점에서는 동물보호단체와 연계가 되어야 구조 활동이 원활하게 이루어질 수 있는 건데, 코로나19로 인해서 그 연결고리가 끊어진 거죠. 그 과정에서 많은 개인 구조자들이 상황의 어려움을 이기지 못하고 현장을 떠나기도 했고요. 이 무너진 연결고리가 언제 다시 예전 수준으로 회복될 수 있을지는 알 수 없어요."

그것은 박아름 씨가 고래별 프로젝트를 본격적으로 시작하게 된 계기가 되기도 했다. 의도한 바는 아니었지만, 코로나19로 인해 사실상 이런 대규모 활동을 동물구조단체에게 기대할 수 없는 상황에서는 개인 구조자들 중심의 프로젝트로 돌리는 것 외에는 별다른 대안이 없었다. 2020년 8월 당시로서는 입양은커녕 당장의 임시 보호처 마련조차 불투명한 상황이었지만, 고래별 프로젝트는 그렇게 시작되었고 비슷한 뜻을 가진 개인 구조자들을 하나 둘 모아 나가게 되었다.

다행스럽게도 고래별 프로젝트는 성공적으로 진행되었다. 품종견도 아니요 건강상태도 확실하지 않은 60여 마리의 방치견에게 새로운 가정을 찾아준다는 것은 불가능하다는 게 당시 여러 구조 관련 전문가들의 우려였지만, 이런 우려가 무색하게도 비닐하우스 방치견들 중 상당수가 새로운 가정을 찾을 수 있었다. 아직 임시보호 중이거나 시설에 위탁 보호 중인 개들에 대해서도 현재까지도 입양을 위한 과정이 진행 중이다. 모든 개들이 가정을 찾을 때까지 고래별 프로젝트는 끝나지 않을 것이라고 그는 덧붙였다.

팬데믹은 끝나가지만 어벤던데믹은 여전하다

코로나19는 전혀 다른 지점에서 변화를 불러일으키기도 했다. 바로 임시보호를 위한 위탁처 확보 문제였다. 코로나19가 확산되면서 비대면에 대한 요구가 늘다 보니 상대적으로 집에 머무르는 시간이 늘게 되었고, 이는 반려동물에 대한 수요 증가로 이어졌기 때문이다.

이런 변화는 유기견들을 임시보호하겠다고 자원하는 사람들의 증가로도 이어졌다. 평소 유기견에 대한 관심이 있기는 해도 직장생활 등을 이유로 차마 임시보호까지 자처하지는 못했는데, 마침 재택근무 등으로 인해 자신에게도 유기견을 돌볼 수 있는 여지가 마련된 것이다. 물론 임시보호가 아니라 완전한 입양으로 이어질 수 있다면 그게 가장 좋은 결과겠지만, 고양시 비닐하우스 방치견과 같이 수십 마리의 피구조견이 발생한 상황에서는 일단 임시보호처라도 마련해서 최대한 일반적인 가정환경에서 생활할 수 있게끔 하는 것도 중요한 일이었다.

"그런데 이게 마냥 좋지만은 않아요. 재택근무를 하면서 임시보호를 해도 되겠다고 생각해서 시작한 사람들이, 막상 임시보호를 해보니 이게 생각만큼 만만한 일이 아니라는 걸 깨닫게 되는 거죠. 임시보호를 자처했다가 며칠 지나지도 않아 포기 선언을 하는데, 이렇게 되면 애들 입장에서는 두 번 버림받는 셈이거든요. 저도 그렇고, 애들도 그렇고, 마음의 상처만 더 크게 남는 결과가 되는 거죠."

이런 문제 때문에 오히려 코로나19 이전보다도 임시보호자를 선택하는 일에 더욱 깐깐해졌다는 게 그의 설명이었다. 예전 같으면 임시보호를 요청했다는 것 자체만으로도 어느 정도 신뢰할 수 있다는 징표가 되었는데, 코로나19로 인해 재택근무자가 늘어나면서 자신의 상황에 대한 엄정한 판단 없이 임시보호를 자처하는 경우가 늘어났기 때문이다. 결국 그 '엄정한 판단'을 임시보호자 자신이 아니라 박아름 씨가 추가로 진행해야 하는 상황이 되었고, 결과적으로는 오히려 적절한 임시보호자를 찾기 힘든 경우조차도 생기게 되었다.

그나마 그의 남편 또한 재택근무로 인해 그의 구조 활동에 더 많은 도움을 줄 수 있게 되었다는 점이 다행이었다. 대중교통편으로 접근이 어렵고, 하물며 구조한 개들을 운반하는 과정에서는 대중교통 이용이 사실상 불가능하다는 점을 감안하면 자가용 차량 이용은 필수적이었는데 그 부분을 남편이 좀 더 적극적으로 도와줄 수 있게 되었다는 것이었다. 예전에도 물론 종종 도움을 주었지만 출퇴근을 해야 하는 입장에서는 여러 모로 제약이 많았는데, 팬데믹 이후로 이 부분이 조금 더 자유로워져서 좋았단다.

하지만 중장기적으로 보자면 결국 코로나19는 보호가 필요한 유기견이나 방치견들에게는 치명적인 결과를 초래할 것이었다. 해외입양이 막힌 결과 국내입양도 힘들어졌고, 각 보호소에서는 실내에서의 밀접 접촉에 의한 감염 우려 등으로 인해 봉사자를 구하는 것도, 혹은 봉사자들의 내방을 받는 것도 어려워졌다. 사람들이 집에 머무는 시간이 늘어나면서 반려동물에 대한 수요도 덩달아서 늘어났지만, 이런 현상은 결국 그만큼 더 많은 개들이 버려지게 될 우려로 이어지는 것이었다.

무엇보다도 가장 큰 문제는 앞으로의 일이다. 코로나19 팬데믹은 점차 완화되고 있고, 사람들은 속속들이 일상으로 복귀하고 있다. 그러나 버려진 개들에게는 또 다른 고난이 시작되고 있을 따름이다. 오늘도 수많은 개들이 유기되어 보호소로 옮겨진다. 이들 중 소수의 행운아는 원래 가정으로 돌아가거나 새로운 가족을 얻기도 하지만, 대다수는 공고기간이 넘어갈 때까지도 아무런 관심조차 받지 못하다가 짧은 생을 마감하고 만다. 사람들의 팬데믹은 끝나가고 있지만, 개들의 어벤던데믹(Abandon-demic)은 계속 확산되어만 가고 있다. 팬데믹으로 인해 구조에 종사할 수 있는 사람이나 이에 투입될 수 있는 재원은 줄어들었지만, 오늘도 수많은 개들은 길거리에 버려지고 있다.

이런 상황 속에서 박아름 씨와 같은 개인 구조자가 택할 수 있는 길이란 무엇일까. 그에게도, 혹은 이런 일과 관련되어 있는 모든 이들에게도 고민스러운 문제다. 팬데믹이 종막에 가까워질수록 이러한 고민의 크기는 오히려 더욱 커져만 간다.

다른 미래를 위하여

"이제 남은 아이들의 입양길을 열어주는 게 가장 큰 과제죠. 어떤 분들은 60마리 중에서 이 정도 갔으면 기적인 거 아니냐, 이제 그쯤 하면 됐다고도 하시는데요. 그건 사람의 입장인 거고 당사자인 개들 입장에서는 자기한테 가족이 있느냐 없느냐의 문제인 거잖아요. 이쯤 했으니까 됐지, 하고 그만두자는 건 사람 편하자고 그러는 거죠."

박아름 씨에게도 이번 고래별 프로젝트는 적잖은 변화를 남겼다. 비록 이 일과 직접적인 관계가 있는 건 아니지만, 그는 다니던 직장을 그만두었고 현재는 작은 반려동물용품점을 운영 중이다. 버려진 개들을 돕는 것도 중요하지만, 무엇보다도 개들이 버려지지 않을 수 있는 환경을 만드는 게 우선이다. 그 역시 자신의 생계를 유지하면서도 계속 개인 구조자로 살아갈 수 있는 방법은 무엇일지를 고민해야 했다. 그 시작은 반려동물용품 판매라는 작은 일이지만, 가급적 이것이 단순히 물건을 팔아서 이익을 얻기 위한 영리 활동이 아니라, 반려동물을 키우는 사람들에게 좋은 '문화'를 전파하는 영향력으로 전환되도록 하는 것이 현재 그의 희망사항이다. 그나마 다행스러운 점은 최근 항공교통이 조금씩 회복되는 추세로 돌아서면서, 그간 마비되다시피 했던 해외입양의 기회도 다시 열리고 있다는 것이다. 한동안 얼어붙었던 구조단체들의 입양 작업도 조금씩 활기를 되찾고 있다. 이 글을 쓰고 있는 와중에도 '루이'라는 이름을 가지고 있는 아이의 해외입양이 결정되었다.

박아름 씨는 아직도 '루이'를 처음 발견하고 구조했던 날, 즉 고양시의 비닐하우스 방치견들을 처음 발견했던 그날을 기억한다. 원래 제대로 된 이름조차 없었던 그 아이는 집 밖으로 나오는 것조차 거부할 정도로 겁이 많았다. 다른 개인 봉사자들의 도움으로 방치견들 식별을 위해 번호표를 붙였고, 그 아이에게는 35번이 부여되었다. 얼마 후 한 봉사자가 35번에게 '루이'라는 이름을 붙여주었다.

다른 방치견들이 하나 둘 이름과 가정을 찾아가는 동안에도 루이와 빅스, 도리는 입양처를 찾지 못했었다. 멀리 거제도까지 가야 했던 셋을 다시 서울로 데리고 오기 위해 동분서주했던 것도, 한번 임시보호를 나갔다가 이틀 만에 거절당하고 돌아온 '루이'를 한동안 데리고 있었던 것도 그였다. 잠시 한눈만 팔아도 이불 곳곳에 마킹을 하는 바람에 이불 빨래만 하루에 몇 번씩 했는지 모르겠다고 했다.

그런 루이가 해외입양이 결정되고 출국하게 된 지난 10월 22일, 그날 하루 가게 일도 제쳐 두고 임시보호처에서 공항까지 루이를 데리고 왔다. 인천국제공항은 이제 팬데믹 이전을 상상해도 좋을 만큼 북적거리고 있었다. 이것이 또 하나의 새로운 출발이 되기를. 박아름 씨 자신에게든, 가족을 찾아 멀리 떠나는 루이에게든, 혹은 아직까지도 새로운 가족을 기다리는 다른 개들에게든, 팬데믹의 끝자락에서 새로운 고민을 떠안아야 하는 수많은 개인 구조자들에게든, 그렇게 바람을 품어 보게 되는 순간이었노라고 전했다.

누구보다도 특별한 책임감*

—계룡대 근무 군무원

이동규

군대의 특수성

대한민국에서 군대라는 조직은 특수하면서 보편적이다. 사회 전반과는 상이한 조직체계와 구조를 가지고 있고, 특별한 조직문화와 규범에 따른다는 점에서 특수성을 가진다. 그러나 그 특수성이 한국 사회의 여러 부분과 공유되고 있는 점에서 보면 보편적이다. 이는 징병제를 채택하고 있는 국가 특성상 상당수의 시민들이 군 복무 경험을 공유하고 있다는 점에서 기인하며, 나아가 한국 사회 작동 방식의 일부분은 군대와 실질적으로 공유하고 있다는 점에서도 그러하다.

---

* 이 글은 육군 장교 출신으로 계룡대 소재 육군군사연구소에서 근무하고 현재는 퇴직한 박희성 씨를 2022년 12월 5일 온라인 상에서 만나 인터뷰한 내용을 바탕으로 한다. 박희성 씨의 인터뷰 내용이 대한민국 육군의 입장을 대변하지는 않는다.

국가적 재난과 같은 대규모 인적 물적 자원이 필요한 상황에 군대의 인력과 장비가 동원되고, 일반 시민들은 이들의 모습을 언론을 통해서 혹은 직접 눈앞에서 경험한다. 폭설이나 집중호우와 같은 자연재해, 그리고 전문적인 구조 활동이나 대량의 인명 피해가 발생하는 경우 대민봉사라는 이름으로 군부대의 인적 자원의 도움을 받거나 특수한 구조 장비와 전문성이 활용되는 경우를 심심치 않게 경험한다. 또한, 군대라는 조직적 특수성은 국가 기관 전체에 일정 부분 이식되어 있다. 코로나와 같은 전염병 상황 속에서 작동했던 보고체계, 인력관리 방안 등은 군대의 보고체계의 그것과 유사하게 작동한다.

박희성 씨는 학군장교와 군무원을 거치면서 20년 이상을 한국 군대에 소속되어 있거나 관련 업무에 종사했다. 현재는 군무원을 그만두고 전공을 살려 유관 기관에 소속되어 근무를 하고 있다. 오랜 시간 군 관련 업무를 해 왔지만 지난 3년간의 코로나19 팬데믹 기간은 직업적으로나 개인적으로 여러 특별한 일을 겪었다. 먼저 박희성 씨는 코로나19가 극심했던 시기 동안 계룡대에 위치한 육군 직할 기관 중 하나로 육군에 관련된 역사와 전쟁사를 연구하고 관련 학술 활동 및 지원 활동을 하는 육군군사편찬연구소의 연구관으로 근무했다. 육군군사편찬연구소는 육군 참모총장을 보좌하는 기관으로 육군의 과거 역사를 기반으로 향후 정책 방향 등을 숙의하는 기관이다. 과거에는 장성급 현역 군인이 소장직을 맡았으나 현재는 2급 상당의 군무원 신분으로 교체가 되었다. 조선왕조실록의 사초를 쓰듯이 육군의 역사를 기록한다는 것은 군 관련 경력과 함께 고려대학교 사학과에서 수학을 한 박희성 씨에게는 애착이 남다른 업무였다.

육군군사편찬연구소 연구원의 상당수는 민간인 신분으로 전환이 되고 있지만, 여전히 군 경력자가 다수를 차지하고 있기 때문에 조직문화와 운영 규율이 군대와 유사한 경우가 있다. 이야기를 전해 듣는 것으로 충분하지는 않았지만 쉽게 그 분위기를 느낄 수 있었다. 업무가 민간에 가까워지더라도 군대에서 오랜 시간을 보낸 이들에게는 그들만의 위계질서가 있고 업무 수행 방식이 있을 것이다. 그리고 누군가에게는 강고한 조직문화의 폐해로 느껴질 수도 있지만 누군가에게는 효과적이고 역량을 고도화하는 행태로 받아들여질 수 있다. 박희성 씨는 3년 전에는 현역은 아니었지만 군 관련 기관에 오랜 기간 근무했기 때문에 당시의 군대 혹은 군기관에서 어떻게 코로나19를 경험했는지를 전해 들을 수 있었다. 인터뷰 과정에서는 '원래 군대가 그렇다'라는 식의 언급으로 절제하여 표현했지만, 코로나19 팬데믹 상황 속에서 군 기관에 소속된 사람들이 얼마나 긴장을 하면서 보냈으며, 육체적으로나 정신적으로 어려움을 겪었는지 전해 들을 수 있었다.

"군대라는 조직 자체가 같이 모여 살고 특히 병사들도 집단생활을 하기 때문에 한 명이 걸려 오면 수십 명 혹은 수백 명에게 전파될 수 있으니까요. 사회보다 더 엄격한 통제를 했죠. 그리고 우리 군인 때문에 민간인이나 지역사회에 전파되는 것을 극도로 꺼려 했죠."

군대 조직 특성상 군인들 때문에 민간인이나 지역사회에 전파되었다는 사태가 발생하는 것을 극도로 경계했으며 폐쇄적인 군부대 환경에서 통제할 수 있는 여지가 컸기 때문에 휴가 복귀 이후 격리 조치 같은 경우는 일반 사회보다 두 배까지 길게 잡아서 진행했다고 한다. 군의 특성상 사회를 안전하게 보호하는 것을 우선 과제로 삼았기 때문에 그 어떤 때보다 책임감을 느끼고 희생정신을 발휘해야 하는 경우도 있었을 것이다. 공항이나 항만의 세관에서 군인들이 지원 활동을 했고, 감염이 예상되는 사람들을 이송하는 경우에는 특전사와 같은 인원들이 나서는 경우가 있었으며, 백신이 보급되는 초기에는 새벽 시간에 무장한 군인들이 백신 이송 차량을 호위하기도 했다. 특히 코로나19 백신의 경우 초저온 상태로 유통이 되어야 하기 때문에 특수차량이 필요했고, 경찰뿐만 아니라 군병력도 전국으로 보내지는 백신 호송 과정에 동행을 했다. 이송 전 과정을 밀착 호위했고, 우리도 신문이나 영상을 통해 백신을 옮기는 과정에 동원된 군복을 입은 사람들을 쉽게 볼 수 있었다. 군대는 일정 정도 전염병의 무기화에 대한 인식 때문에 관련 정보를 축적해 왔고 이러한 경험들이 다른 재난 상황과 달리 군대가 더 적극적으로 전염병 관리에 참여하는 발판이 되기도 했을 것이다.

가장 특별하고 높은 의무

박희성 씨와의 인터뷰 과정에서 특히 흥미를 느낀 부분은 당시에 군사편찬연구소가 소재한 계룡대라는 공간이었다. 계룡대는 한국군의 지휘부가 위치한 곳이고 민간인보다 군인들이 더 많은 군사도시이다. 또한 민간인들 중 많은 사람들이 군인 가족이었기 때문에 계룡대 자체는 직간접적으로 군대와 연관된 사람들이 모여 있는 공간이다. 또한 군인들 중에서도 사병은 지원단 소속의 일부 부대를 제외하고는 거의 없고 대부분 간부라는 점도 특징이다. 실제로 계룡대 소재의 면단위 구역 중 한 개 면은 전부가 군인 혹은 그 가족들로 구성되어 있는 경우도 있다. 그렇기 때문에 코로나19가 한창 유행하던 시기 계룡대라는 공간의 특별함이 있었을 것이라고 생각했다. 즉 계룡대는 비교적 동질한 집단의 사람들이 한정된 공간에 거주하며, 직업적 구성이 유사하면서 해당 직업 내부에 강하게 작동하는 계급 의식이 존재하는 곳이다. 또한 해당 공간의 사람들이 다른 지역에 있는 각 부대들을 대표하거나 지휘권을 가지고 있다. 즉 권한과 능력 못지않게 책임감과 의무를 강하게 요구받는 사람들인 것이다.

"계룡대만은 일단 고급 장교들이 많고 지휘부이기 때문에 코로나에 걸리는 것은 개인의 부주의가 맞다고 생각했습니다. 가지 말아야 할 곳에 가서 걸렸다는 분위기가 강했습니다. 실제로 다른 곳보다 상당히 늦게 발현이 되었습니다. 일단은 모범이 되어야 한다는 생각이 강했던 것 같습니다. 육군이나 해공군을 지휘하는 공간이기 때문에 어느 부서가 마비되면 군 전체에 영향을 준다는 생각이 강했던 것 같습니다."

기억을 거슬러 올라가면 코로나19 팬데믹 초기에는 감염의 책임이 개인에게 있다고 생각하는 경향이 강했다. 유흥업소에서 감염이 된다거나 종교 단체의 행사에서 감염이 된다고 생각했고, 이러한 감염 경로는 개인이 주의하여 회피할 수 있다고 생각하는 경향이 강했다. 군대 혹은 군기관뿐만 아니라 모든 사회가 개인을 통제하는 것이 감염병 확산과 방지에 있어서 핵심적인 방책으로 여겨졌다. 비록 코로나19 확산 초기의 분위기였지만 군대에서는 더욱더 개인 책임을 중요하게 생각했다. 그러나 한편으로 이러한 분위기가 큰 부담이 되었던 것도 사실이다.

"군대라는 조직에서는 좀 더 합리적이고 냉철할 필요가 있는 것 같습니다. 집단적으로 사고를 하고 집단적으로 행동하는데, 전염병 초창기에 겪었던 것처럼 개인에게 책임을 지울 필요는 없는 것 같습니다. 조직이 역량이 된다는 것을 신뢰하는 것이 중요하다고 생각합니다."

군부대는 개인의 행위를 통제하는데 어떤 사회기관보다 강력한 수단과 방법을 가지고 있었지만, 그중에서 계룡대에 있는 부대와 기관은 더 강력한 통제를 시행했다. 부서 단위의 이동을 가급적 금지하고, 격일제 근무와 화상회의 등도 다른 사회기관과 크게 다르지 않게 시행되었다. 아침마다 정해진 시간에 발열 여부를 점검하여 보고하거나 감염 여부와 상관없이 무단으로 다른 지역을 방문하면 징계를 하는 경우도 있었다. 거리두기 규정은 매우 엄격하여 수백 명이 수용되는 군대 식당의 경우 거리두기와 칸막이를 설치했다. 그리고 다른 부대에서 계룡대에 진입하여 수행되는 훈련은 많은 경우가 취소되었다. 첫 번째 감염 사례가 되는 경우 받게 될 개인적인 부담감도 상당했을 것이다. 강력한 통제와 개인적인 노력 덕분인지 계룡대는 상당히 늦은 시기까지 코로나19의 발생이 억제되었다. 첫 번째 사례의 경우 계룡대 소속의 인원이 아닌 불가피하게 외부에서 계룡대를 방문했던 사람이었다. 박희성 씨는 3년 전에 있었던 첫 번째 사례였지만 기억에 남는다고 했다. 실제로 과거의 기사 속에는 6월 충남 계룡에서 60대 부부 코로나19 확진 사례가 첫 지역 내 감염으로 보고되었을 정도로, 계룡시의 확산 방지 노력은 매우 강력하게 진행되었다.

누군가의 헌신과 책임

앞서 언급했듯이 박희성 씨는 이미 전역을 하고, 군무원 생활까지도 뒤로 하고 정부의 다른 기관으로 자리를 옮긴 터였다. 직접 방역 작업에 참여하지 않았을지는 모르지만, 군의 특성에 따라 책임과 의무를 요구받았을 것이라는 생각이 들었다. 실제로 한국의 남성 대부분이 군 생활을 경험했고, 그 경험이 편향되기도 하고 미화되기에는 어려운 측면이 많기 때문에, 혹은 개인적인 성향인지 몰라도 코로나19 상황에서 군대에서 큰 역할을 했다고 강조하는 내용을 말하지는 않았다. 그러나 인터뷰를 하는 동안 20대와 30대의 중요한 시간을 군대에서 보내면서 매 순간 국가에 대한 책임감과 국민에 대한 의무를 다 하던 사람들이 코로나19 상황에서도 어려운 일을 담담하게 수행해 나갔을 것이라는 생각을 하게 해준 시간이었다. 국가의 재난 상황이 있을 때 동원되는 군복을 입은 사람들을 심심찮게 미디어를 통해 혹은 일상생활에서 경험했다. 수해와 화재와 같은 자연재해 속에서, 혹은 공항과 항만의 한 컨에서 누군가의 안녕을 위해 책임을 다하는 사람들이 있을 것이다.

> "아무래도 민간인보다 의료진들이 많이 접촉을 하게 되는데 군인들이 근처에서 대기하면서 지원을 하지요. 지원을 받아서 건강한 병사들이 한달 혹은 두달씩 교대로 지원을 하기도 했습니다. 민간이나 경찰보다는 유사시에 통제를 확실히 할 수 있고 관련된 장비도 있기 때문에 더 효과가 있을 것입니다."

군대의 운용에 있어서 전염병에 대한 대비와 관리는 군사적으로 큰 의미를 가진다. 대단위로 밀집되어 생활하는 군의 특성, 그리고 전후방을 모두 관리해야 하는 현대의 전략적 특성에서 이를 담당하는 군의 인력이 사회적으로도 매우 중요한 역할을 하게 된다. 한 가지 아쉬운 부분으로 군에서 해당 업무를 담당하는 의무병과장의 계급이 소위 '원스타'라고 하는 준장급에 머물러 있는 것을 언급하였다. 전체 군의 전염병 관리를 효과적으로 하기에는 담당 기관장의 직급이 더 높을 필요가 있을 것이다. 일상적인 의무관리가 아닌 전염병의 경우 더 강력하고 효과적인 조직 동원이 필요한 경우가 많기 때문에 관련 책임자가 효과적으로 기능할 수 있어야 한다는 의미로 받아들였다.

또한 군대라는 특성 때문에 여러 가지 일을 집단적으로 사고하고 경험하는 경우가 많은데, 코로나19 상황 속에서는 유독 개인에게 책임을 묻는 경우가 많았다는 아쉬움을 전했다. 군대와 같은 조직이 좀 더 유연성을 가지고 소속된 개인을 대한다면 전염병과 같은 위기 상황 속에서 더 효과적으로 대응할 수 있을 것이라고 소감을 전했다.

빛과 소금*

―코로나 시대 종교계의 목소리

최 지 희

코로나19 팬데믹 기간 모든 대면 종교 활동이 일시적으로 중지되었다. 대부분의 종교기관은 방역정책에 따라 대면모임을 줄이거나 정지하였으나, 일부 종교기관은 모임을 강행하여 국가기관과 마찰을 빚거나 사회의 지탄을 받기도 하였다. 아울러 대구에서는 특정 종교를 중심으로 코로나가 확산되면서 종교, 종교인에 대한 혐오가 폭발적으로 늘어나기도 했다. 기독교와 불교, 천주교 등 한국 사회의 대표 종교들은 코로나19 팬데믹 시기를 어떻게 보냈으며 종교 내부에서는 어떤 고민을 하고 변화를 모색하였을까? 서울 강동구 소재 개신교회 오 목사의 인터뷰를 통해 개신교 교회가 겪은 경험과 고민을 들어보았다.

---

* 이 글은 오 모 목사(익명, 42세)와의 인터뷰를 기반으로 하였다. 오 목사는 교회를 개설한 뒤 지역사회의 소외계층을 돕는 일을 하는 등 사회활동에 적극적으로 참여하고 있다. 인터뷰이의 요청으로 교회의 이름과 자세한 개인정보는 비공개로 하였다.

한국사회에서의 종교와 기독교

한국 사회의 가장 대표적인 종교는 불교와 천주교, 개신교이다. 그러나 주로 도시에 자리 잡고 있으며 가장 숫자가 많은 조직은 기독교(개신교, 천주교)라고 할 수 있다. 특히 개신교 교회는 신앙 전도를 중요한 임무로 여기고 있기 때문에 다른 종교보다 적극적으로 종교 신앙을 권유하는 편이다. 한국갤럽조사연구소의 2021년 3-4월 만19세 이상 1500명을 대상으로 한 종교 현황 설문에서 가장 큰 비율을 차지하는 것은 개신교이기도 하다. 그만큼 한국 사회에서 개신교는 많은 영향을 주고 있다고 할 수 있다.

개신교는 지역사회의 소외계층에 대한 자선과 봉사활동에 활발하게 참여하기도 하고, 한국의 근현대 역사 속에서 독재정권에 반대하고 학생운동을 지원했던 역사 때문에 긍정적인 이미지를 가지고 있다. 반면 신앙을 강권하는 개신교의 특성과 이기주의의 모습을 보여주는 일부 교회 및 성범죄를 저지르며 반성이 없는 종교인 때문에 비난의 대상이 되기도 한다.

2020년과 2021년 코로나19의 확산이 심각해지자 정부는 사회적 거리두기 단계를 격상하며 대면 종교 모임 제한조치를 시작했다. 각 종교 단체는 국가적 위기에 공감하며 방역정책을 준수하고 대면모임을 중지하였으나, 일부 개신교 교회는 방역정책이 종교의 자유를 침해한다고 보고 정부의 방침에 불복종하며 대면 예배를 강행하다 중지, 폐쇄 조치를 당하기도 했다. 왜 유독 일부 개신교 교회는 이처럼 방역정책에 불복종하며 대면 예배를 강행하였을까? 개신교 나아가 종교계에서에서는 코로나19 팬데믹 시기 어떤 변화를 겪으며 고민과 반성을 하게 되었을까.

코로나 시기 개신교 교회의 상황

코로나19 바이러스가 한국에 확산되는 과정에서 종교집단은 유독 질타를 받아 왔다. 코로나19 확산의 주범으로 종교 집단이 지목되었으며, 일부 시민들은 종교집단에 대해 혐오를 내비치기도 하였다. 왜 한국 사회는 코로나19 팬데믹이라는 집단 감염병의 상황에서 특정 종교 집단을 탓하게 되었을까. 첫 번째 계기는 2020년 초반에 일어났던 대구 지역의 급격한 코로나 확산이었다. 대구·경북 지역의 첫 번째 코로나 확진자가 신천지교회 신도였고 다수의 사람들을 접촉하며 코로나19를 전파했다는 것이 밝혀지면서 코로나19 감염병에 대한 사람들의 불안은 곧 신천지교회라는 신흥종교에 대한 비난과 혐오로 바뀌어 폭발하기 시작했다.

두 번째, 일부 교회의 이기적 행동 때문이었다. 2020년과 2021년에 코로나19가 급격히 확산되면서 방역당국과 정부는 거리두기 강화와 함께 강력한 집합 금지 명령을 내렸다. 이 때문에 결혼식, 장례식은 물론 각종 단체의 대규모 모임도 취소되었고, 종교 단체의 정기적인 예배도 금지되었다. 대부분의 종교 기관에서는 이러한 방역정책을 준수하며 집합 금지가 완화되기를 기다렸고 일부는 온라인 법회, 온라인 예배라는 대안을 모색하기도 하였다. 그러나 코로나19의 확산이 지속되고 집합 금지 기간이 기약없이 늘어나면서 이러한 강제적인 조치에 따르지 않는 종교 집단이 하나둘

오 목사가 교회 안에서 인터뷰를 진행하고 있다. 뒤로 오 목사가 찬양시간에 직접 연주하는 기타가 보인다. 오 목사는 자신을 종교인이자 문화예술인으로 생각한다고 하였다.

씩 생겨났다. 특히 개신교 교회의 사례가 많았는데 일부는 사람들의 눈을 피해서 몰래 교회의 문을 열거나, 일부는 공개적으로 방역정책을 비판하며 예배를 재개하였다. 언론에서는 이러한 사례를 대대적으로 보도하였고 시민들은 종교인의 이기적인 행동을 비판하였다. 아울러 일부 교회에 대한 비판은 개신교 전체에 대한 혐오로 번지기도 하였는데, 실제로 코로나19에 확진된 사람이 기독교 교인이라는 이유로 억측과 비난에 시달리기도 하였다.

오 목사는 당시 상황을 다음처럼 기억하였다. 코로나19 확산의 원인이 종교계로 지목되던 분위기에서 오 목사 역시 언론의 보도와 정부 지침을 통해 방역지침을 지키며 교회의 예배나 모임을 줄이고 있었다. 일부 교회는 재빨리 온라인 예배로 전환하며 변화를 시도하였다. 문제는 코로나19의 확산이 심각해지고 집합 금지 조치가 길어지면서 교회 내부에서도 점차 불만의 목소리가 불거진 것이다. 오 목사가 생각하는 개신교계 불만의 원인은 크게 두 가지로 나눌 수 있었다. 첫째, 종교적으로 중요한 의무인 대면 예배와 각종 종교 의례가 많은 제약을 받았기 때문이고 둘째, 경제적인 피해가 발생하기 때문이었다.

우선 종교적인 이유에서 장기적인 비대면 상황을 우려하는 목회자들이 많았다. 개신교가 천주교와 분리되면서 여러 가지 의식이 축소되고 사라졌는데 성만찬과 세례만이 남아 있다고 한다. 때문에 개신교에서는 대면 예배에서 행해지는 성만찬과 세례라는 의식이 중요한데 대면 예배가 제한되면서 종교의식의 근간이 흔들리자 개신교의 존재에 위기를 느꼈기 때문이었다. 일각에서는 "예배론에 대한 회의", "온라인 성례전이 과연 가능한가?"라는 신학 관련 논쟁으로 발전하였다고 한다.

다음으로 경제적인 이유를 들 수 있다. 개신교 교회 역시 코로나19 팬데믹 기간에 많은 경제적 타격을 입었다고 하였다. 코로나19 기간 동안 대면 예배가 온라인으로 전환되면서 예배에 참여하는 인원이 점차 줄어들었기 때문이다. 오 목사는 교회가 처한 경제적인 어려움을 이야기하였다.

"사람들이 이야기하는 부유한 대형교회의 숫자는 사실 매우 소수입니다. 많은 목회자들이 최저 생계비에도 미치지 못하는 수입으로 살아가는 경우가 많아요. 이러한 현실적인 문제가 있어서 최근에 교단에서는 목사의 이

중직(二重職) 금지를 해제했어요. 목회자가 목사 외의 다른 직업을 갖거나 자영업을 하는 것을 허락해 준 것이죠. 저 역시 이후에 개인 카페를 운영할 수 있게 된 것이구요."

오 목사의 경우도 경제적인 문제를 해결하기 위해 작은 카페를 운영하게 되었다. 오 목사가 이끄는 교회는 신도수 100명 이하의 소규모이고 코로나19 기간에 많은 '성도'가 도움을 주어 교회 운영에서 큰 피해를 입지는 않았다고 하였다. 그러나 경제적 타격을 입은 교회의 수는 상당히 많았고 일부 대형교회도 예외가 아니었다. 교인의 모임이 점차 줄어들고, 헌금이 줄면서 교회에서 일하는 수많은 사람들의 생계도 함께 어려워졌기 때문이다.

개신교 교회는 개별적인 성향이 강한 조직이며 신도의 연령대, 사는 지역, 목사의 성향에 따라 반응도 제각각이었다. 오 목사에 따르면 현재 대한민국의 교회 수는 총 6만개 이상으로 과밀화되었으며, 많은 영향을 미치는 사회 세력으로 발전하였다고 하였다. 또한 그 숫자가 많은 만큼 잘못된 사례가 더 눈에 잘 띄는 것 같다고 답하였다. 일부 보수적인 목회자들은 방역 당국의 대면 예배 제한을 종교의 자유 침해와 종교 박해라고까지 주장하였다. 이들은 "전쟁 중에도 예배를 드렸다"라며 방역 당국을 비난하기도 하였다. 물론 오 목사를 비롯한 대부분의 교회에서는 방역 지침을 준수하고 대면 예배를 중지하였으나 오 목사 역시 불안감을 느꼈다고 한다. 코로나가 장기화되면서 '성도'들이 모였던 공동체가 와해되는 상황이 발생하거나 찬양과 기도와 같은 영적 인도가 어려워지는 것을 우려했기 때문이다.

변화의 모색

오 목사도 거리두기 지침이 강화되고 집합 금지가 시작되자 온라인 예배를 시작하였고 유튜브 활동도 늘리고 있다. 코로나 이후에 일부 연령이 높은 신도들은 온라인 예배를 낯설어하기도 했으나 대부분은 곧 잘 적응하였다. 오 목사 외의 다른 목회자와 성도들도 온라인 예배를 통해 신앙을 이어나갔다. 오 목사에게 이러한 온라인 예배에 대한 생각을 묻자 의외의 대답이 돌아왔다. 오 목사 역시 처음에는 온라인 예배가 얼마나 사람들에게 영향을 미칠 수 있을지 우려했지만, 걱정과는 달리 대부분의 신도들이 온라인 예배에 잘 적응하였다고 한다. 일부 신도는 오 목사의 설교를 온라인에서 접하고 직접 교회를 찾아오기도 하였다. 이는 기존에는 신도들이 자신이 다니던 교회의 말씀만 접했다면, 온라인 예배가 확대되고 유튜브 알고리즘이 발달하다 보니 목회자들의 다양한 이야기들을 객관적으로 비교하면서 들을 수 있게 된 데 따른 새로운 현상인 것이다. 이러한 점에서 오 목사는 온라인 예배가 긍정적, 부정적인 면이 골고루 있다고 생각하게 되었다. 즉, 긍정적인 측면으로는 평신도의 선택권이 늘어나고 교회의 권위주의가 개선되는 변화가 일어날 수 있는 계기가 생긴 것이다.

오 목사는 코로나가 사회 여러 방면에 고통을 안겨주었으나 한편으로 개신교 교회에게는 반성과 고민을 하게 하는 계기가 되었다고 평가하였다. 전체 종교계에서는 이전부터 종교의 위상이 격하되는 현실에 공감하고, 현대인의 종교에 대한 무관심화 경향에 위기의식을 느끼고 있다. 특히 개신교 내부에서는 기독교의 권위주의와 타 종교에 대한 배타적 태도를 반성해야 한다는 의견이 꾸준히 제기되었다. 아울러 적극적인 교회활동 참여, 교회 식의 제도화 등을 거부하는 젊은 층이 교회에서 이탈하는 경향도 개신교가 우려하고 있는 점이다. 혹자는 이러한 기독교의 위기를 '포스트-크리스텐덤'(Post-Christendom) 또는 '후기 기독사회' 등으로 이야기한다.

"저는 사실 코로나 이전부터 교회가 사회변화에 적응하고 변해야 된다고 생각했습니다. 교회라는 장소나 예배의 횟수를 강조하는 것이 과연 신앙에 진정한 도움이 될까요? 불교는 일년에 몇 번 정도, 천주교는 일주일에 한 번 정도 모이는데 교회는 일주일에 한번 예배에 참여해도 불성실한 신자가 되어 버려요. 지나치게 많은 열정을 요구하는 것이죠. 그래서 저는 코로나가 하나의 계기였다고 봅니다."

오 목사는 사실 이전부터 '교회의 위기'로 예상하고 있던 문제들이 불거진 것이며 코로나는 하나의 계기에 불과하다고 말하였다. 그는 코로나19 사태를 제2차 종교개혁이라고까지 이야기하였는데, 코로나 이후의 풍경이 많이 달라지리라 생각하기 때문이다. 비대면 예배가 시도되고 점차 많은 신도들이 여기에 익숙해지면서 교회에서 진행되는 예배를 고집하지 않게 되었다. 다양성과 개인주의의 가치를 중요하게 여기는 젊은 세대에게 코로나19 팬데믹이라는 사건은 교회에서 요구하는 잦은 예배 참여, 교회 업무 참여의 임무에서 멀어질 수 있는 기회가 되었다. 오 목사는 코로나19가 종식된 이후에도 이러한 흐름은 바꾸기 힘들 것이라고 예상하였다. 개신교가 새로운 시대에 적응하기 위해서는 더 이상 예배 횟수를 중시해서는 안 되고 교회가 권위적인 장소가 되어서는 안 되며, 교회가 사회의 아픔에 공감하고 도움이 필요한 장소에 찾아가는 노력이 필요하다고 이야기하였다. 특히 코로나19 확산 시기에 일부 교회가 지탄을 받았던 이유가 공동의 사회 재난 앞에서 사회적 책임과 공동체 의식을 저버렸기 때문이라는 점을 깊이 유념해야 한다고 강조했다.

2020년 『가톨릭평론』 5월, 6월호에서는 종교인들의 좌담회의 내용이 실렸다. 좌담회에 참석한 불교와 천주교, 개신교의 종교인들은 코로나19 유행 시기 각 종교계가 마주한 신앙적, 경제적 어려움을 이야기하였는데, 각 교단의 사정은 조금씩 달랐으나 코로나19 이후 종교계의 방향이 크게 전환될 것이라는 점에는 모두 동의했다. 많은 사람이 "종교가 코로나19 팬데믹이라는 공동의 위기를 종식하는 데 과연 어떤 역할을 하였는가"라는 의문과 비판을 던지게 된 것이다. 각 종교인들은 포스트 코로나 시대에는 사찰, 교회, 성당이라는 위계적 장소의 중요성보다 종교의 본질을 더욱 고민하는 노력이 필요하다고 목소리를 함께 했다.

빛과 소금의 역할

코로나19 대유행 시기에 종교에 대한 회의와 비판이 나타났으나 역설적으로 종교의 역할은 더욱 중요해졌다. 사람들은 종교에서 멀어졌지만 다른 한편으로 여전히 마음의 위안을 갈망하기 때문이다. 많은 사람들이 코로나19 시기에 신체적 고통, 경제적 어려움, 인간관계 단절에서 오는 고립감, 소외감, 외로움 등을 겪으며 코로나 블루를 경험하였다. 단순히 일시적으로 찾아오는 우울감의 정도를 넘어 극단적인 선택을 시도하는 등 심각한 정신적 고통과 후유증으로 번지는 경우도 적지 않았다. '2020년 경찰통계연보'에 따르면 2020년 정신적 문제로 극단적 선택을 한 사람이 4,905명으로 근래 10년 동안 가장 많은 수치였다고 한다. 질병관리청과 각 시도의 코로나 지원기관에서는 상담 서비스를 통해 코로나 블루를 겪는 사람들을 돕고자 했으나 정신보건적 접근으로는 한계가 있다. 종교는 코로나19 팬데믹으로 상처 입은 사람들의 마음을 어루만질 수 있는 대안이 될 수 있지 않을까?

오 목사는 코로나 이전부터 서울시가 추진했던 마을 공동체 사업에 참여하면서 지역사회의 문제에 관심을 가져왔다. 특히 교회가 위치한 강동구의 소외계층과 청소년, 노년층을 위한 활동과 사업에 참여했는데 코로나19 확산 이후 이러한 사업들이 많이 취소되고 미뤄졌다. 오 목사는 개인적으로라도 지역사회 내 소외계층에게 도움을 주기 위해 노력했는데, 코로나 시기에 특히 소외된 사람들의 그림자가 더욱 짙어지는 것을 느꼈다.

오 목사는 코로나가 발생하기 전에 서울시 최초 민간자살 예방 센터에 참여했고 여기에서 보육원과 인연을 맺었다고 한다. 그런데 코로나19 유행 기간에 보육원에서 퇴소한 청소년의 어려움이 더욱 커졌다는 사실을 접하였다. 이들은 코로나19로 인해 일자리가 사라져 경제적 빈곤을 경험하였고 사람들과의 거리가 멀어지며 심리적인 외로움을 겪게 된 것이다. 그중에는 삶을 포기하고 수 차례 자살 시도를 하는 청년도 있었다고 한다. 오 목사는 현재 한국 사회가 위드 코로나 시대를 이야기하고 코로나의 극복을 이야기하는 단계이지만, 취약계층이나 사회적 단절 및 보이지 않은 타격을 받은 무수한 사람들은 코로나를 쉽게 '극복'하기 어렵고 그 영향이 장기적으로 미칠 것이라고 우려하였다. 종교가 외면 받는 현실이라고는 하지만 종교의 본질이라고 할 수 있는 사람에 대한 사랑과 구제, 자비의 마음이 가장 필요할 때가 아닐까. 종교가 다시 사회의 신뢰를 회복하고 존재 의미를 찾기 위해서는 코로나19 시기에 진정한 빛과 소금의 역할이 어떤 것인지 고민해 보아야 한다.

Chapter3

여전한 돈의 가치,
어려운 노동의 일상

데이터는 알고 있다*

─코로나 시대, 데이터가 말해주는 것들

최 성 민

코로나19와 경제 변화

전 세계를 휩쓴 감염병은 많은 희생자를 낳는 것 외에도, 중대한 사회 변화의 요인이 되곤 했다. 중세 시대의 페스트도, 제국주의 시대 콜레라도 대유행 이후 사회 변화의 요인으로 작용했다. 1918년 유행한 스페인 독감은 국내적으로는 3.1 운동의 원인 중 하나였고, 세계적으로는 1차 세계 대전 종전의 계기가 되었다. 코로나19 역시 우리 사회에 크고 작은 변화를 만들어냈다. 그 가운데, 경제적 측면의 변화도 주목해볼 만하다.

코로나19로 인한 봉쇄 정책이나 사회적 거리두기의 여파로, 세계적 물류의 이동이 위축되었다. 생산 역시 큰 차질을 빚었다. 세계적인 생산 기

---

*   이 글은 하나은행 데이터 총괄 임원(Chief Data Officer; CDO)인 황보현우 본부장을 2022년 10월 21일 하나은행 본점 회의실에서 만나 인터뷰한 내용을 바탕으로 작성되었다.

지 역할을 하던 중국이나 인도 등의 공장 가동도 차질을 빚었다. 공업 분야뿐만 아니라, 농업 분야 노동 인력의 국제 이동도 줄어들었다. 생산이 위축되고 소비마저 위축되는 현상이 벌어졌다. 전 세계적인 경제 침체가 불가피했다. 대부분 국가에서 경제성장률이 크게 낮아졌다. 선진국들의 모임이라 할 수 있는 OECD(경제협력개발기구) 소속 국가의 2020년 경제성장률은 대부분 마이너스를 기록했다. 2020년 우리나라의 실질 GDP(국내총생산) 성장률은 마이너스 0.7%였는데, 그나마 이는 OECD 국가 중에서는 최상위권에 속하는 것이었다.(통계는 e-나라지표 GDP 항목 참조)

　침체된 경제를 부양하기 위해 각국은 저금리 기조를 유지했고, 현금 지원을 비롯한 통화 공급 정책을 강하게 펼쳤다. 그 결과 전 세계적으로 집값이 크게 상승하는 현상이 나타났다. 2020년과 2021년 한국의 부동산 가격 폭등은 전 세계적인 추세와 다르지 않았다. 2021년 9월 파이낸셜타임스(FT)는 2020년 7월부터 2021년 6월까지 1년 동안 전 세계 55개국의 집값 변동을 비교 분석하여 보도했다. 이에 따르면, 55개국의 집값은 평균 9.2% 올랐는데, 이는 전년도 평균인 4.3%보다 두 배 이상 높아진 상승률이었다. 특히 미국, 호주, 뉴질랜드, 캐나다와 같은 선진국들은 16% 이상의 높은 상승률을 보였다.(「코로나발 부동산 급등…전 세계 집값 9% 뛰었다」,《매일경제》, 2021.9.15.) 우리나라의 경우, 2020년 1년간 평균 집값 상승률은 5.4%였다. 이 같은 집값 상승에는 재택근무도 영향을 미친 것으로 분석되었다. 집에 머무는 시간이 많아지면서, 더 좋은 집에 살고 싶다는 욕구도 커졌고, 이것이 부동산 매매 활성화와 가격 상승으로 이어졌다는 분석이다.

코로나19 팬데믹의 공포가 완화된 2022년에 들어서는 그에 대한 반작용으로, 물가가 상승하면서 인플레 우려가 커지자 금리 상승, 부동산 거래 위축으로 이어지는 흐름이 나타나고 있다. 이런 흐름 역시 전 세계적인 추세라고 볼 수 있다.

데이터 과학과 경제 금융

경제적 흐름 분석은 일정 시간이 지나서 집계되는 구체적 통계를 통해 이루어지는 것이 일반적이지만, 최근에는 빅데이터 분석을 통해서 더 빠르고 명확한 흐름을 찾아내기도 한다. 하나은행의 데이터 총괄 임원을 맡은 황보현우 본부장은 독특한 이력을 가지고 있다. 대학 학부와 석사과정에서는 행정학을 전공하였는데, 직장 생활을 하면서는 금융과 투자업무를 주로 담당했다. 투자자들에게 좀 더 신뢰받을 만한 근거를 확보하는 방법을 모색하다가 데이터를 공부하기 위해 학업에 다시 뛰어들었고, 최근 가장 주목받는 분야 중 하나인 빅데이터 분석과 데이터 과학으로 박사학위를 받았다. 벤처캐피털을 운용하면서 인공지능과 데이터 전문 기업들에 투자한 경험들이 밑바탕이 되었다. 현재는 은행과 금융업 분야에서 데이터 기반으로 의사 결정을 혁신하고, 고객들에게는 데이터 분석을 통해 좀 더 적합한 서비스를 제공하는 업무를 담당하고 있다. 연세대, 단국대 등에서 학생들을 가르친 바 있으며, 현재는 홍콩과기대(HKUST)의 겸임교수로 데이터 과학을 강의하고 있다.

빅데이터와 인공지능 분야의 전문가인 하나은행 황보현우 데이터 총괄 본부장.
황보현우 본부장은 일반 대중들이 데이터 리터러시에 더 많은 관심을 가질 것을 강조했다.

황보 본부장은 코로나19로 인한 사회 변화 중 근무 환경 변화를 특히 주목하였다. 금융권은 IT 기업들보다 재택근무에 대해 보수적인 태도였지만, 코로나19 상황에서 재택근무 도입을 피할 수는 없었다. 갑작스러운 재택근무로 인해, 회사도 직원도 모두 혼란스러웠다. 직원 사이에 의사소통이 잘 될 수 있을지, 업무에 집중할 수 있을지 걱정도 많았다. 그러나 직원들의 업무량을 데이터 분석을 통해 객관적으로 확인해 본 결과, 재택근무가 오히려 더 높은 업무 성과를 보여준 경우가 상당히 많았다고 한다.

"제가 맡은 조직에서는 직원들의 업무량을 데이터 분석을 통해 객관화하여 분석하고, 이를 인사정책에 반영하기도 하는데, 재택근무 시 더 많은 업무 성과를 보여주는 경우도 많았습니다. 재택근무를 하면 업무효율이 떨어지고, 업무에 집중하지 않는 직원이 많을 것이라는 편견이 옳지 않았다는 것이 증명된 셈이었지요. 그래서 저는 지금도 재택근무를 희망하는 직원이 있다면, 흔쾌히 승인해주고 있습니다."

코로나19의 여파가 수그러들면서, 다시 대면 근무로 회귀한 예도 적지 않지만, 몇몇 기업은 코로나 시대의 경험을 바탕으로 재택근무를 오히려 확대하는 변화를 추진하고 있다. IT 기업들이 선도적으로 나서고 있다. 네이버의 경우, 2022년 7월부터 주 5일 재택근무와 주 3일 이상 출근 근무의 두 가지 근무 형태 중 하나를 고르는 제도를 시행하고 있는데, 절반 정도의 직원이 전면 재택근무를 선호했다. 회사는 사무실에 있던 직원들의 짐을 인당 네 박스까지 무료로 옮겨주는 택배 서비스까지 지원했다. 카카오의 경우에도 상시 재택근무를 시행하기로 하면서, 주 1회 대면 회의를 권장하고 부서원간 상시 음성 연결이 가능한 체제를 구축하여 비대면 근무의 한계를 보완하기로 했다. 미국의 구글, 마이크로소프트, 애플과 같은 기업들도 재택근무를 전면화하거나 출근 근무와 혼합하는 방식을 도입하는 경우가 많아졌다. 재택근무의 한계와 문제점을 지적하는 의견도 적지 않지만, 기업은 사무실 임대 및 운영 비용을 절감하고, 직원들은 출퇴근 시간을 줄일 수 있다는 장점이 부각되기도 했다. 이런 흐름이 가능했던 것은 코로나19로 인해 불가피하게 재택근무를 경험해 보았고, 그러한 근무를 수행하기 위한 협업 도구나 온라인 회의 프로그램, 클라우드 오피스문서 등이 보편적으로 확산된 덕분이었다.

리스크 관리의 중요성

근무 환경의 변화는 직장 내 업무 방식에만 영향을 준 것이 아니었다. 기존에 축적된 소비 패턴이나 생활 양식에도 변화가 생겼다. 금융기관 입장에서는 소비자들의 소비와 결제 행태 분석이 어려워진 셈이었다. 근무 형태와 소비 패턴이 다양화되면서 빅데이터 기반의 분석이 더욱 요구될 수밖에 없었다.

금융기관들도 코로나 시대를 겪으면서 비대면 상품과 비대면 고객 서비스를 크게 늘렸다. 모바일 앱들도 크게 개편되었다. 하나의 금융기관 앱에서 타 금융기관의 계좌를 이용할 수 있도록 은행의 송금, 결제망을 표준화하고 개방하는 오픈뱅킹 서비스가 2019년 말부터 시행되었는데, 곧이어 닥친 코로나19 팬데믹 상황은 이런 서비스를 고객들이 더 적극적으로 이용하는 계기가 되었다. 예전에는 가깝거나 익숙한 은행을 찾아가는 것이 일반적이었다면, 이제는 꼭 그 은행을 고집해야 할 이유가 줄어든 셈이었다. 비대면 서비스가 편리해지고, 최근 고금리 기조가 맞물리면서, 고객으로서는 언제든지 더 유리한 조건의 은행사, 증권사로 이동할 수 있게 되었다. 금융기관 입장에서는 자금 유치를 위한 경쟁도 심화하였고, 동시에 갑작스러운 자금 이탈에 대한 리스크 관리가 핵심 화두가 되었다고 한다.

황보 본부장은 물가 상승과 고금리, 인플레이션 등으로 인해 산업 전반의 변화도 불가피할 것으로 전망하였다. 급변하는 경제 환경으로 인해, 우량기업(성장과 발전을 지속하는 기업)의 갑작스러운 몰락도 일어날 수 있고, 한

계기업(재무구조가 부실한 기업)이 단기간에 우량기업으로 전환될 가능성도 커졌다. 결국, 투자자 관점에서 어떤 기업에 투자할 것인가를 선별하기가 더욱 어려워진 셈이다.

비대면 경제와 비대면 진료

비대면 경제의 활성화는 온라인 교육, 온라인 쇼핑의 매출을 크게 늘렸다. 황보 본부장은 이보다 더 급격히 성장한 분야가 바로 비대면 의료 분야라고 말했다. 중국의 온라인 의약 판매 플랫폼인 딩당콰이야오의 춘절 기간 주문량은 전년 대비 약 700% 증가했다. 우리나라에서도 닥터나우를 비롯한 비대면 의료 플랫폼의 사용이 크게 늘었다. 비대면 의료의 확산은 많은 사람들이 전망한 바이기도 했지만, 넘어야 할 산도 많았다. 의료가 지나치게 상업화될 것을 우려하는 목소리도 적지 않았다. 오진이나 약물 남용에 대한 우려도 컸다. 의료 관련된 민감한 개인 정보가 잘 관리될 것인지에 대한 걱정도 제기되었다. 모두가 조심스럽게 접근할 수밖에 없었던 것이 비대면 의료 분야였다. 그러나 코로나19는 비대면 의료를 현실적으로 체감하게 했다. 코로나19로 인해 비대면 진료는 한시적으로 허용된 셈이다. 현행법상 비대면 진료는 원칙적으로 불법이지만, 코로나19 감염이 크게 확산하던 2020년 12월 감염병 위기 경보 수준이 '심각'인 경우, 비대면 진료를 제한적으로 허용하도록 하였다.

감염병 확산을 막기 위해 비대면 의료에 대한 규제가 일시적으로, 혹은 한정적으로 풀리면서 환자들의 불안감이나 거부감도 누그러진 듯하다. 실제로 약 처방과 처방약 배달을 중심으로 서비스하는 '닥터나우' 앱은 2022년 11월 초 기준, 안드로이드 구글 플레이에서 평점 5점 만점에 4.7점을 기록하고 있다. 사용자의 경험이 긍정적이라는 것이다. "선생님을 직접 선택할 수 있다.", "격리 중이고 아파서 진료가 어려웠는데, 편하게 집에서 처방약을 받을 수 있었다.", "재택치료 중에 열과 기침으로 힘들 때 보건소는 전화 연결이 안 되는데, 이 앱으로 빠르게 전문의에게 진료를 받고 처방약을 배달로 받을 수 있었다."라는 후기를 확인할 수 있다.

하지만 여전히 코로나19가 촉발한 비대면 의료의 확산에 대해서는 우려의 목소리도 높다. 비대면 진료에 대한 긍정적인 견해를 취하는 사람들도 대부분, 대면 진료가 원칙이고 비대면 진료는 보완적 수준이어야 한다고 생각한다. 수도권의 유명한 병·의원에만 환자가 몰릴 우려가 제기되기도 하고, 환자와 의사 사이의 충분한 의사소통이 어려워 오진의 가능성이 크다는 문제를 제기하는 사람도 있다. 비대면 진료의 특성에 맞게 의료 수가가 책정될 필요성을 주장하는 목소리도 있다.

비대면 진료가 한시적으로 허용된 이후, 코로나19 재택치료자의 이용을 제외한 일반 질환의 비대면 진료 수요는 2년 사이에 500만 건에 달했다. 국민권익위원회가 2022년 1월 비대면 진료 도입에 대해 대국민 설문조사를 한 결과 76%의 국민이 찬성한 것으로 나타났다. (「권익위 비대면 원격 진료 도입 설문에 76% 찬성」,《의약뉴스》, 2022.5.2.) 비대면 진료에 대한 국민 여론이 긍정적인 셈이다. 그러나 비대면 진료가 의료의 질을 높여주거나, 감염병 예방에 도움을 준 측면이 큰 것인지는 불분명하다. '닥터나우' 앱에 접속을 해 보면, 증상별, 과목별 진료를 볼 수 있도록 초기 화면을 구성해 놓은 것을 볼 수 있다. 증상의 경우, '코로나 치료'와 '감기'를 제외하고는, 가장 메인 화면을 차지하고 있는 것은 '여드름/피부염', '사후피임약', '다이어트'와 같은 항목이다. 이러한 약들은 오남용의 우려가 크고, 의료적 차원의 치료와는 무관하게 이용될 소지가 있다는 점에서 문제가 있다.

하지만 황보현우 본부장은 비대면 진료의 경험이 단순히 편리함만 안겨 준 것은 아니라고 판단한다. 코로나19로 인하여 아플 때 누구도 도와주기 힘든 순간, 비대면 진료가 본인을 돌봐주고 챙겨주는 '휴먼터치'의 경험을 제공해 주었다는 점에서 의미가 있을 것이라고 보았다.

"비대면 서비스의 경우에도 손님들을 움직이게 하는 결정적 요소는 휴먼터치가 될 것으로 생각됩니다. 사용자들의 요구를 정확하게 파악하여 감동을 주는 디자인을 기반으로 맞춤형 서비스가 되어야 할 것이고, 이를 위해선 데이터 과학, UI/UX(사용자 환경, 사용자 경험)에 특화된 디자이너들에 대한 요구가 커질 것입니다."

데이터 리터러시에 관심을 가지길

황보 현우 본부장은 데이터 중심, 빅데이터 시대가 되면 누구나 데이터를 들여다볼 수 있게 될 것이라고 말한다. 이때 중요한 문제는 데이터를 읽고 해석하는 능력이 될 것이다. 어려운 프로그램 문법이나 인공지능 알고리즘을 배우는 것보다도, 일상의 현상들을 데이터로 읽고 해석하는 능력이 중요해질 것이다. 이것이 바로 '데이터 리터러시'에 대한 관심이 필요한 이유이다. 황보 본부장은 데이터를 좀 더 간단하게 분석할 수 있는 데이터 솔루션과 데이터 플랫폼이 요구될 것이고, 이를 위해 인적 자원에 대한 투자도 필요하다고 강조하였다.

인터뷰가 진행된 후, 일주일 남짓 시간이 흐른 2022년 10월 29일 이태원에서 끔찍한 참사가 있었다. 사고를 막지 못한 여러 요인이 있었겠지만, 당시 상황에 대한 데이터 분석이 즉각 적용되었더라면 하는 아쉬움이 있다. 이태원역을 이용하는 승객의 수나 당시 이태원 특정 지역에 밀집한 인원의 수는 현재의 빅데이터 기술로 충분히 파악할 수 있었다. 이것을 기반으로 전철의 무정차 통과라든지, 과밀한 밀집으로 인한 사고 위험성에 대한 안전안내문자 발송이라든지, 이러한 기술적 조치도 가능했을 것이다.

데이터는 그저 숫자에 불과하지만, 그 숫자의 의미는 인간이거나, 인간의 행동이거나, 인간 행동의 결과물들일 것이다. 때에 따라서는 데이터를 개별 기업의 이익을 위해, 편리한 개인적 서비스를 위해 활용할 수도 있을 것이다. 그렇게 해야만 데이터가 수집될 수 있고, 분석될 수 있을 것이다. 그러나 궁극적으로 그것은 사람을 위해, 사람의 안전과 건강, 그리고 행복을 위해 활용되어야 할 것이다. 데이터는 결국 사람이 남긴 흔적이기 때문이다.

익숙한 고립, 뜻밖의 기회*

—코로나와 축산업

정 세 권

자연인도 아니건만, 인적 드문 오지에

고속도로를 타고 하동으로 내려갈수록 점점 짙은 단풍이 눈에 들어왔다. 이미 단풍이 지고 을씨년스런 분위기마저 풍기는 중부 지역과 달리 남부지역은 이제야 한창 울긋불긋했다. 단풍이 짙어질수록 고속도로에도 차가 점점 많아지는가 싶더니, 하동에 가까워지면서 갑자기 한산해졌다. 그 많던 차들은 모두 어디로 갔을까? 네 시간 넘게 달려 진주 IC를 통과하면서 든 생각이었다.

인터뷰를 허락해준 보답으로 빈손을 채워야 했다. 인터뷰를 마치고 농장에서 저녁을 먹기로 한 터라, 따로 뭔가를 살 시간이 없을 것이었다. 그러

---

*   이 글은 바른양돈 조성윤 농장장을 2022년 11월 13일 경남 하동군 바른양돈 사무실에서 만나 인터뷰한 내용을 바탕으로 작성되었다.

다가 눈에 띈 현수막, '참숭어 축제', 이즈음엔 하동에서 숭어 축제가 한창인가 싶었다. 약속 시간까지 여유가 있던 터라 축제장인 노량항으로 길을 잡았다. 흥겨운 노랫소리에 음식 냄새, 꽉 찬 주차장에 붐비는 사람들. 3년 만에 개최하는 축제라고 하던데, 아마 하동 주민들뿐 아니라 인근 지역에서 제법 찾아온 듯했다. 참숭어회 한 접시를 떠서 다시 농장으로 향했다.

이미 어둑어둑해진 탓인지 아니면 축제장에 다들 몰렸는지 농장으로 가는 도로에는 차가 거의 없었다. 이차선 도로를 빠져 나가자마자 내비게이션이 "왼쪽으로", "오른쪽으로" 바쁘게 외치다가 갑자기 "경로를 다시 안내"한단다. 농로를 지나 조심스레 들어선 좁은 마을 길이 아니었던 모양이다. 그제야 며칠 전 통화가 떠올랐다. 처음 보이는 마을 길을 지나서, 나무들이 우거진 두 번째 길로 들어와야 한다고 했다. 잘 안 보일 수도 있으니, 전화하면 마중 나오겠다는 당부의 말까지. 차가 지나갈 수 있을까 싶을 정도로 좁은 길을 올라가다 보니 바른양돈 간판이 보였다. 굳이 어둠을 핑계삼지 않아도 초행길에는 쉽게 찾기 어려운 곳에 농장이 있었다.

숙소 겸 사무실로 쓰는 이층 간이건물과 축사가 보였다. 그 뒤로는 아무 것도 없는 줄 알았는데, 이튿날 아침에 보니 작은 과수원과 소를 키우는 축사가 하나 더 있었다. 농장 앞 좁은 길 옆으로는 제법 가파른 골짜기가 있었고, 그 건너편에는 간이건물이 보였다. 농장에서 출하한 돼지를 외부 시설에서 도축한 뒤 다시 받아와 저장, 포장, 판매하는 공장이라고 했다. 이 모든 게 아침에야 보였을 뿐이었다. 가로등도 없이 컴컴한 축사 앞 공터에 주차하고 내렸을 때 나를 맞이한 건, 낯선 이를 경계하며 큰 소리로 짖는 셰퍼드의 거친 숨소리, 그리고 예상했으나 그보다 훨씬 더 아찔했던 분뇨 냄새였다. 인적이라곤 찾아볼 수 없는 곳에 바른양돈이 있었다.

첨단 축산농법과 귀농

사람의 감각기관 중 가장 예민하지만 가장 빨리 둔해지는 것이 후각이라고 했다. 분뇨 냄새에 익숙해지다 못해 무감각해질 즈음 조성윤 농장장과 인터뷰를 시작했다. 농장장이라는 직책은 공식적인 것은 아니고, 공장의 공장장처럼 농장의 모든 안살림을 맡아 보기 때문에 부르는 별칭이었다. 대표와 농장장, 그리고 직원 두 명이 있는 단출한 농장이었다. 직원 중 한 명은 계곡 건너편에서 돼지고기를 저장, 포장, 판매하는 일을 맡고 있

인적이라곤 찾아볼 수 없는 곳에 위치한 하동 바른양돈 축사 입구

고, 축사를 들락거리며 돼지를 직접 돌보는 건 세 명이 전담했다. 대표든 직원이든 아침에는 똑같이 작업복으로 갈아입고 축사로 출근하고, 오후에는 각자 일을 하는 체계였다. 대표는 외부업체와 연락하고 각종 행정적인 일을 담당한다면, 농장장과 직원은 축사 여기저기를 다시 둘러보면서 필요한 일을 처리했다.

2,000여 두의 돼지를 키우기에 제법 규모도 크고 할 일도 많을 것 같지만, 마실 물이나 먹이를 주고 분뇨를 처리하거나 돼지를 이동하는 대부분 작업은 자동으로 진행되었다. 생각보다 사람이 할 일은 그렇게 많지 않다고 했다.

"저희 방식이 친환경이라고 할 수는 없지만, 첨단기술을 이용해서 축사를 구축했기 때문에 초창기에는 상당히 많은 주목을 받았어요. 마실 물과 먹이를 주는 거나 축사의 온도, 습도를 조절하고, 교배, 출산, 연령 별로 분리 사육, 출하하는 모든 과정을 컴퓨터와 IT 기술을 활용해서 자동으로 처리하는 시스템을 구축했거든요. 지금은 이렇게 하고 있는 곳이 전국에 꽤 많지만, 저희가 시작할 때만 해도 거의 처음이었어요. 그래서 정부 지원도 많이 받았고, 여러 곳으로부터 주목받기도 했죠. 이런 첨단 축산농법에 장단점이 있겠지만, 어쨌든 많은 일손이 필요하지 않다는 게 가장 큰 장점이라고 할 수 있어요. 세 명이 2,000여 두의 돼지를 키운다는 게 옛날 방식으로는 거의 불가능했을 테니까요."

첨단기술을 활용한 또 다른 장점은 배설물을 처리하는 방식이었다. 나를 가장 먼저 반긴 분뇨 냄새는 막상 예전 방식과 비교하면 엄청나게 나아진 것이라고 했다. 돼지의 배설물을 모은 뒤 미생물로 발효시켜 액비로 재활용할 수 있는 시설을 구축했으며 그 과정에서 최대한 냄새를 줄이고 외부로 유출되지 않도록 했다는 것이었다. 방송에서나 보던 전통적인 방법과 다르긴 달라 보였다.

조성윤 농장장이 이 일을 시작한 지는 8년째라고 했다. 원래는 서울에서 제법 유명한 학원의 강사였다. 대학 시절 아르바이트를 하던 것이 계기가 되어 이십여 년 학원 강의를 하다가, 여러 사정으로 귀농을 하게 되었다. 마침 바른양돈 대표가 대학교 후배였는데, 학원을 그만둘 즈음 같이 일해 보자고 제안해서 하동까지 오게 되었다. 사실 그 당시 조성윤 농장장은 꽤 심각한 루푸스를 앓고 있었다. 얼굴과 온몸에 빨간 반점이 돋고 여기저기 몸이 아팠다고 했다. 불규칙한 학원 생활 이십 년 만에 얻은 병이었다. 그런데 하동으로 내려온 지 몇 달 만에 그런 증상들이 싹 없어졌다고 했다. 귀농을 만류했던 지인들은 조성윤 농장장이 건강을 회복한 것만으로도 한시름 놓았다고 했다. 축사의 분뇨 냄새가 건강을 찾아주는 신선한 공기였나 보다.

익숙한 고립에 코로나가 더한 단절

그렇지만 아무리 분뇨 냄새를 줄인다고 해도, 축사가 마을과 가까울 수

는 없었다. 냄새가 얼마나 심한지와는 별개로 자신이 거주하는 집 근처에
가축을 대량으로 키우는 축사가 있는 것을 불편해하는 사람들이 있기 때
문이다. 그 때문에 바른양돈에서 가장 가까운 부락 역시 작은 능선을 하나
넘어서야 찾을 수 있었다.

사람을 쉽게 볼 수 없다는 것. 많이 익숙해졌지만, 코로나19 팬데믹으로
인해 그런 고립감이나 외로움이 조금 더 커졌다고 조성윤 농장장은 말했
다. 굳이 코로나가 아니어도 일부러 농장을 찾아오는 사람들은 극히 제한
적이었다. 돼지 사료나 축사 물품을 공급하기 위해 혹은 분뇨를 처리하기
위해 정기적으로 방문하는 업체 직원들, 고지서나 우편물을 배달해주는
우체국 집배원, 가끔 주문하는 택배 물건을 가져다주는 배달 기사, 그 외에
는 길도 찾기 힘든 농장을 방문하는 사람은 거의 없었다. 축사 뒤편 과수

하동 바른양돈 축사 전경. 조성윤 농장장은 코로나19 팬데믹으로 인해 고립감이나 외로움이 조금 더
커졌다고 한다.

원과 우사를 관리하는 분은 같은 길을 공유하는 이웃일 뿐, 교류가 거의 없다고 했다. 가끔 구제역 같은 가축전염병이 유행할라치면, 이 지역이 직접 영향을 받지 않더라도 아예 외부인의 출입을 막아 버리는 경우도 빈번했다. 사람이 그리울 수밖에 없었다.

특히나 읍내에서 출퇴근하는 다른 사람들과 달리, 축사 옆 숙소에서 생활하는 조성윤 농장장은 외출할 일도 거의 없어 그런 고립감을 더 심하게 느꼈다. 업무가 끝나고 모두 퇴근하면 조성윤 농장장은 오롯이 혼자 밤을 보내는 경우가 많았다. 가끔 점심시간에 일부러 읍내에 나가 식사를 하는 경우는 있었다. 삼시 세끼를 숙소에서 먹는 것도 어렵거니와, 가끔은 사람들이 떠들썩한 공간에서 식사하고 어울리고 싶은 마음에, 아주 바쁜 날이 아니면 작업복을 벗고 샤워하는 번거로움을 무릅쓰고서라도 외출을 하기는 한단다. 그리고 부산이나 근처에 사는 지인들이 저녁이나 주말에 농장을 방문하면 고기도 굽고 함께 술잔도 기울였다. 대학교 선후배나 예전 학원 동료들이 휴가차 방문하면 며칠씩 같이 있기도 했다. 떨어져 있기는 했지만, 그런 소소한 만남이 그나마 위안이었다.

그렇지만 코로나는 그런 작은 기쁨조차 허락하지 않았다.

"코로나로 인해 예전보다 더 고립된 느낌을 받는 건 분명해요. 익숙하지만 편하지는 않은… 다른 분들도 마찬가지겠지만, 식당에 식사하러 외출하는 것도 더 줄었죠. 특히 하동은 한참 동안 확진자가 한 명도 나오지 않았던 나름 청정지역이라서 조심하는 분위기가 더 컸던 것 같아요. 그래서 아예 하루 세끼를 숙소에서 해결한 적이 훨씬 많아졌죠."

읍내에서 확진자가 발생하고 나서는 이런 고립이 한층 더해졌다. 특히 직원 가족 중 한 명이 확진되는 바람에 그날부로 모두 짐을 싸서 숙소에 들어와 한동안 뜻하지 않은 합숙(?)을 하게 되었다. 농장 사람들이 확진되고 다른 사람들에게 전파하는 것도 큰 문제이지만, 자택에 격리되어 일을 못하는 것이 더 큰 문제이기 때문이었다. 농장의 일이라는 것이 코로나에 확진되었다고 해서 다른 사무직처럼 재택근무를 하거나 대체인력을 투입할 수 있는 것이 아니었다. 아무리 첨단기술로 자동화되었다고 하더라도 아침마다 축사에 들어가 돼지들을 살피고 시설들을 유지, 보수하고 혹시 모를 사고를 대비해야 하는데, 코로나에 확진되어 격리되면 그런 현장 작업이 멈추는 것이었다. 돼지들은 코로나에 확진된 사람을 배려하지 않기 때문이다. 그래서 직원들이 아예 농장에 모여 합숙을 하며, 매일 아침 자가 진단키트로 코로나 검사를 하고 작업복을 갈아입었다. 보통 코로나에 확진되거나 의심증상이 있으면 '직장을 벗어나' 격리했지만, 이들은 코로나를 피해 '직장으로' 모였다. 가족들 격리가 모두 해제되고 나서야 의도치 않은 동거는 마무리되었다. 그 시간 동안 외부 사람의 얼굴을 아예 보지 못했다고 했다.

게다가 가끔 찾아오던 지인들의 발걸음도 뚝 끊겼다. 안부를 묻는 통화의 마지막은 으레 "언제 한번 갈게, 고기 준비해 놔"였지만, 그런 대화를 지난 몇 년 동안 나누지 못했다. 대신 "언제 갈 수 있으려나. 몸 건강하게 지내고 있어, 다시 연락할게"라는 안부 인사가 익숙해졌다. 코로나 유행 이후 누구라고 할 것도 없이 여행과 나들이를 자제했지만, 일 년에 몇 번 그런 나들이 손님을 통해 세상과 교류했던 즐거움이 사라진 것이었다. 찾아오겠다는 사람이 없었던 것은 아니지만, 정중히 거절하기도 했다. 그렇게 고립된 시간 동안 책을 읽거나 취미활동을 하고, 휴식을 취할 수는 있었다. 예전에 구입했지만 사용할 일이 별로 없었던 노래방 마이크를 자주 잡았고, 먼지만 쌓여가던 당구대와 당구공은 반들반들 윤기를 뿜었다. 코로나는 익숙한 고립을 넘어 세상과의 단절을 가져왔다.

의도치 않은 기회

그렇지만 코로나 덕분에 좋아진 것도 있었다.

"사실 코로나 때문에 많은 분들이 생계에 지장을 받았다는 뉴스가 많았잖아요. 장사하시는 분들은 매장을 접고, 학원이나 심지어 병원 운영도 어렵다는… 그런 소식을 듣다 보면 우리는 그나마 다행이었다 싶어요. 코로나 기간 동안 매출이 약간 늘었거든요."

돼지고기 매출은 계절별로 변화를 보였다. 꾸준하게 소비되는 먹거리지만, 특히 여름 휴가철이 포함되어 있는 시기에는 다른 계절보다 훨씬 더 매출이 오르는 경향을 보이곤 했다. 그런데 코로나 기간 동안 계절에 상관없이 예전보다 매출이 올랐다고 했다. 아무래도 사회적 거리두기 때문에 외출이나 외식을 하지 않는 대신, 집에서 고기를 구워 먹는 일이 더 잦아진 때문일 거라고 조성윤 농장장은 추측했다. 외식이 줄어들면서 식당 매출이 떨어지면, 그 식당들에 고기를 공급하는 양이 줄지는 않았을까? 물론 그럴 가능성도 있지만, 대도시가 아니라 하동 인근 지역의 식당과 업체에 고기를 공급하는 것은 크게 변하지 않았다고 했다. 아무리 코로나라고 해도 몇 안되는 식당에서 고정적으로 식사하는 단골 손님이 확 줄지는 않던 때문일 것이다.

게다가 바른양돈은 식당이나 업체에 공급하는 것 외에 도축한 고기를 다시 받아와 직접 포장, 택배로 판매하고 있었다. 직거래이기 때문에 시중 마트보다 더 저렴하게 판매할 수 있었고, 일정 금액 이상을 주문하면 택배 비용을 경감해주었기에 직접 주문을 하는 고객이 꾸준하게 있었다. 코로나 기간 동안 이런 택배 주문은 오히려 늘었는데, 외출을 하지 못하는 대신 집에서 돼지고기로 식사하는 경우가 늘었기 때문일 것이다.

그리고 한 가지 더. 조성윤 농장은 재난지원금도 한몫을 했을 것이라고 조심스레 추측했다. 지금은 그 금액이 확 줄었지만, 초창기 확진자를 지원하기 위한 재난지원금이 상당했다. 이를 받은 사람들이 그동안 구입할 수 없었던 명품을 사거나 소고기를 사먹는다는 조롱섞인 뉴스도 있었지만, 한편으로는 소고기보다 저렴하면서 더 대중적인 돼지고기를 더 많이 구입하지는 않았을까? 농장의 대표와 조성윤 농장장은 매출이 소폭 증가하는 데 재난지원금이 한몫했으리라는 의견에 동의했다. 정기적으로 거래하는 업체나 식당의 매출량은 크게 줄지 않았고, 택배 포장으로 인한 매출이 늘어난 데에는 그런 영향도 분명 있을 법했다. 고립과 단절을 가져온 코로나는 돼지사육 농가에 의도치 않은 이익을 가져다 준 셈이었다.

이튿날 오전 추가적인 인터뷰를 하고, 조성윤 농장장이 축사에 들어간 사이 농장 주변을 둘러 보았다. 인적은 드물고 이따금 실감하는 분뇨 냄새는 여전했지만, 지난 밤 볼 수 없었던 감나무가 눈에 띄었다. 다섯 그루의 감나무에는 사람의 손길이 전혀 닿지 않은 대봉감이 간신히 가지를 붙잡고 있었다. 가끔 들르는 가족들이 손 닿는 데까지만 따 먹었고, 나머지는 그냥 새들이 먹게 둔다고 했다. 인근의 까마귀들이 모두 쪼아 먹기에는 너무 많고 탐스러운 감이었다. 축사 한 켠에 있던 장대를 집어 30분 남짓 감을 따다 보니, 어느새 큰 쇼핑백 하나를 가득 채웠다. 손이 닿지 않은, 그래서 더 먹음직스러운 대봉감은 누가 먹을까? 내년 이맘때 더 많은 손님들이 들락날락 하고, 세상과 그나마 더 자주 마주치다 보면, 대봉감이 남아 있지를 않겠구나…. 예쁜 단풍이 붉게 물든 동네길을 꼬불꼬불 돌아 나오면서 든 생각이었다.

편의점은 오늘도 평화롭다*
─위기와 호황 사이, 팬데믹 시대 편의점

조태구

1989년 5월 서울 방이동에 세븐일레븐 1호점이 문을 열었다. 한국 최초의 편의점이었다. 이후 꾸준히 점포수를 늘려가던 편의점은 2010년대 들어서면서부터 그 수가 가파르게 증가하기 시작했으며, 이러한 추세는 코로나19 팬데믹 상황에도 변함이 없었다. 팬데믹 상황이었던 2020년과 2021년에도 업체들은 경쟁적으로 점포 수를 늘려나갔으며, 그 결과 2022년 현재 전국에는 5만 개 이상의 편의점이 영업 중인 것으로 알려져 있다. 한 마디로, 편의점은 대한민국 어디에나 있고, 코로나19 팬데믹 기간에도 그러한 사실에는 변함이 없었다. 사회적 거리두기로 인해 사람들이 외부 활동을 최대한으로 줄이고 집에만 머물던 그때에도 사람들 곁에는 편의점이 있었고, 사회적 거리두기로 인해 텅 비어 버린 대형 쇼핑몰이나 유흥가

---

* 이 글은 고양시에서 두 곳의 편의점을 운영하고 있는 자영업자 심화섭 씨를 2022년 11월 12일에 만나 인터뷰한 내용을 바탕으로 작성되었다.

에도 편의점은 사람들로부터 멀리 떨어진 그곳에서 불을 밝힌 채 변함없이 영업 중이었다.

심화섭 씨는 고양시의 주택가와 쇼핑가에서 각각 한 개의 편의점을 운영하고 있다. 코로나19 팬데믹 시대를 사람들이 머물고 있는 그곳에서, 또 사람들이 찾지 않는 텅 빈 그곳에서 편의점을 운영하며 지낸 심화섭 씨는 편의점을 운영하는 한 사람의 자영업자로서, 또 불특정 다수의 사람들을 만날 수밖에 없는 시대의 관찰자로서 여러 이야기를 들려주었다.

고립의 시간

코로나19 팬데믹 기간에 심화섭 씨가 겪은 가장 큰 삶의 변화는 대인관계의 단절이었다. 물론 이러한 관계의 단절은 코로나19 팬데믹 상황에서 사회 구성원 모두가 공통적으로 경험한 일이라고 말할 수 있을지도 모른다. 그러나 심화섭 씨가 겪은 단절의 경험은 특별하고 극단적이다. 그리고 그가 이렇게 극단적으로 고립된 생활을 선택할 수밖에 없었던 이유는 무엇보다 편의점이라는 사업의 특성에서 기인한다.

심화섭 씨에 따르면 편의점 사업은 고부가가치 사업이 아니다. 따라서 상품을 많이 판매하여 높은 수익을 내고자 하는 여타 다른 자영업들과는 다소 다른 성격을 띠고 있다. 편의점 사업은 상품을 판매하는 일이기보다는 창업으로 일자리를 창출하고, 자신과 가족이 스스로 그 일자리에서 일을 함으로써 인건비를 버는 개념에 더 가깝다는 것이 심화섭 씨의 설명이다. 즉 자신이 창업한 편의점은 창업한 자신 혹은 가족의 일터가 되고, 업주 자신이나 가족들의 근무 시간이 길어지면 길어질수록 자신 혹은 가족의 수입이 그 길어진 시간에 비례해서 증가하는 구조이다.

이러한 편의점 사업의 특성을 이해한다면, 코로나19 팬데믹 기간에 심화섭 씨가 극단적으로 타인과의 만남을 제한하고 고립된 삶을 살았던 이유를 어렵지 않게 이해할 수 있다. 자신과 가족 구성원 전체가 편의점에 종사하고, 따라서 전 가족의 유

쇼핑가에 위치한 심화섭 씨의 편의점은 코로나 19 팬데믹 기간 매출에 심각한 타격을 받았다.

일한 생계수단이 편의점이었던 심화섭 씨에게 감염에 의한 자가격리는 생각만 해도 끔찍한 일이었다. 가족 구성원 중 한 명만이라도 감염이 되면 가족 모두가 자가격리를 해야 하는 상황에서, 가족 중 누구라도 바이러스에 감염되면 운영하고 있는 모든 점포는 최소 2주간 문을 닫아야 했다. 그 2주 동안의 피해는 막대하다. 점포가 문을 닫음으로써 수익을 전혀 기대할 수 없는 상황에서 점포의 임대료와 전기세를 고스란히 지출해야 할 뿐만 아니라, 업장에 있는 수많은 신선제품을 모두 폐기해야 한다. 편의점 간의 경쟁이 치열한 상황에서 2주간 문을 닫음으로써 잃게 되는 고객은 또

다른 측면에서 감당해야 할 부담이었다. 물론 정규직 직원이 없는 한, 이 기간 동안 인건비 지출만은 아낄 수 있다. 그러나 편의점 직원의 대부분은 자신 혹은 자신의 가족이다. 인건비 지출의 중단은 가족구성원 모두의 인건비 수익의 중단을 의미한다.

> "우리 가족은 2년여 동안 각자 그 어떤 사적 모임도 참석하지 않았고, 심지어 일가친척도 만나지 않는 철저히 고립된 생활을 했습니다. 감염을 피하는 것이 건강을 위해서가 아니라 금전적 손해를 피하기 위해서였습니다. 서민에게 질병은 결국 돈입니다."

편의점의 위기

친구들은 물론 가족과도 전혀 만나지 않을 정도로 감염을 극도로 경계했던 심화섭 씨가 불특정 다수의 사람들을 마주해야 하는 매장에서 느꼈을 불안감이 적지 않았을 것이라 추측했다. 그러나 팬데믹 초기에 잠시 그랬을 뿐, 의외로 그 부분에 대한 걱정은 크지 않았다는 것이 심화섭 씨의 설명이다. 심화섭 씨에 따르면, 편의점은 이용객 수에 비해 감염 위험률이 상당히 낮은 편에 속하는 업종이다. 편의점 입점 고객의 평균 이용시간이 1분 이내이고, 손님과 직원 간에 긴 대화가 이루어지는 경우도 거의 없기 때문에 편의점 안에서 이루어지는 다수의 접촉은 밀접접촉으로 분류되지 않는다. 실제로 팬데믹 기간 동안 편의점 발 대규모 확진이 나온 사례는 없다. 사람들이 마스크 착용과 손 소독에 완전히 적응한 이후엔 큰 위험 없이 비교적 안전하게 영업을 할 수 있었다고 심화섭 씨는 말한다.

오히려 위기는 다른 곳으로부터 왔다. 심화섭 씨는 총 두 번의 힘든 시기가 있었다고 말한다. 그 중 첫 번째 위기는 백신접종이 시작된 이후에 닥쳤다. 편의점에 근무하는 직원들 가운데 두 명이 백신접종을 거부했던 것이다. 심화섭 씨는 이 상황을 개인의 자유와 업장을 보호해야 하는 업주의 권리가 충돌한 상황이었다고 설명한다. 접종을 거부하는 이유가 무엇이든 개인의 결정을 함부로 침해할 수는 없다고 판단했던 심화섭 씨에게는 많은 고민과 대화가 필요했던 시기였다. 접종을 강요하지도 않았고, 접종거부를 이유로 직원을 해고하지도 않았지만, 설득을 위한 대화 또한 멈추지 않았다. 결국 접종을 거부했던 두 명 중 한 명은 심화섭 씨에게 설득되어 백신을 접종했고, 다른 한 명은 스스로 일을 그만 두었다. 백신을 접종하지 않을 자유를 행사한다면 접종을 선택한 동료와 손님에게 피해를 주지 않을 의무 또한 가져야 한다는 점을 스스로 납득했기 때문이었다.

두 번째 위기는 일일 확진자 수가 수십만 명대에 달했던 2022년 초에 닥쳤다. 변이 바이러스로 인해 감염률이 급증하자 근무자 가운데 거의 매일 확진자가 나왔다. 24시간 운영되는 편의점의 특성상 교대할 근무자가 사라지면 남은 근무자들에게는 엄청난 강도의 업무가 부여되어 결국 과로에 이르기 십상이다. 심화섭 씨는 근무시간을 더 잘게 나누어 혹시 확진자가 나오더라도 다른 근무자들에게 과도한 업무가 지워지지 않도록 조치를 취했다. 직원을 구하기 쉽지 않은 시기였기에, 이러한 근무시간 조정이 맞쳐럼 쉬운 일이 아니었으리라는 점은 쉽게 추측할 수 있다.

심화섭 씨가 소개한 이 두 위기의 사례는 그가 한 사람의 시민으로서 또 직원들을 고용하여 매장을 운영하는 업주로서 코로나19 팬데믹 상황에 얼마나 적극적으로 대응했는가를 잘 보여준다. 문득 이러한 편의점 업주들의 개별적인 노력 외에, 코로나19 팬데믹 상황에 대응하는 본사 차원의 노력이나 지원이 있었는지 물어보았다. 심화섭 씨의 대답은 아주 간단했다. 본사 차원의 코로나 대응은 매우 소극적이었다.

> "본사 차원에서의 코로나 대응은 소극적이었습니다. 초기에 타액이 튀는 것을 방지하는 가림막을 배포하고 한 시간마다 코로나 예절 방송을 틀어주는 것 외에는 아무런 조치도 없었습니다. 매출 하락에 대한 직접적인 금전 지원은 없었고 물자지원도 미미해 크게 도움이 된 부분은 없었습니다. 다만 점포담당 본사 직원들은 점주들과 함께 고생하며 힘든 시간을 보냈습니다. 편의점 사업은 언제나 점주들과 현장 직원들의 노고로 유지됩니다."

호황은 없다

코로나19 팬데믹 상황에서 많은 자영업자들이 어려움을 겪었지만, 언론에 따르면 편의점 업계만은 전에 없는 호황을 맞이했던 것처럼 보인다. 사람들의 생활권이 거주지로 제한되면서, 거주지와 인접한 편의점들이 소위 대박이 났다는 설명은 쉽게 납득할 수 있는 얘기였다. 그러나 심화섭 씨가 말하는 현실은 이와는 달랐다. 편의점 사업에서 호황은 애초에 불가능한 일이다. 구조적인 이유에서 그러하다.

우선 심화섭 씨는 편의점이 다른 자영업과는 달리, 업종의 특성보다는 상권의 특성에 따라 매출 구조와 운영 방식이 결정되는 사업이라는 점을 지적했다. 즉 편의점은 편의점이라는 업종의 특성보다는 주택가 상권, 오피스 상권, 번화가 상권 혹은 특수 상권 등의 개별 위치 특성에 훨씬 큰 영향을 받는다. 따라서 코로나19 팬데믹 기간에 사람들의 출퇴근 및 외출 빈도가 줄고 거주지에 머무는 시간이 늘어났다는 사실이 호재로 작용하는 경우는 주택가 상권의 일부 편의점에 한정될 뿐이다. 반면 오피스 밀집지역에 위치한 편의점은 출근 인구의 감소로 매출에 심각한 타격을 받았다. 쇼핑가, 식당가, 유흥가 등의 유입 인구를 주된 고객으로 하는 편의점은 그 상권의 다른 자영업자들과 운명을 같이 한다. 공항이나 공원, 극장 등에 입점한 특수편의점들은 대부분 폐점 수준의 피해를 입었다는 것이 공공연한 사실이다.

그런데 심화섭 씨에 따르면, 이보다 더 중요한 사실은 주택가 상권에 위치해 있는 편의점의 경우에도 정말 호황이라고 말할 수 있을 정도의 눈에 띄는 매출 상승을 경험한 바 없다는 점이다. 사실 편의점은 호황일 때와 불황일 때의 수익 편차가 다른 업종에 비해 크지 않다는 점이 특징이다. 심화섭 씨는 이러한 특징을 편의점의 제한된 점유 고객수와 소비자의 한정된 구매력이라는 두 가지 이유를 들어 설명했다.

첫째, 편의점 하나의 점유 상권은 평균적으로 반경 50미터 정도, 혹은 아파트단지 한 개 정도로 국한된다. 하나의 편의점이 인접한 다른 편의점의 점유 상권을 침범하는 경우는 좀처럼 없으며, 따라서 편의점의 전체 이용객 수는 점유 상권 내의 전체 인구를 결코 넘을 수 없다. 음식점의 경우 '맛집'이라는 개념이 있어서 옆 가게의 손님을 빼앗아 올 수도 있고, 먼 곳에서 손님을 불러들일 수도 있지만, 편의점의 경우에는 오직 '가장 가까운 집'이라는 개념만이 있을 뿐이다. 그리고 둘째, 편의점 이용은 생필품 수급 행위에 좀 더 가깝다. 따라서 아무리 주거지에 머무는 시간이 늘어난다고 해도 한 사람이 하루에 편의점을 이용하는 횟수와 구매량에는 명확한 한계가 있다. 가령 코로나19 팬데믹 기간에 '홈술'이 늘어나면서 주류 판매량이 늘어났다고는 하지만, 그러한 상승이 외부에서 즐기던 음주의 양과 빈도를 그대로 가정으로 가져왔다고 생각할 만큼의 폭발적인 증가는 아니다.

이렇게 팬데믹 상황이라고 해서 상권의 총인구가 증가하는 것도 아니고, 애초에 편의점을 이용하는 고객의 이용 횟수와 구매 금액에 명확한 한계가 있기 때문에, 주거지 상권의 편의점이라고 할지라도 팬데믹 기간에 매출이 두세 배씩 증가하는 일은 구조적으로 불가능하다. 실제로 주택가와 쇼핑가에 각각 하나씩 점포를 운영하고 있는 심화섭 씨의 경우, 주택가 점포의 일정 정도 증가한 흑자폭은 쇼핑가 점포의 적자폭을 상쇄하는 수준에 그칠 뿐이다. 물론 개별 점포들의 다소간의 매출 증가를 모두 합하면 호황이라고 불러도 어색하지 않을 만큼의 수익 증가가 있을 것이다. 그러나 이러한 호황의 혜택은 오롯이 본사의 몫으로 돌아갈 뿐이다.

편의점의 평화

물론 코로나19 팬데믹 기간에 유의미하게 달라진 점이 없는 것은 아니다. 심화섭 씨는 코로나19 팬데믹 기간에 택배 물량이 유의미하게 증가했다고 말한다. 일반 택배도 증가했지만 무엇보다 가정집에서 인터넷 판매 사업을 하는 소규모 판매업자들의 편의점 택배 이용률 증가가 전체 물량 증가의 가장 큰 원인이었다. 그러나 낮은 수수료 때문에 점주 입장에서는 택배 물량 증가가 매출에 유의미한 영향을 주지는 않는다. 다만 심화섭 씨는 코로나 시국에 택배 이용 폭증이 편의점 반값택배의 빠른 정착으로 이어져 기존 택배사의 과도한 물량을 분담하는 데 기여한 점이 있다고 평가했다.

인터뷰를 마치며, 하고 싶은 말이나 꼭 전하고 싶은 말이 있느냐는 질문에 심화섭 씨는 다음과 같은 말을 하였다. 인용하기에는 다소 길지만, 새겨들을 말인 것 같아 그대로 옮겨 본다. 그의 편의점이 그의 바람처럼 계속 그렇게 평화롭기를 바란다.

"매체를 통해 접하는 사태와 실제 현장에서 일어나는 상황은 많은 차이가 있을 수 있습니다. 편의점은 모든 소규모 자영업장들 가운데 일일 이용객수가 가장 많은 편에 속합니다. 그래서 짧고 얕지만 많은 수의 사람들을 매일 만나게 됩니다. 고양이가 창문에 앉아 하루종일 바깥 구경을 하듯이 편의점 카운터에서 사람 사는 세상을 구경하고 있으면, 세상 돌아가는 게 크게 달라지지 않았다는 생각이 듭니다. 코로나가 발병하기 전인 3년 전이나 지금이나 사람들은 여전히 비슷한 성향과 태도와 말투를 유지하고 있고, 여전하려고 노력합니다. 각자는 스스로 코로나 시대를 나름 현명하게 대처해 왔다고 자부할 겁니다. 그 각자가 모인 세상이니 우리 사회 전체가 현명하게 이 위기를 지내오고 있다고 자부해도 될 것입니다. 매체에서 의도를 가지고 왜곡하여 보여주는 세상이나 온라인에서 과격하고 자극적인 말로 비판하는 세상이 실제 세상이라면, 대한민국은 망해 가는 국가처럼 보입니다. 눈앞의 실제 세상을 외면하고 온라인 속, 채색되고 변형된 세상만 구경하고 있지 않길 바랍니다. 나와 비슷한 수준의 현명함을 가진 사람들로 구성된 것이 이 사회라고 생각한다면 마음이 좀 더 평온해지지 않을까 합니다.

편의점 손님들은 때론 2+1의 의미를 이해하지 못하기도 하고, 아이스크림 가격이 20년 전 기억에 머물러 있기도 하며, 아직도 자신이 피우는 담배의 정확한 이름을 모르기도 하지만 자신이 이곳에 왜 들어왔는지 모르거나 무엇을 원하는지 모르는 사람은 없습니다. 그 정도의 현명함만을 가지고 편의점에 입장해도 아무 문제없이 서로 만족하는 쇼핑이 가능합니다. 우리는 서로 크게 다르지 않고 지금껏 잘 견디고 잘 극복해 왔습니다. 힘든 시국에 서로가 서로에게 증오를 키워 가지 않았으면 합니다. 우리 편의점은 오늘도 평화로웠습니다. 늘 그랬듯이."

코로나가 가져온 좌절과 희망*

—요식업계의 명암

최 지 희

코로나19의 경험은 우리 삶의 많은 것을 변화시켰다. 특히 요식업에 종사하는 중소상공인들은 코로나가 침투했던 삶과 가장 밀접하게 연관되었고, 코로나 기간 동안 많은 불편과 희생을 감내했다. 저녁시간 친구들과 만나 이야기를 하며 밤 늦게까지 술을 나누던 풍경은 사회적 거리두기 단계가 높아지고 모임 인원의 수가 제한되면서 사라졌고, 직장인과 학생들이 비대면 출근과 비대면 수업을 하면서 해당 상권에서 영업하던 식당들은 매출이 곤두박질쳤다. 대학가에 즐비했던 작은 가게들과 밥집들은 그야말로 주 고객층인 학생 손님이 뚝 끊겼다. 예능프로 〈백종원의 골목식당〉에서 보여주는 것처럼 요식업은 음식의 맛뿐만 아니라 많은 요소를 계

---

* 이 글은 현재 A시에서 뷔페 업체를 운영하는 황기동(가명, 43세) 씨와 광주광역시에서 배달 위주 식당을 운영하는 조성민(30세) 씨의 인터뷰를 기반으로 하였다. 황기동 씨가 운영하는 업체의 위치와 이름은 비공개로 한다.

산하고 고려해야 하는 종합적인 사업이다. 손님과 매상이 급격히 줄어들면서 운영비와 임대료, 직원의 인건비를 감당하지 못해 도산, 폐업하는 음식점들이 늘어갔고 암울한 사회 분위기를 더욱 을씨년스럽게 하였다. 정부나 시에서는 임시 구제책으로 소상공인 지원비를 지급하거나 무이자 대출상품 등을 통해 요식업계 종사자들을 도우려 하였으나 일시적인 조치이고 역부족이었다는 지적을 받았다. 이러한 현상은 수도권뿐만 아니라 지방 곳곳에서 비슷하게 일어났다.

반면, 사람들이 집에 있는 시간이 늘어나면서 외식보다는 집에서 먹는 것을 선호하게 되었고, 간단하게 조리할 수 있는 밀키트나 반조리 식품의 소비가 증가하였으며, 배달 어플을 사용하는 횟수가 늘어났다. 많은 이들은 코로나 기간 요식업계가 전체적으로 어려움을 겪었다고 하지만, 사람들의 라이프 스타일과 외식 트렌드가 변하면서 새로운 기회를 찾게 된 사람도 있었다. 이 글에서는 요식업계에 종사하는 중소상공인의 서로 다른 경험을 인터뷰하며 코로나 기간 이들이 어떤 경험을 하였고 구체적인 어려움은 무엇이었는지 들어보았다.

코로나 이전의 운영 상황

황기동 씨는 원래 서울지역에서 돌잔치 위주의 행사에 떡을 납품하는 일을 시작으로 요식업계 발을 들였다고 한다. 이후 자신의 수완을 더하여 점차 뷔페 사업으로 확장할 수 있었고 수도권을 벗어나 지방의 A시에서

조성민 씨가 새로 오픈한 2호점 Casa Fiesta. 조성민 씨는 코로나가 확산되고
거리두기 지침이 강화되자 오히려 매출이 상승했다고 한다.

뷔페 업체 두 곳을 운영하게 되었다. 매장은 한 달에 약 700만 원의 월세를
내고 있었고, 기타 운영비용, 인건비 등 고정적인 비용이 들어갔다. 황기동
씨의 주요 고객은 돌잔치, 회갑연 등의 단체 행사 손님이고, 매장은 약 300
석 정도의 규모로 업계에서는 중간 정도의 규모라고 한다. 코로나 이전에
는 주로 A시의 주민들을 대상으로 영업하였다.

조성민 씨는 대학 조리학과를 졸업한 후 식당에서 주방장을 하며 요식
업계의 일을 배우기 시작했다. 그리고 그동안 모은 자금과 부모님의 도움
을 받아 광주광역시에서 작은 식당을 열었는데, 작은 자본으로 시작하고
운영할 수 있도록 배달을 전문으로 하였다. 조성민 씨가 배달 전문 식당을
열게 된 것은 코로나가19 팬데믹이 시작되기 3개월 전이었다.

황기동 씨와 조성민 씨는 2020년 1월 코로나19라는 생소한 이름의 질병이 퍼지고 있다는 것을 들었지만, 기존의 사스나 신종플루, 메르스처럼 잠시 진행되다가 사라질 현상으로 여겼고, 오랫동안 일상생활 전반에 영향을 미칠 것이라고는 생각하지 않았다.

사회적 거리두기의 시작과 타격

코로나19 팬데믹이 시작된 이후 황기동 씨에게 가장 먼저 찾아온 변화는 거주지의 변화였다. 황기동 씨는 원래 서울에 살았고 업체가 있는 지방의 A시로 출퇴근을 하였다. 그러나 2020년 이후 코로나가 확산되면서 더 이상 장거리 이동을 하며 자신은 물론 가족을 코로나19 감염의 위험에 빠트릴 수 없었다. 특히 황기동 씨에게 코로나 확진은 사업의 중지를 의미하는 것이었기에 더욱 조심할 수밖에 없었다. 황기동 씨가 운영하는 중소 규모의 업체는 직원이 많지 않기 때문에 만약 사장인 황기동 씨나 직원이 코로나에 감염된다면 대체할 만한 인력이 없는 형편이었다. 또한 코로나 확진 때문에 업장의 문을 닫게 된다면 이후 영업에도 많은 지장을 초래할 것이었다. 코로나19 확산 초기에는 사회적인 편견과 이에 따른 불이익이 큰 편이었기에, 업체가 코로나 때문에 문을 닫았다는 소문이 지역 사회에 미칠 영향도 고려해야 했다. 그래서 황기동 씨는 2020년 이후 집에서 독립하여 사업장 근처 원룸에서 자취생활을 시작하였다고 한다.

2020년 3, 4월 수도권은 물론이고 지방에서도 코로나19가 확산되기 시작했다. 그리고 2020년 중반 이후 거리두기 지침이 강화되고 집합 금지 조치가 시행되면서 황기동 씨의 사업은 직접적인 타격을 입기 시작하였다. 황기동 씨의 뷔페 업체는 단체 예약제로 운영되고 있었고 인수의 제한은 없었으나 50명 정도 이상 규모가 되어야 손해를 막을 수 있었다. 그러나 거리두기 지침과 집합 금지가 시행되면서 단체 손님을 받을 수 없게 되었고, 이는 사실상 영업 중단을 선고받은 것과 같았다.

> "집합 금지 이후 사실 계속 끊임없는 손해를 감수하면서 영업을 하게 되었죠. 거리두기 강화에 따른 집합 금지가 언제 완화될지 모르기 때문에 직원을 내보내지도 못하고, 손님과의 약속을 깰 수 없기 때문에 일단 예약을 진행할 수밖에 없었어요. 만약 코로나 확산 때문에 갑자기 행사가 취소된다면 손님의 경우 계약금을 손해 보는 것이지만, 제 입장에서는 당일 뷔페에 필요한 식자재를 미리 구입해야 하고 행사에 필요한 노동력도 확보해야 하니까 모든 손해를 혼자 떠안아야 했어요. 저는 사실 가장 힘든 것은 거리두기나 집합 금지보다 이러한 조치가 언제 풀릴지 모르는 상황에서 손해를 보며 사업을 계속해 나가는 것이었죠."

물론 50명 이하의 손님이 황기동 씨의 업체를 찾는 경우도 있었다. 예를 들어 가족 식사를 문의하는 등 15명 정도의 소규모 손님들이었다. 또는 수도권에서 규제가 심할 때 강원도 A시를 찾아 행사를 진행하는 소규모의 손님들도 있었다. 물론 이 기간에는 손님 한 분 한 분이 아쉬운 상황이었으나 황기동 씨는 또 다른 고민이 있었다. 뷔페 업체 입장에서는 고객이 일정 수 이상이 되어야 수익이 나는 구조이고, 소규모 손님이라고 해도 노동력과 고정 비용이 줄어들지는 않으나 손님에게 더 많은 돈을 요구할 수 없기 때문이었다. 같은 A시 지역에는 다른 뷔페 업체들이 있기 때문에 이러한 손님들을 거절한다면 경쟁에서 밀리고 지역민에게 좋지 않은 이미지를 심어줄까봐 황기동 씨는 손해를 감수하고 적은 손님도 받으면서 영업을 계속할 수밖에 없었다. 당시 운영하던 업체의 한달 월세 비용이 700만 원이었고 영업을 계속하는데도 억대의 빚을 지게 되었다.

코로나 기간 정부와 방역당국의 대처는 'K방역'이라는 칭찬을 들을 정도로 호평을 받았다. 그러나 당국과 시의 공무원이 요식업계에 종사하는 자영업자들에게 어떻게 방역지침을 설명하고 도움을 주었는지에 대해 황기동 씨는 방역정책의 논리와 집행 과정을 납득하기 어려웠고 혼란스러웠음을 토로하였다.

"일반 회사원은 지침을 어기면 벌금을 내고 말겠지만 저는 업장이 문을 닫아야 하는 상황이었습니다. 때문에 저는 항상 담당 공무원에게 직접 물어보고 '네, 영업을 하셔도 됩니다.'라는 대답을 듣기 전까지 영업을 할 수 없었어요."

황기동 씨가 이렇게까지 했던 이유는 방역 정책의 시행과정에서 관할 지역 공무원의 판단이 가장 중요하여 자신이 자의적으로 판단할 수 없었기 때문이다. 만에 하나 경쟁업체가 황기동 씨가 지침을 어겼다는 신고를 할 수도 있었기에 더욱 관련 기관의 정확한 설명과 판단이 필요했다. 그러나 황기동 씨의 입장에서 세부정책의 기준은 애매모호했으며 시 공무원의 판단도 합리적이지 않고 일관되지 않은 경우가 많았다.

물론 황기동 씨는 팬데믹 상황을 벗어나기 위해서는 방역정책의 철저한 집행이 중요하다는 것을 잘 알고 있었다. 그러나 황기동 씨가 경험하고 바라본 방역정책의 시행에는 불합리한 부분이 많았다. 방역정책이 원칙대로 시행되지 않고 자꾸 예외 규정이 생겼으며 어느 것 하나 황기동 씨 같은 자영업자를 배려하고 어려움에 공감하는 정책이 없었기 때문이다. 방역정책의 대부분은 절대 다수의 이익에 맞추어져 있어서 다수에 속하지 않는 업종은 도움을 받을 수 없었다. 예를 들어 일반 식당은 5인, 4인 이상 모임 금지를 교묘히 피해갈 수 있는 여지가 있었다. 한때 문제가 되었던 '테이블 쪼개기'와 같은 방법으로 영업을 계속할 수 있었기 때문이다.

물론 이러한 식당 역시 고의적으로 방역정책을 어긴 것이 아니라 일부 이용자들 때문에 피해를 본 경우가 많았지만, 황기동 씨에 따르면 적어도 영업이 전면 중지되지는 않았고, 초기에는 위반자를 처벌할 수 있는 제도나 근거도 없었다. 즉 다수의 생계를 고려한다는 명목으로 적당히 눈감고 아웅하는 식의 정책이 시행되는 경우 누군가는 특혜를 누렸지만 다수에 속하지 못했던 황기동 씨와 같은 자영업자는 아무런 대안도, 배려도 받지 못한 채 인내만 강요당했다.

아울러 황기동 씨는 당시 식당의 4, 5인 이상 식사 금지와 같은 정책이 결국 표면적인 제약에 그치고 코로나 확산도 막지 못한 것 같다고 평가하였다. 물론 방역정책은 의학적 지식과 과학적 근거를 기반으로 진행되었지만, 그 과정에서 사회적 합의나 설득, 설명 없이 위에서 아래로 지침을 하달하는 방식으로 시행되었다. 또한 같은 요식업을 하는 자영업자들 내부에서도 업종에 따른 차이 때문에 방역정책이 미치는 영향이 매우 다른 것을 확인할 수 있다. 같은 요식업계 내에서도 업종의 특성이 다르기 때문에 어떤 사람은 경제적으로 막대한 피해를 입기도, 누군가는 상대적으로 타격을 덜 받기도 하였다. 그러나 이러한 세세한 사정을 정책에 반영하기에는 팬데믹이 너무 갑자기 찾아왔으며 사회적 논의의 시간이 부족했던 것이 안타깝다.

황기동 씨는 그동안의 과정을 지켜보며 방역정책의 시행 기준이 허술하여 법망을 피해 가고 방역지침을 어길 수 있는 사례가 많았다는 것을 지적하였다. 예를 들어 결혼은 허용되지만 돌잔치, 회갑, 생신연 같은 모임은 금지하던 시기가 있었다. 그러나 이때에도 사람들은 돌잔치, 환갑과 같은 모임을 '리마인드 웨딩'과 같은 이름으로 교묘히 바꾸어 진행했다는 것이다. 아무리 황기동 씨와 같은 자영업자가 피해를 감수해 가며 규정을 따라도 편법과 예외 사례가 허술하게 다루어진다면 확진자도 막을 수 없을뿐더러 방역정책의 설득력이 떨어질 수밖에 없을 것이다.

위기의 순간-소외감과 무력함

황기동 씨는 특히 힘들었던 기간을 2020년과 2021년 연말이라고 기억하였다. 2020년 12월 말, 갑자기 4인 이상 집합 금지가 시행되었다. 이후 몇 달 동안 황기동 씨는 언제 규제가 풀릴지 모르는 상황 속에서 인고의 시간을 보냈다. 고객에게 받았던 계약금을 돌려주어야 했고, 납품받았던 모든 식자재와 음식을 쓸 곳이 없어지고, 인건비는 인건비대로 지급해야 했으나 매출은 세 달 이상 0원이었다. 또한 월세나 고정 유지비는 그대로 나가고 있었다. 2021년 12월의 상황도 마찬가지였다. 이때는 목요일에 4인 이상 집합 금지가 발표되고 단 이틀의 계도 기간이 주어진 뒤 당장 그 주 토요일부터 새로운 정책이 시행되었다. 이때에도 이미 계약했던 고객의 계약금과 사회자 섭외, 음식, 인건비 등의 비용을 황기동 씨가 모두 떠안아야 했다.

황기동 씨는 당장 사업을 접을 수는 없다고 생각했다. 가족의 생계를 책임지고 있었고 몇 년 동안 해 온 노력을 수포로 돌아가게 할 수 없었기 때문이다. 그러나 세 달 넘게 집에 돌아가거나 가족, 친구를 만나지도 못한 채 텅빈 영업장을 홀로 지키면서, 긍정적이고 진취적이었던 황기동 씨도 어쩔 수 없이 우울감을 느꼈다. 더군다나 당시 어머니가 코로나에 확진되어 생사를 헤매고 있던 상황이었는데도 황기동 씨는 병원 근처에도 가 보지 못하고 마음만 졸였기 때문에 이러한 우울감은 배가 되었다고 한다.

하지만 황기동 씨는 포기하지 않고 그 기간을 견뎌냈다고 한다.

"계속 적자가 나는 상황에서 버티기 위해 가장 먼저 식비를 줄였죠. 가장 싼 인스턴트 컵밥을 대량으로 구입하여 두 달을 그것만 먹으면서 손님을 기다렸습니다. 고객의 예약문의는 꾸준히 들어왔기 때문에 예약을 잡았다가 금지가 풀리지 않아 취소하고 손해를 보며 예약금을 환불해주는 일을 계속했어요."

그는 더 열심히 일을 하면서 우울감을 극복했고, 영업이 중지된 시기에는 어떻게 하면 더 저렴하면서 질이 좋은 식자재를 공급하는 업체를 찾고 사업을 잘 운영할 수 있을지 공부하였다고 한다. 그는 힘든 시간을 버티면서 스스로 많이 성장했다고 느꼈다.

그렇다면 이러한 상황에서 황기동 씨에게 도움을 줄 수 있는 기관은 없었을까? 황기동 씨는 국가의 지원금을 일부 받았지만 달마다 들어가는 비용을 상쇄하기에는 터무니없이 적었다고 한다. 더욱이 방역정책과 시행에 불합리한 부분이 있어도 시 당국에 제대로 따지거나 민원을 넣을 수가 없었다고 한다. 그 이유는 황기동 씨가 을의 입장이었기 때문이다. 불만을 표시하면 지역 보건소 위생과에서 실사가 나올 것이라는 연락을 받은 적도 있다. 즉 황기동 씨의 입장에서 코로나 기간 동안 국가기관은 소통이 되지 않고 권위적인 존재였다. 황기동 씨는 공무원의 입장과 난처함, 자신이 약간의 손해를 감수해야 하는 상황은 이해하지만, 기준과 정책집행이 공평하지 않고 사람에 따라 달리 적용되는 것, 누군가는 계속 피해를 감내하는 것이 부당하다고 생각했다.

"가게 운영에 있어서 나에게는 금지되었던 행위가 누군가가 항의를 한다고 해서 가능한 것으로 바뀐다면, 해당 공무원의 정책 해석의 오류와 실수 때문에 내가 입은 피해는 어떻게 보상받을 수 있나요?"

배달업의 성행과 새로운 가능성

한편, 배달을 전문으로 하는 식당을 운영했던 조성민 씨의 경험은 사뭇 달랐다. 조성민 씨는 코로나가 확산되고 거리두기 지침이 강화되자 오히려 매출이 상승하는 경험을 하였다. 최근에는 2호점을 오픈하기도 했다. 물론 배달업이 성행하고 외식이 줄어드는 등 외식업계의 트렌드가 바뀌는 것은 단지 코로나 때문만은 아니며 장기적인 현상이라는 분석도 있으나, 코로나19 팬데믹이 결정적인 계기였다는 것은 분명했다. 조성민 씨의 영업도 정책의 영향을 받았으나 앞서 소개한 황기동 씨와는 달리 거리두기가 강화되면 매출이 증가하고, 완화되면 매출이 감소되었다. 또한 일반 식당이 10시까지 영업 제한이었을 때 10시 이후 주문이 늘어났고, 영업제한이 해지되면 매출이 다시 줄어드는 경험을 하였다.

조성민 씨는 자신의 업종이 코로나로 인해 직접적으로 피해를 입거나 타격을 받지는 않았으며, 코로나 이후 배달 음식의 다양화, 전문화라는 새로운 유형의 외식산업 발달의 영향을 받았다고 하였다. 예전에는 배달 음식이 한 끼를 적당히 때우는 의미에 그쳤다면, 코로나 이후에는 집에서도 외식과 비슷한 수준으로, 다양한 종류의 음식을 즐길 수 있는 수준으로 발전하였고 사람들도 이러한 변화에 익숙해졌다는 것이다. 조성민 씨는 위드 코로나로 전환되고 예전과 같은 영업 제한은 없어졌지만 이러한 새로운 문화와 트렌드가 앞으로도 지속될 것이라고 생각하였다.

물론 코로나로 인한 어려움은 있었다. 손님과 직접 마주하지 않는 비대면 형식이기 때문에 코로나 전파의 직접적인 위험은 적었지만, 조성민 씨역시 자신이 감염되지 않도록 모임을 피하고 방역에 신경썼다. 또한 방역정책과 규제가 갑자기 바뀌는 경우에는 수요를 예상하기 어려워서 재료준비와 운영 등에서 어려움이 있었다. 이 밖에도 경쟁업체가 우후죽순으로 늘어나고 물가가 큰 폭으로 올라 가격 유지가 어렵다는 문제가 있었으나, 가게 운영에 위협이 될 정도는 아니었다고 한다. 오히려 조성민 씨가걱정하는 것은 위드 코로나로 전환되면서 다시 일회용품에 대한 규제가강화될 것이기 때문에 새로운 변화에 적응해야 하는 상황이었다.

물론 조성민 씨는 자신은 큰 피해가 없었지만 다른 업종의 사람들은 많은 고통을 받았다는 것에 공감하였고, 코로나 시기 방역당국의 정책이 더욱 합리적으로 운영되어야 한다는 문제의식을 공유하고 있었다.

우리에게 다시 한번 팬데믹이 찾아온다면

황기동 씨와 조성민 씨는 코로나가 종식되더라도 이전의 사회로 돌아가기 힘들 것이라는 것에 모두 동의하였다. 사람들이 비대면 시스템을 경험하고 대면 모임에 참여해야 한다는 사회적 압박에서 벗어나면서 가치관에 변화가 나타났고 외식산업에도 영향을 미친 것이다. 황기동 씨의 경우 위드 코로나로 전환된 후 이전과 같은 규제는 없지만 고객들이 더 이상 대규모의 모임을 지양한다고 답했다. 가족 규모의 행사가 많아지고 대규모 모임 자체가 줄어들었다. 조성민 씨 역시 코로나를 경험하면서 새로운 외식문화가 성장하는 것을 느꼈고 적어도 당분간은 지속될 것이라고 보았다.

위드 코로나 혹은 코로나 종식을 이야기하는 와중에도 사람들은 또 다른 전염병과 팬데믹이 찾아올 수도 있다는 것을 예상하게 된다. 황기동 씨는 팬데믹이 다시 찾아온다면 아마 이번처럼 버티지 않고 일찌감치 영업을 포기할 것 같다고 답했다. 다만 앞으로 팬데믹의 상황이 도래한다면 방역정책이 소수의 피해자도 고려할 수 있는 세심함을 갖추었으면 좋겠다는 바람을 전했다. 다시 한번 코로나가 찾아온다면 피해를 감수해야 했던 수많은 사람들은 같은 상황을 납득하고 수용할 수 있을까. 다양한 사람들의 불만과 경험을 겸허하게 듣고 수용하며 사회적 안전장치를 마련하고, 여론의 사회적 합의를 이루는 과정이 필요하다.

부동산의 문제는 다른 데에 있다*

—부동산은 코로나도 비켜 가는가?

최우석

언택트 시대 부동산은 어땠을까?

새롭게 이사 갈 집을 구하려는 사람이든 살던 집을 팔기 위한 사람이든 이들 모두는 직접 사람들을 만나야 한다. '언택트' 시대를 개시하게 만든 코로나19 팬데믹 사태에도 부동산 현장은 '컨택트'를 피할 수 없었다. 불가피한 컨택트의 사정은 짐작컨대 부동산 중개업을 힘들게 했을 것이다. 낯선 사람과 접촉한다는 게 꺼려지는 상황은 부동산 중개 건수를 직접적으로 낮췄을 것이기 때문이다. 그리하여 집이든 토지든 부동산과 관련된 매매의 성사를 위해 힘쓰시는 분들의 삶은 코로나 시대에 어떠했는지 궁금하였다. 이러한 궁금증을 안고 인천 서구에서 중개사업사무소를 운영하시

---

* 이 글은 2022년 11월 16일에 시행한 인천 서구 A부동산에서 중개사업을 하시는 김순상 씨와의 인터뷰를 바탕으로 작성된 글이다.

는 김순상 씨를 만나 인터뷰를 하였다.

초창기에는 어려움이 있었다

김순상 씨에 따르면 코로나19 팬데믹이 막 시작되던 시기에는 부동산 매매가 잠시 주춤거렸다고 한다. 이와 관련된 사례를 김 씨는 다음과 같이 알려주었다.

"좋은 경험은 초반에 없었던 것은 사실인 것 같아요. 지금은 둔화돼서 안 좋은 것들을 느끼기 힘든데 초창기에는 힘든 게 있었죠. 예를 들면, 집에 찾아가기도 힘들고 집을 잘 보여주는 것도 힘들다 보니, 어떤 분들은 초창기 때는 코로나가 잠잠해지면 오라고 했고, 또 다른 어떤 분들은 집 보여주는 것 자체를 포기하기도 했어요. 또 어떤 분들은 집에 마스크 같은 거를 아예 비치해 놓으신 분들도 있고 혹은 마스크 착용에 손 소독제를 꼭 바르게 하고 집을 보여주신 분도 있었어요. 집을 꼭 내놔야 하는 분들, 꼭 이사를 가야 하는 분들은 코로나와 상관없이 사람들과 접촉하셨는데, 다만 그런 분들 중 유독 까다로운 분들은 마스크 착용을 하지 않은 분은 아예 출입을 못하게 하셨어요."

초창기에 이와 같은 어려움은 생활의 어려움으로 이어졌고, 김씨는 그때 앞으로의 삶을 어떻게 꾸려가야 할지 걱정했다고 전하였다. 코로나19

유행 초기에는 매매 건수가 1/10 토막 났었는데, 같은 지역에서 중개업을 하는 많은 분들이 이 시기에 직원을 더 이상 고용하지 않거나, 함께 일하던 분들과 더 이상 함께할 수 없는 경우가 많았다고 한다. 집을 구경하기가 어려운 것은 당연하거니와 토지든 상가든 사람들과의 접촉을 꺼리는 시기와 맞물려 매매 자체가 코로나19 유행 이전에 비해 심각하게 줄어든 것을 체감할 수밖에 없었다고 한다.

그래도 부동산 매매는 멈출 수 없었다

그러나 김씨는 이와 같은 어려움은 잠시였을 뿐, 사실 부동산 매매는 바이러스 유행과는 상관없이 왕성하게 성사되었다고 했다. 부동산 매매는 코로나를 비껴간 것이다. 특히 코로나19가 유행하던 시기는 부동산 경기가 활발하게 움직이던 때라 사람들은 감염을 걱정하면서도 아파트 거래를 멈추지 않았다고 한다. 이에 대해 김순상 씨는 다음과 같이 이야기했다.

"생각해 보니 집 보기가 어려웠던 게 초창기에만 그랬던 것 같아요. 한달 정도 지나니 평상시와 다를 바 없게 되었어요. 코로나19 바이러스가 유행하던 초창기에는 잠깐 매매 건수가 줄어든 것을 체감했었죠. 하지만 아파트 매매가 한창 성황을 이루던 때라 코로나 바이러스가 부동산 매매를 줄게 하였는가 생각할 겨를도 없었던 것 같아요. 오히려 지금이 코로나 때보다 어렵다고 할 수 있어요. 코로나19가 유행해도 매매는 반드시 이루어져야 하

김순상 씨는 팬데믹 상황보다 부동산 규제와 최근 계속해서 오르는 금리가 부동산에 미치는 영향이 크다고 말한다. 이에 그는 기존의 직원들이 있었지만 현재 어려운 상황으로 더 이상 고용하기 힘들다고 말했다. 이 상황이 빨리 끝나길 바란다는 희망 속에서 김 씨는 하루하루를 열심히 이겨나가고 있다.

니 사실 코로나19 바이러스는 부동산에 큰 타격을 준 것 같지 않습니다."

김순상 씨는 코로나19 바이러스로 인한 매매 현장의 풍경은 많이 달라진 게 없다고 이야기한다.

"물론 바이러스 감염의 우려로 마스크 착용은 필수죠. 하지만 집을 보러 오시는 분이 마스크를 깜빡하고 놓고 오셨다고 해도 집주인은 그냥 손으로 입을 가리고 들어와서 구경하라고 할 정도로 바이러스에 지금은 많이 둔화된 것 같아요. 사실, 공공장소에서 마스크 안 쓰는 것을 상상이나 하겠어요? 특히 초창기에는 말이죠. 상상을 못하잖아요? 하지만 매매는 이루어져야 하니 집 보러 갈 때 마스크 착용조차도 무심한 분들이 오늘날 대다수인 것 같아요. 저희 부동산에 보시다시피 마스크가 비치되어 있습니다. 깜빡하고 마스크를 놓고 오시거나 마스크 걸이가 찢어지신 분들을 위해서 말이죠. 그런데 마스크를 착용하지 않아도 요즘은 그냥 집 구경이 가능해요. 부동산 경기가 요즈음은 좋지 않아서 그런지 말이죠. 어떤 식으로든 요즘은 매매가 성사되어야 하기 때문에 제 생각에 코로나19 바이러스는 부동산 매매업에 큰 영향을 주지는 못하는 것 같아요. 그래서 마스크가 저렇게 비치되어 있어도 사용이 거의 안 되고 있습니다."

코로나보다 더 무서운 건 '대출 규제'와 '금리'

김순상 씨는 코로나19 바이러스보다 부동산 업자로서 더 무섭게 체감되는 게 금리인상이라고 강조한다. 부동산 경기가 어려운 이유는 나날이 높아지는 금리 때문이라고 단언한다. 대출이 안 되고, 시중의 금리마저 높아지니 집을 사려는 사람들, 전세로 입주하려는 사람들 모두가 움직이지 않는다는 것이다. 이에 관한 김씨의 이야기는 다음과 같다.

"근데 지금은 코로나로 인해서 매매 전세 월세라는 영향은 지금 현재는 거의 없는 것 같아요."

김씨에 따르면 현재 부동산 경기를 어렵게 만든 가장 직접적인 요인은 금리라든가 대출 규제 같은 것이라고 한다. 예를 들어서 전세가나 매매 가격이 아주 급등했던 작년, 재작년 경우에는 코로나가 꽤 위험한 시기였음에도 불구하고 거래는 성황을 이뤘다는 것이다. 그 시기에는 가격이 계속 올라갔기에 "패닉 바잉"도 심했던 때인 만큼 집을 내놓는 사람도, 사려는 사람도 발 빠르게 움직였다고 김 씨는 강조했다. 확실한 건 코로나 영향 때문에 매매가 영향을 거의 받지 않았다는 점이다. 다시 말해 부동산 분야에 큰 영향을 준 것은 금리라든지 부동산 규제 정책 혹은 전반적인 경제적 흐름이라고 볼 수 있다. 부동산은 코로나보다는 경기 영향을 크게 받는다는 게 김 씨의 이야기이다. 그에 따르면 지금은 경기가 좋지 않다 보니 매매와 관련된 움직임이 거의 없다고 한다. 이러한 상황 역시 코로나 때문은 아닌 것으로 볼 수 있다. 오히려 금리가 워낙에 높아지니까, 매수 심리가 굳어져 버린 상황에서 사람들은 굳이 비싼 이자를 지불하며 내집 장만을 시도하지 않는다. 그리고 임대차 3법이라는 계약갱신 청구권이라는 게 있어서 매매 활성화가 어려운 현실이 더해져 앞으로 당분간은 부동산 시장이 그렇게 밝지 않을 것이라는 게 김씨의 진단이다.

"경기가 안 좋아지니까 굳이 내가 이사 비용을 지불하고 중개 수수료를 내어 가면서까지 이동할 필요성을 느끼지 못하고 있습니다. 금리는 금리대로 높아지니 집을 장만할 생각 자체를 거의 하지 않는 겁니다. 요즈음은 거래가 없어서 부동산들이 문을 닫는 일이 많습니다. 공인중개사 자격증을 소지하신 분들은 넘쳐나고 있는데, 부동산 거래를 하는 사람들은 줄고 있으니 코로나19 유행 초창기 시절과는 비교도 안 되게 요즘이 더 어렵습니다. 예를 들면, 상가 같은 경우에도 그렇고 토지 같은 경우에도 그렇고 금리 영향을 많이 받아서 상가 수익률이 예전에는 1층 경우에 4%에서 5%면 수익률이 괜찮아서 그걸 보고 상가를 사는 사람들이 많았거든요. 그런데 지금은 이자가 5.5%, 6%가 되다 보니 차라리 은행에 자금을 두는 게 수익률이 더 낫겠다고 판단하는 거죠. 그래서 상가든 토지든 지금은 움직임이 거의 없어요. 오피스텔 경우 마이너스 매물이 허다하구요."

이러한 이야기와 함께 인터뷰를 하는 동안 김순상 씨는 한국은행에서는 계속 금리를 올리겠다고 하는 발표는 한마디로 부동산 시장을 계속 옥죄겠다는 이야기라고 보면 된다고 진단한다. 금리가 오르는 동안에는 계속해서 부동산 경기가 어려워질 수밖에 없다. 코로나와 관계없이 부동산은 시장 경제 상황에 연계해서 움직인다. 이에 김순상 씨는 앞으로의 전망은 금리가 떨어지는 순간을 지난 부동산 매매가 안정화될 때까지 버텨야 하는 현실에 처했다고 말했다.

"저는 2023년 초까지는 어렵지 않을까라는 생각하고 있어요. 사실, 부동산이라는 게 규제를 심하게 할수록 거래지수는 올라가요. 매매가 잘 되죠. 오히려 규제를 풀어줄수록 거래가 안 돼요. 그 이유는 간단합니다. 부동산 거래가 하도 잘되고 가격은 계속 올라가니까 규제를 통해 거래를 묶는 거거든요. 근데 이제 가격이 자꾸 떨어지고 거래가 안 되니까 규제를 자꾸 풀어주는 겁니다. 즉 정부정책이 나오는 상황은 한 발 늦는 겁니다. 지금 뉴스를 보면 아실 거예요. 부동산 규제를 점점 풀려는 시도가 나오는데, 그 이유가 바로 부동산 거래가 잘 안 되고 있다는 신호라고 보시면 돼요. 집값이 막 올라갈 때는 규제를 시작하죠. 규제가 쏟아진다는 말은 부동산 거래가 활성화되고 있다는 뜻이고, 가격이 막 떨어질 때는 규제를 풀어주고 있다는 뜻으로 이해될 수 있어요. 지금이 딱 그런 시기죠. 만약 내 집 마련을 생각하고 계신 분들이라면 부동산 규제가 풀어지고, 금리가 떨어지는 상황을 잘 살펴야 합니다. 정부가 다시 규제를 시도하는 상황이라면, 그리고 금리가 어느 정도 안정된 상황이라면 이미 집값은 반등하고 있다는 사실이니까요."

부동산 사업이 어렵다는 사실과 함께 김 씨는 현재 버티고 있는 중이라는 사실을 힘겹게 말하였다.

"모든 부동산들이 요즘은 다 어려울 겁니다. 그나마 저는 오랜 시간 한 자리에 있었기에 기존 고객들이 있어서 아직은 버틸 만합니다. 물론 예전처럼 많은 돈을 못 벌더라도 힘겹게 유지를 할 수 있는 그런 정도예요. 그것마저 안 되시는 분들이 요즘에 많아요. 이렇게 된 거 차라리 쉬자라고 생각하시는 분들이 많습니다. 제가 아는 지인도 포기하고 다른 일을 하거나 겸업을 하더라구요. 예전에 한 달에 15건에서 18건 계약을 했다. 하면 지금은 기껏해야 3건 4건 정도가 됩니다. 나머지는 다 재계약이에요. 수입은 사실 거의 10분의 1 정도로 확 줄어들어버렸죠."

내 집 마련은 이렇게 하라

코로나19 바이러스가 아무리 유행한다고 해도 김 씨는 한국인의 내 집 마련의 꿈은 좌절되지 않는다고 이야기한다. 감염병의 유행도 아랑곳하지 않는 내 집 마련의 꿈은 어떻게 이루는 게 좋은지를 그는 다음과 같이 조언했다.

"시장이 활성화되면 규제를 하는 거고 또 시장이 비활성화되니까 규제를 푸는 거라고 할 때, 그리고 정부 정책의 방향은 서민들이 늦게 체감할 수밖에 없다고 할 때, 우리는 집값이 오르고 내리는 롤러코스터와 같은 흐름을 잘 살펴야 합니다. 예를 들면, 금리 인상이 멈추고 대출 규제가 완화되는 소식이 나왔다면 그때로부터 약 6개월 정도가 지나면 특정 가격에서 움직임이 고정되는 경향이 나와요. 그 가격이 곧 하락점이라고 보면 됩니다. 평균적으로 한 부동산이 350세대 정도를 운영하면 부동산은 안정적으로 운영되는데, 350세대의 매매 가격이 어느 시점에서 일정한 가격으로 움직이는 게 보여요. 그때가 아파트를 구입하기 적기라고 볼 수 있습니다."

김순상 씨는 결과적으로 볼 때, 부동산 사업은 코로나19 유행보다 정부의 각종 규제와 금리에 더욱 영향을 받는다는 사실을 재차 강조했다. 부동산 공화국인 대한민국 사회에서 코로나19 바이러스의 공포는 부동산의 경우 예외인 셈이다.

국가와 국가 사이에서*

─확진자 통계만으로 알 수 없는 코로나 시기 이주민의 이야기

김현구

우리에게 잘 알려지지 않은 이야기

코로나19 팬데믹은 주지하다시피 전 세계적으로 영향을 미쳤다. 중국에서 맨처음 유행하기 시작한 코로나19 감염증이 중국을 넘어 유럽으로 전파되고 또 한국에도 퍼지기 시작하면서, 우리는 하루하루 언론을 통해 전해지는 국가별, 지역별 확진자 및 사망자 통계를 접하는데 익숙해졌다. 어떻게 보면 당연하고 문제없어 보이는 통계수치들이지만, 이러한 통계로 잡히지 않는, 그래서 놓치고 있는 것들은 없을까? 다시 말하면 하나의 국가나 지역이라는 속성으로 귀속될 수 없는 이들에 대한 피해는 없었을까?

---

* 이 글은 광주광역시에서 이주노동자를 지원하는 비영리단체인 유니버설문화원을 운영하고 있는 바수 무쿨 씨를 2022년 11월 29일 서울 홍제동의 카페에서 만나 인터뷰한 내용을 바탕으로 작성된 것이다.

그런 이들이 있었다면 그들의 피해는 어떻게 추산될 수 있으며 어떤 이야기들을 담고 있을까? 이러한 질문들이 본 인터뷰 기획의 동기가 되었다. 이런 질문들을 던졌을 때 쉽게 떠올릴 수 있는 그룹 중 하나는 아마도 이주민일 것이다. 다른 국가, 혹은 한국 밖의 다른 지역에서 태어나고 자랐지만 여러 경로를 거쳐 현재 한국에서 생활하는 사람들, 그래서 한국의 '국민'이 아닌 다른 법적 지위를 갖고 있는 이들은 한국에서 지내면서 코로나19 시기를 어떻게 겪었을까? 이런 질문을 안고 지인의 소개로 광주에서 유니버설문화원이라는 이주민 지원 비영리민간단체를 운영하고 있는 바수 무쿨 씨를 만났다.

1989년 한국에 온 이래 유학생, 이주노동자, 이주여성들이 한국에 잘 정착하고 생활하는 데 지속적으로 힘써 온 바수 무쿨 씨는 이미 지역사회에 잘 알려진 인사이다. 여러 번의 방송 출연과 언론 인터뷰를 통해서도 그의 한국에서의 행적이 대중에게 소개된 바 있다. 바수 무쿨 씨는 1993년 한국인 여성과 결혼하고 1999년에 귀화한 '한국인'이다. 하지만 그도 처음에 한국 땅을 밟으면서 이주민으로서의 낯섦과 어려움을 겪은 바 있기에, 주위 이주민들의 고충을 상담해주면서 유학생, 이주노동자, 이주여성들의 어려운 삶을 돕는 데 관심을 갖게 되었다. 이러한 관심은 그가 서울대에서 유학생 신분으로 종교학을 공부할 때 유학생회를 조직하는 것으로 시작되어 한국사회와 이주민을 연결하기 위해 유네스코에서 주관한 외국인과 함께하는 문화교실(Cross-Culture Awareness Program; CCAP)을 기획하기도 하다가, 마침내는 독자적으로 이주민들을 종합적으로 돕기 위한 비영리민간단체인 유니버설문화원을 광주광역시에 설립하는 데까지 이르게 되었다.

요가수행자이기도 한 그에 따르면, 무엇보다도 그의 삶을 추동하는 동력은 요가의 정신이다. 그가 보기에 요가의 정신은 나눔의 정신이며, 나와 함께 주변과 사회가 같이 건강하도록 노력하는 것이 중요하다. 그는 한국에서 다른 사람에게 '잘 먹고 잘 살아라'라고 하는 말은 오히려 욕이라며, 나만 잘 먹고 잘 살 것이 아니라 더불어 함께 잘 사는 것이 중요하다고 이야기했다. 바수 무쿨 씨가 인도에서 온 요가수행자로도 한국에 알려져서 국내 요가협회 같은 곳에서도 그를 초청하려고 한 적이 있었는데, 그는 요가로는 영리활동을 할 수 없다고 생각해서 수업료를 받지 않고 요가 강의를 하기도 했었다. 그는 또한 요가가 불교나 힌두교만의 것이라고 할 수 없고 좀 더 보편적으로 사람들에게 받아들여질 수 있는 수행법이라고 여겨서, 뜻이 맞는다면 다양한 종교의 사람들과 인연을 맺으려 했다. 현재 그는 이주민 지원 사업과 더불어 그때그때 무료 요가강의도 병행하고 있었다.

코로나19의 시작은 인도에서

한국에서 코로나19 확진자가 발생하기 시작한 2020년 1월 하순에 바수 무쿨 씨는 인도에 있었다. 바수 무쿨 씨가 개인적으로 지원해서 인도에서 유학 중인 한국 학생들이 있었는데, 이들이 인도에서 대학입학시험을 보는 기간 동안 학생들을 보살피고 격려하기 위해서였다. 그도 처음 코로나

19 발생 소식을 들었을 때, 예전의 메르스(MERS)처럼 한동안 유행하다가 철이 지나면 사라질 전염병 정도로 생각했다. 하지만 한 달, 두 달 지속되면서 유행이 잦아들기보다는 점점 더 심각해지는 것을 보면서, 역사책에서나 볼 수 있었던 콜레라 대유행 같은 것을 떠올리게 되었다고 한다.

2020년 1월경 그가 머물렀던 인도에서도 코로나 상황이 악화되어 마침내는 봉쇄 명령이 내려져서 집 밖으로 나가지 못하게 되고 말았다. 그래서 2020년 1월 29일 한국으로 돌아오려는 계획도 봉쇄와 비행기편 취소로 좌절되고, 2월 한 달 내내 인도의 집에만 있게 되었다. 숙소가 있는 건물 옥상에서 걷기 운동하는 정도 외에, 정해진 시간에 지정된 곳에서 거리유지를 하면서 식료품이나 마스크를 구입하는 경우를 제외하고는 이동이 제한되었다. 그러던 중 한국 정부에서 인도에 있는 국민들을 비행기로 수송한다는 소식이 들려 주인도한국대사관에 귀국을 신청했는데, 평시보다 훨씬 더 비싼 항공료가 든다고 해서 포기하고 더 기다려 보기로 했다. 그러다가 3월경이 되어 150만원 정도 되는 편도 표를 개인적으로 사기로 결정했다.

출국을 위해 인도의 공항에 도착했을 때, 공항의 모든 편의시설은 문을 닫아서 음식도, 물도 구할 수 없었다. 비행기가 이륙하는 시간에 맞춰서 문 개방만 했기에 인적도 없고 관리도 안 돼서 먼지가 많이 쌓인 느낌이었다. 한국 공항에 도착해서도 예전 같으면 20분이면 끝날 입국 수속이 이런저런 검사를 하느라 3시간 가까이 걸린 것 같았다고 했다. 인천공항에서는 정부에서 제공하는 특별버스를 타고 광주로 가는 KTX를 타러 용산역으로 이동했고, 광주에 가서도 다시 특별버스를 타고 정부에서 준비한 단체 숙소에 가서 코로나 검사를 하고 3일간 대기했다. 마침내 음성판정을 받아 집으로 가서 또 2주간 격리를 하고서야 한국에서의 삶을 다시 시작할 수 있었다.

이주민 지원단체의 위기와 대응

바수 무쿨 씨가 운영하는 광주의 유니버설문화원에도 코로나19 이후에 변화가 생겼다. 방역과 관련해서 가장 큰 변화는 정부에서 파악하지 못한 불법체류자들에게 백신을 접종하도록 하는 일이었다. 광주광역시청, 구청 등 지자체와 협력하여 불법체류자들의 현황을 파악하고 그들에게 백신을 접종시키는 것이 유니버설문화원이 새롭게 담당한 중요한 임무 중 하나였다. 또 그에 따르면 코로나19가 유행하자 사업체에서 이주노동자를 잦은 이동 혹은 해외의 가족들과 접촉을 이유로 코로나19 바이러스의 전파자로 여기는 경우가 많아졌다고 한다. 그래서 많은 이주노동자들이 일자리를 잃고 바수 무쿨 씨가 운영하는 쉼터로 오게 되었다. 그들 중 상당수는 퇴직금을 받지 못했다. 예전 같으면 바수 무쿨 씨나 문화원이 노동자 입장에 서서 노동청에 신고해서 퇴직금을 받을 수 있도록 공장에 요구하는 일을 했지만, 이제는 코로나로 인해 기업도 많이 어려워져서 기업들의 입장도 들어줘야 하는 상황이 생겼다고 한다. 코로나19 대유행 시기는 서로가 어려운 상황이었기 때문에 바수 무쿨 씨가 중간에서 양자의 입장을 적절히 중재하는 역할을 담당했다.

바수 무쿨씨가 이주민을 상담하는 모습. 코로나19 이후 유니버설문화원의 중요한 임무는 정부에서
파악하지 못한 불법체류자들에게 백신을 접종하도록 하는 일이었다고 한다.
(출처: 유니버설문화원 페이스북)

바수 무쿨 씨에 따르면 이주노동자도 그들이 처한 상황에 따라 힘든 정도가 나뉘었다. 예를 들어 이주노동자 중에 고용허가를 받았으면서 한국어 구사를 잘하는 사람들은 제조업계에 가서 일하고, 한국말을 잘하지 못하면 농업 쪽에서, 그것보다도 소통이 더 어려우면 어선을 타고 일하는 쪽으로 간다고 한다. 또 고용허가가 없는 난민들도 이주민 중에서 상황이 어려운 그룹에 속했다. 광주·전라지역에서는 주로 동티모르와 네팔, 그리고 스리랑카 사람들이 섬에 가서 고기 잡는 일을 했는데, 코로나 기간에 일이 중단되어 갈 곳을 찾지 못해 유니버설문화원의 쉼터로 단체로 오게 되자, 이들을 모두 수용하기 어려웠다고 한다. 그런 경우 문화원과 연계된 네팔 쉼터, 동티모르 쉼터, 인도네시아 쉼터, 러시아 쉼터 등 국가별로 만들어진 쉼터로 보내곤 했다.

유니버설문화원이 주관하여 2022년 9월 9일에 광주광역시에서 열렸던 2022년 추석 축제 및 이주민-선주민이 함께하는 문화교류 행사 단체 사진. 가장 아랫줄에 앉아있는 두 명 중 오른쪽이 바수 무쿨씨. (출처: 재한네팔유학생회(SONSIK) 웹사이트)

그러다 한번은 동티모르인들이 따로 모이는 쉼터에 코로나19가 발생해서 쉼터 이용이 중단되는 일이 있었다. 그래서 문화원에서 운영하는 쉼터에서도 철저하게 체크하라고 시 당국에서 지시가 내려왔다. 문화원의 쉼터도 이주민들을 장기로 오래 머무르게 하지는 못하고 가급적 이주민들의 공동체나 본래 숙소에 머무르게 하면서 식자재나 필수품들을 전달해주는 등의 긴요한 업무만 해야 했다. 나머지는 비대면으로 처리하는 방식으로 코로나 기간 동안 업무를 수행했다.

코로나19 기간에는 그들이 아픈 것도 예전보다 더 큰 문제가 되었다. 코로나19 이전에는 정규로 하는 일이 없더라도 아르바이트를 통해 돈을 벌어서 치료비를 충당하는 것이 어느 정도 가능했는데, 코로나19로 사회적 거리두기 및 각종 제한조치가 시행되면서 그마저도 어렵게 된 것이다. 원래는 매주 일요일마다 광주에 거주하는 이주민들을 치료하는 진료소가 운영되었었는데, 코로나19로 인해 진료소 운영이 중단되어 진료소를 찾아가 도움을 받는 이주민 및 난민들이 큰 어려움을 겪은 적이 있었다.* 그럴 때는 바수 무쿨 씨가 이주민 지원 활동을 하면서 알게 된 병원 원장님들에게 연락해서 진료나 비대면 상담을 요청하곤 했다. 또 그가 직접 진료가 필요한 이주민들의 경제 사정을 파악해서 굉장히 어려운 경우는 무료로, 어느 정도 여력이 있으면 치료비를 감당하도록 했다.

또 문화원을 후원하는 많은 개인 및 단체 회원들이 있었는데, 코로나19 팬데믹으로 각자의 사정이 어려워지면서 후원금이 많이 줄어드는 위기도 있었다. 그나마 다행이었던 것은 코로나19 팬데믹 시기에 오히려 사정이 나아진 기업들이 극소수였지만 있었다는 것이다. 이를테면 손소독제를 만드는 기업이 있었는데, 그곳에서 후원을 해 주었다. 또 겨울이 되면 추워져서 이주민들에게 더 힘들어지는 상황이 되는데, 광주 시민들로부터 중고 옷을 기증받기도 하고 한편으로는 중고 옷을 모아서 수출하는 업체에서 이주민들이 옷을 가져가서 입을 수 있도록 지원해 주기도 했다. 이불을 공급해 준 업체도 있었다. 이런 식으로 생활용품이 많이 모이기도 했는데, 여럿이 모이는 데 제약이 있었으므로 페이스북 등의 소셜미디어를 통해서 약속을 잡아 분산시켜서 가져가도록 조치했다고 한다.

---

* 인터뷰를 진행한 2022년 11월 29일 현재는 진료소 운영이 재개되었다고 한다.

코로나로 인한 변화 및 기회

코로나19는 문화원의 업무와 방향에 있어서 새로운 국면을 열어주기도 했다. 코로나19 이전에는 일반 개인들이 십시일반으로 후원해서 문화원이 유지되었었는데, 코로나19 유행 이후에는 개인 후원자들의 사정이 어려워져서 기업이나 병원을 통해 후원을 받는 쪽으로 방향이 달라졌다고 한다. 또 문화원에서 '외국인과 함께 하는 문화교실'이라는 이름으로 1년에 두 번 설날과 추석에 각각 이틀 동안 이주민들을 모아서 나라별로 각종 문화활동을 기획했던 것에도 변화가 생겼다. 이 사업의 본래 취지는 문화행사를 개최하면서 국가별로 이주민 공동체를 활성화하는 것이고, 또 행사를 지역에 개방함으로써 이주민 공동체를 지역사회와 연결해 주는 것이었다. 그렇게 해서 이제까지 만든 곳이 베트남, 몽골, 인도, 네팔, 우즈베키스탄, 인도네시아, 방글라데시 출신 이주민 공동체들이라고 한다. 그런데 코로나19로 인해 대면행사를 개최하지 못하게 되면서, 이 행사들도 온라인으로 진행하게 되었다. 그래서 광주광역시에서 지원해주는 지원금으로 이주민들에게 온라인 활동을 할 수 있도록 교육하는 데에 사용했다.

한편, 바수 무쿨 씨는 이주민을 지원하는 활동가뿐만 아니라 수행자로서의 정체성도 갖고 있는데, 코로나19로 인해 대면모임이 줄어들면서 쉼터가 예전처럼 정상적으로 운영되지 않는 측면도 있었지만 다른 한편으로는 행사가 취소되면서 생긴 시간과 사회적 '거리' 덕택에 자연 속에 가서 명상하면서 충전하는 기회가 생기기도 했다고 한다. 사람들과의 만남이

다양한 소셜 미디어를 통해 온라인으로도 가능해지면서, 새롭고 편리하게 시간을 확보할 수 있는 이점도 있다는 것이다.

　인터뷰 중에 바수 무쿨 씨는 한국에 온 1990년대 초반에 한국인들의 공동체에서 '정'을 많이 느꼈던 이야기를 하면서 이제는 '우리'라는 개념의 범주를 더 확대할 필요가 있다고 강조했다. 민족주의에 기반한 한민족으로서의 '우리'가 아니라 이 땅에서 공동체 의식을 가질 수 있는 존재로서의 우리라는 것이다. 여기에는 해외에서 이주해 온 사람도 차별 없이 같은 공동체가 될 수 있다는 생각이 포함되어 있었다. 우리에게는 항상 낯설었던 이주민, 하지만 인도적인 이유에서든 경제적인 이유에서든 아니면 방역의 측면에서든 우리와 결코 분리될 수 있는 이 땅의 이주민. 그들을 '우리'의 범주에 포함시키고 우리 모두의 건강을 동등하게 지킬 수 있는 방안들을 생각해 볼 때가 되었다.

미생에서 완생으로의 오랜 마라톤*

─취업난과 팬데믹의 이중 파고를 넘어서

박성호

비대면사회의 이면을 짊어진 사람들, 물류센터의 일용직 근로자

코로나19 팬데믹이 심화되면서 외식 분야는 큰 타격을 입었다. 식당이나 술집처럼 사람들이 많이 모이는 곳은 위험 시설로 분류되었고, 사회적 거리두기가 강화되면서 영업시간 단축이나 모임 규모 축소 등이 시행되자 많은 사람들이 외식을 꺼리게 되었다.

반면 음식 배달업이나 식자재 혹은 밀키트를 판매하는 업종은 크게 번성했다. 집에 머무르는 시간이 많아지면서 음식을 배달시켜 먹거나 혹은 '집밥'을 해먹는 사람들이 크게 늘었고, 이런 사람들을 상대하는 업종도 크게 번창했다. '아침마다 집앞에 신선한 먹거리가 도착한다'는 컨셉 하에 시

---

* 이 글은 서울 장지동 복합물류센터 내의 모 업체에서 일용직으로 일하고 있는 오성철 씨를 2022년 10월 2일에 인터뷰한 내용을 바탕으로 쓴 것이다.

작된 새벽배송이 큰 폭으로 확대된 것도 이 무렵이다. 온라인 판매 전문 업체는 물론 기존의 마트나 백화점까지도 새벽배송에 뛰어들면서 수많은 먹거리가 아침마다 현관 앞에 쌓여 있는 풍경이 어느덧 익숙해졌다.

그렇다면 그 많은 먹거리는 어디서부터, 누가, 어떻게 가지고 오는 걸까. 가끔 택배 배송 현황을 들여다보면서 TM이니, 센터니 하는 단어들을 접해 본 적은 있기에 막연하게나마 상상하는 건 어렵지 않았다. 하지만 구체적으로 그곳에서 어떻게 일이 이루어지는지, 그리고 그곳에서 일하는 사람의 이야기는 어떤 것인지, 한번도 제대로 들어본 적이 없었다. 특히 코로나19와 관련한 일이라면 더더욱 접근하기 힘든 영역처럼 느껴졌다.

마침 이런 식자재 온라인 판매업체와 관련된 물류센터에서 일용직으로 일하는 분을 접할 기회가 생겼다. 업체를 특정하게 되면 불필요한 홍보 논란을 일으킬 수 있기에, 이에 대한 사전 동의와 협조를 구한 상태에서 인터뷰를 진행했다.

길고 긴 미생(未生)의 시간

'그'를 만난 것은 장지동 인근의 어느 카페에서였다. 현재 장지동에는 서울복합물류단지가 조성되어 있는데, 여기에는 우리가 알 만한 대부분의 업체들이 물류센터를 두고 있다. 여기서 일하는 걸 공개해도 되냐고 물었더니 어차피 서울 내에는 이곳 말고는 다른 센터도 없고, 이 센터에서 일한다고 해 봐야 어느 업체인지는 알 수 없으니 상관없다고 했다.

흔쾌히 인터뷰에 응한 오성철(37, 남) 씨는 몇 년 전부터 이 일을 해 왔다고 했다. 원래부터 물류 쪽 일을 했느냐고 물었더니, 절반은 맞고 절반은 틀렸다며 잠깐 웃었다.

"원래 전에는 A라는 물류 전문 외국계 기업에서 근무했어요. 마케팅 부서랑 HR에서 일했었죠. 처음에는 계약직으로 시작해서 나중에 정규직 전환까지 성공했어요. 뭐, 부서나 업무가 달라서 그렇지 지금도 어찌 보면 같은 업종에서 일하는 셈이죠."

그는 원래 서울 소재의 4년제 대학 인문계열 학과를 졸업해서 외국계 대형물류회사의 사무직에 근무했다고 한다. 하지만 회사원이라면 누구나 그렇듯 '이런저런 이유'로 퇴사를 결정하게 되었고, 이직을 모색하는 과정에서 경제 상황이 계속 악화되어 원래 계획했던 금액만으로는 도저히 새 직장을 구할 때까지 버틸 수가 없는 형편이 되었다. 그렇다고 아르바이트를 하더라도 매일 묶여 있어야 하는 일이라면 이직 준비에 방해가 될 테니, 시간은 적게 들이면서도 생활비를 해결할 방법이 없을까 고민하다가 찾게 된 게 이 일이라고 했다.

4년제 대학의 인문계 학과를 졸업하고 사무직에서 근무했던 그에게 이런 일은 손쉽지 않았다. 아니, 사실 이런 일을 하겠다고 결심하는 것 자체가 간단한 일이 아니었다. 하지만 막상 시작하고 보니 자신처럼 다양한 사연을 지닌 채 이 일에 뛰어든 사람은 무척 많았다. 흔히 생각하기에는 이런 현장에는 '전문적으로' 일용직만 하는 사람들이 많지 않을까 하는 선입견을 가지기 쉽지만, 오히려 이런저런 업체를 오가면서 일용직으로만 잔뼈가 굵은 사람보다는 각자의 사정으로 인해 '일시적으로' 물류센터 일용직에 몸담은 사람이 더 많다.

물론 하고 싶다고 해서 아무나 할 수 있는 일은 아니다. 먼저 근로 희망자들의 정보를 등록하면 수요가 생길 때마다 각 소싱(sourcing) 팀에서 등록된 사람들에게 일괄적으로 문자메시지를 발송한다. 여기에 따라 신청하면 보통 선착순으로 근로 여부가 결정되는데, 최종적으로 근무가 확정되면 해당 일자에 가서 배당된 업무를 진행하는 방식이다. 어느 정도 경력이 쌓여서 상호 신뢰가 형성되면 신청하는 족족 선정되는 경우가 대부분이지

서울복합물류센터 전경, 오성철 씨는 무거운 짐을 운반하면서 많은 거리를 걸어야 하는 입장에서 마스크는 바이러스로부터 자신을 지켜주는 방어막이라기보다는 오히려 숨통을 옥죄는 또다른 족쇄에 가깝게 느껴질 정도로 힘들었다고 한다.(사진 오성철 씨 제공)

만, 초심자의 경우에는 신청을 해도 일을 할 수 없는 경우가 적지 않다.

그가 주로 하는 일은 집품구역에서 올라온 물건을 각 배송지에 맞게 분류해서 넣는 작업이다.(이 일을 따로 지칭하는 해당 업계 용어가 있지만, 그걸 쓰면 업체가 특정될 수 있다고 하여 피하기로 한다) 얼핏 들으면 간단할 것 같지만, 물류센터 규모가 엄청나게 크기 때문에 분류를 위해 구역을 오가는 데에만 하루 4만보 가량을 걷게 된다. 게다가 식재료, 특히 야채나 고기, 생선과 같은 신선식품류를 많이 다루다 보니 작업을 하게 되는 곳은 보통 냉장창고. 가볍게 입고 들어가면 감기 걸리기 딱 좋고, 그렇다고 따뜻하게 입자니 한참 업무를 위해 이리저리 걷다 보면 옷마저도 무거운 짐처럼 느껴지기 십상이라고 한다.

2020년 초부터 본격화된 코로나19 감염증 대유행은 여기에 한 가지의 부담을 더 얹어주었다. 바로 마스크다. 무거운 짐을 운반하면서 많은 거리를 걸어야 하는 입장에서 마스크는 바이러스로부터 자신을 지켜주는 방어막이라기보다는 오히려 숨통을 옥죄는 또다른 족쇄에 가깝게 느껴질 정도였다.

"이 일을 처음 시작했을 때는 정말 힘들었어요. 그러다가 좀 익숙해질 무렵이 되니까 이번에는 코로나19가 터졌죠. 마스크를 쓴 채로 하루에 4만보씩 걸으면서, 그것도 맨손도 아니고 물건 운반하고 분류하고 넣고, 이런 작업을 밤새 한다고 생각해보세요. 이것도 그나마 지금은 적응되었지만, 초창기에는 정말 힘들었습니다."

미생, 팬데믹 속을 걷다

오성철 씨가 하는 물류센터 업무에서 코로나19는 의외로 적잖은 '기회'를 가져다주기도 했다. 코로나19 초창기에는 센터에서 일할 사람을 찾기가 힘들어서 일당에 프리미엄이 붙었다. 원래 일당이 9만원 가량이었는데, 가장 많이 프리미엄이 붙을 때에는 16만 원까지 치솟았다. 물론 코로나19 감염과 확진에 대한 두려움이 없었던 건 아니었지만, 이 정도의 프리미엄을 포기하기란 쉽지 않았다. 그도 코로나19로부터의 안전보다는 프리미엄 쪽을 택했다.

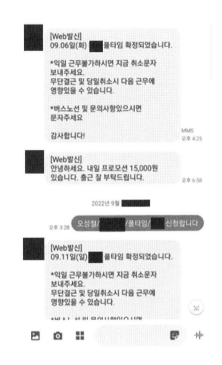

근무 신청과 확정 과정을 담은 문자메시지

코로나19는 꽤 가까운 곳들을 스쳐 지나갔다. 오성철 씨가 일하던 센터에서도 집단감염이 발생한 사례가 있었다. 다만 그가 일하는 부서는 아니어서 확진자가 나온 해당 부서만 방역소독을 위해 일시적으로 폐쇄하고 그가 일하던 곳은 별일 없이 지나갔다. 그래서인지는 몰라도 확진에 대한 두려움을 피부로 느낄 만큼 급박한 분위기는 아니었다. 물론 사람마다 느끼는 감각은 달랐겠지만, 오성철 씨 입장에서는 코로나19 때문에 물류센터 일을 포기해야 하나 고민할 정도까지는 아니었다.

"사실 코로나19는 센터 일보다도 오히려 술자리 쪽이 더 가까웠죠. 지난번에 지방에서 일하다가 오랜만에 올라온 친구랑 몇몇이 모여서 술을 마셨는데, 하필 그 지방에서 온 친구가 며칠 뒤 확진 판정 받았다면서 미안하다고 그러지 뭡니까. 뭐 저는 다행히 음성으로 뜨기는 했지만요."

코로나19 집단감염으로 인해 일하던 물류센터 일부 부서가 일시적으로 폐쇄되었을 때는 그도 적잖이 당황했다고 한다. 코로나19에 자신도 감염될 수 있다는 두려움보다는, 당장의 생계를 어떻게 해결해야 할지에 대한 위기의식이 더 크게 들이닥쳤다. 다행히도 폐쇄는 그리 오래가지 않았다. 코로나19 확산으로 비대면 정책이 강화되면서 상대적으로 그가 일하던 분야에서의 수요는 폭증했기 때문이다.

이와 관련해서 새로운 사실도 하나 알게 되었다. 코로나19 당시 뭔가 식재료를 주문하려고 하면 이미 품절된 것으로 나오는 품목들이 많아서 곤란을 겪고는 했는데, 필자는 그게 비대면정책 강화로 집에 머무르는 사람들이 많아지면서 너도나도 주문을 많이 해서 재고가 떨어진 탓인 줄 알았다. 이런 이야기를 했더니 오성철 씨는 손을 내저으면서 대답했다. 그가 아는 한 '재고가 없어서' 품절이 뜨는 경우는 거의 없다. 대부분 재고는 있지만, 이를 물류센터에서 처리해서 보낼 만큼의 인력이 확보되지 않아서 정해진 시간 내에 출고가 불가능하리라는 판단이 내려지면 해당 품목은 그냥 품절로 처리해서 아예 주문을 못하게끔 막는다는 것이었다. 정확하게 설명하자면 물류센터의 처리 가능 용량이 포화상태라서 물건을 팔 수 없다고 해야 하겠지만, 이걸 일일이 설명하기도 번잡스러우므로 그냥 품절로 처리한다는 것이다.

그에게 직접적인 이익은 아니지만, 코로나19 집단감염이 그가 일하던 물류센터에 끼친 나름대로의 긍정적 효과도 있었다. 집단감염으로 인해 물류센터가 일시적으로 폐쇄되는 건 악재이기는 했지만, 이 집단감염 이후 경쟁사 물류센터 측에서 "(집단감염이 발생한) 물류센터에서 일한 경력이 있는 사람은 우리 센터에서는 일을 할 수 없다"고 못을 박는 바람에, 오히려 폐쇄가 풀린 이후에는 이전보다 일손을 구하기 수월해졌다고 한다. 특히 이런저런 센터를 오가면서 거의 풀타임에 가깝게 일용직을 하는 '전문가'들이 경쟁사 쪽에서 근로를 못하게 되면서 이쪽 물류센터로 몰려서 일손을 구하는 게 수월해졌을 정도였다. 코로나19 집단감염이 남긴 일종의 해프닝인 셈이다.

완생을 향한 또 다른 마라톤을 기약하며

코로나19는 오성철 씨에게 무엇을 남겼을까.

현재 그는 주 5일 물류센터에서 일하고 있다. 현재 제도상으로는 주 5일까지가 한계이고, 가끔 특별근무 형태로 주 6일도 가능한 경우가 있기는 하지만 거기까지는 생각하지 않는다고 했다. 그럼 주 5일을 나간다는 건 아예 물류센터 일을 전업으로 삼을 생각인 것일까.

"아뇨. 180일을 채워야 하기 때문에 그렇습니다. 고용보험 등록일수 기준으로 일용직 근로자는 18개월 동안 180일 이상을 근로하면 실업수당을 받을 수 있다고 하더군요. 일단 180일 채우고 실업수당을 신청한 뒤에 그 돈으로 버티면서 이직 준비에 올인하려고요."

코로나19 국면이 점차 완화 추세로 돌아서면서, 그도 이제는 다음 단계를 위해 본격적으로 준비해야겠다고 생각한다고 했다. 각종 비대면 정책들도 완화되고 사회 전반이 코로나19 이전의 일상으로 회복하기 위한 움직임을 보이면서, 점차 물류센터의 일도 코로나19가 한창일 무렵만큼 폭발적으로 밀려드는 일은 없게 되었다. 물론 그는 이미 중장기간의 근로를 통해 '신용도'를 확보한 상태이기에 본인이 원한다면 언제든지 근로 신청을 할 수 있지만, 그렇다고 언제까지고 이 일에 매달릴 수는 없다. 이제는 그도 본래의 자리로 돌아가야 할 시점이다.

물류센터 일은 그에게 일시적인 생활비만 주었던 것은 아니다. 이 일을 하면서 그는 건강도 얻게 되었다. 그는 이 일을 하기 전만 해도 여행 가서 한 시간 걷는 일조차도 힘겨워할 정도였다. 특별히 아픈 곳이 있는 건 아니었지만, 사무직에 종사하는 현대인들이 그렇듯 운동이나 건강관리에 따로 힘쓸 여유는 없었기 때문이었다. 그러나 이 일을 시작하고 하루에 4만

보씩을 걸으면서 물건을 운반하다 보니, 자연스럽게 체력이 붙었고 더불어서 자신감도 붙었다. 그래서 마라톤도 시작하게 되었다.

인터뷰를 진행하던 당시 오성철 씨는 얼마 후 있을 JTBC마라톤에 참가할 예정이라고 했다. 이전에는 하프 코스까지만 뛰었지만, 이번에는 풀 코스에 도전해 보겠노라고. 하프 마라톤 당시의 기록은 2시간 가량이었으니, 풀 코스는 4시간 안에 완주하는 것이 목표라고 했다. 이 책이 나오는 시점이라면 아마 이미 JTBC마라톤은 끝난 후일 것이다. 오성철 씨가 성공적으로 마라톤을 완주할 수 있었기를 바란다. 더불어 그의 기나긴 이직 여정 역시 성공적으로 완주하여 새로운 직장에서 또 다른 삶을 시작하게 되기를 희망한다. 우리 모두가, 3년여의 긴 시간을 거쳐서 코로나19 팬데믹을 어렵사리 완주해냈듯이 말이다.

비행기는 멈추고 직장을 잃었다*
―퇴직 승무원의 착륙에서 새로운 이륙까지

최 성 민

나는 멈춘 비행기의 승무원입니다

항공업계는 코로나19의 확산으로 가장 먼저, 크게 타격을 입은 업종일 것이다. 2020년 2월 이후 코로나19가 본격적으로 확산되면서, 각국은 봉쇄 정책을 펴거나 교류를 최소화하는 정책을 폈다. 전면적인 봉쇄가 아니더라도, 해외 출장이나 해외여행은 기피 대상이 되었다. 2020년 4월에는 국내 항공사의 국제선 운항이 95% 이상 중단되었고, 국내선 운항 역시 크게 감소되었다. 국제선 여객기 탑승객이 급격히 줄어들면서, 일부 항공사에선 객실 내 좌석을 걷어내고 그 자리에 화물을 실어 운행하는 일도 벌

---

*   이 글은 일본과 국내 항공사에서 10년간 승무원 생활을 하다가 코로나19 확산 시기에 퇴직을 하고, 작가와 강연자로, 그리고 은행 직원으로 새로운 생활을 시작하고 있는 우은빈 전 승무원을 2022년 11월 27일 경희대학교 인문학연구원 세미나실에서 만나 인터뷰한 내용을 바탕으로 작성된 것이다.

어졌다. 2020년 5월 태국의 국영항공사 타이항공이 파산보호 절차를 밟았고, 오스트레일리아의 2위 항공사였던 버진 오스트레일리아는 파산 위기 중에 사모펀드에 매각되기도 했다. 콜롬비아의 최대 항공사였고 중남미 2위 항공사였던 아비앙카 항공도 2020년 5월 파산보호 신청을 했다. 이 외에도 2020년에만 40여 개 항공사가 파산보호 절차에 들어갔고, 그중 일부는 최종 파산하거나 합병, 매각 등의 절차를 밟았다. 이탈리아 항공사인 알리탈리아는 매각을 추진하던 중에 코로나19를 맞았고, 매입하겠다는 곳도 없고 회생 가능성도 없자, 이탈리아 정부가 국영 전환을 하여 ITA라는 국영항공사로 재탄생하기도 했다.

코로나19 시기에 항공업계의 현황 이야기를 듣기 위해, 현재는 작가로 활동 중인 우은빈 전 승무원을 만나기로 했다. 우은빈 전 승무원은 일본의 ANA 항공 승무원을 거쳐 국내 신생 항공사 두 군데의 사무장을 지낸 10년 경력의 승무원이었다. 신생 항공사에 재직할 때는 첫 취항을 위한 AOC(Air Operator Certificate)라는 항공운송사업 운항 증명 취득 과정부터 참여했고, 신입 승무원들의 교육은 물론 승무원들의 스케줄 관리나 승무원 문화의 개선까지 제안하는 등의 역할을 담당했다고 한다. 오랜 시간 꿈꾸어 왔고, 애정과 열정을 바쳤던 승무원 일이었지만 코로나19 확산 과정에서 퇴직을 하게 되었다. 월급이 3개월 이상 밀리고 비행 수당은 6개월 이상 밀리는 상황에서, 그간 정성껏 기록했던 메모와 기록들을 토대로 새로운 도전을 기획하게 되었다. 퇴직을 한 것은 코로나19가 영향을 미친 지 1년 정도가 흐른, 2021년 1월쯤이었다. 그 이후로는 『나는 멈춘 비행기의 승무원입니다』

라는 책을 쓴 작가로, 또 강사로 1년간 활동을 해 왔다. 인스타그램과 블로그, 브런치, 유튜브 등 다양한 매체에 글과 영상을 올리는 것은 물론, 직접 그린 웹툰으로 면접 요령을 소개하거나 승무원 경험을 공유하기도 했다. 최근에는 고객 응대 경험을 살려 은행원으로서의 새로운 직장 생활을 시작했다. 우은빈 작가는 현재도, 승무원 생활을 하고 있는 과거의 동료들이나 조종사들, 그리고 승무원을 꿈꾸는 지망생들과의 교류를 이어나가고 있다고 했다. 그 덕분에 주변 동료와 선후배들의 경험을 포함하여, 코로나19 팬데믹 시기에 항공업계가 겪었던 이야기들을 다양하게 들려주었다.

코로나19 초기에는 누구나 그랬겠지만, '이 상황이 얼마나 오래 가겠어'라는 낙관적인 생각을 했다고 했다. 그러면서도 회사로부터 승무원들에게 라텍스 장갑과 마스크가 지급되고, 보호복을 입는 경우도 생기면서 긴장감을 가지게 되었다고 한다. 그러다가 승객의 숫자가 갑작스럽게 줄어드는 게 실감되기 시작했다고 했다.

"승무원들끼리 승객분들이 많이 탔을 때는 서비스할 일이 많아지니까, 손님들이 좀 적었으면 좋겠다는 얘기도 하곤 했어요. 그런데 승객수가 점점 줄어들더니 어떤 날은 승객이 0명인 적도 있었어요. 손님들이 없으면 저희가 탈 이유가 없는 거잖아요. 그래도 목적지로 가서, 다시 되돌아올 비행기에 모셔야 할 손님이 있으니까 타고 갑니다. 그런데 모셔올 손님들도 두 명, 세 명, 이랬었어요. 국내 제주항공편은 언제나 거의 만석에 가까웠거든요. 그런데 그게 그렇게 줄어들기도 했어요. 적은 손님이니까, 좀 더 적극

우은빈 전 승무원은 코로나19로 인해 자신이 직장을 떠나게 된 사연을 담담하게
이야기하면서도, 보다 활기찬 목소리로 많은 이들의 새로운 이륙을 응원한다고 전했다.

적으로 다가가서 서비스를 하고 싶어도, 현실은 코로나니까 다가가는 것도
금지, 대화하는 것도 금지, 물 섭취조차 안 되던 때도 있었어요. 탑승해주
는 것만도 감사할 때였는데, 그걸 표현할 길도 없었어요. 마스크를 내리거
나 대화를 길게 이어가는 분이 계시면, 저희가 바로 방송으로 그걸 제지하
기도 해서 기내 분위기가 삭막해진 느낌이었어요.”

여행객들은 공항으로 가는 길 자체가 기분이 들뜨고 설레기 마련인데,
코로나19 유행 시기의 공항과 항공기 기내는 삭막하거나 적막한 곳이 되
어 버렸다. 승무원들 역시 승객들에게 서비스하고 대화하는 시간보다 소
독 티슈로 손잡이나 팔걸이를 소독하는 시간이 많아졌다. 전날 탑승한 승

객 중에 코로나 확진자가 나왔다는 소식이 전해지면, PCR 검사 결과가 나올 때까지 운항 업무가 금지되기도 했다. 수시로 열체크를 하고 코로나 검사를 하는 것은 물론이었고, 백신이 나온 이후로는 백신 접종이 완료되어야만 탑승이 가능한 노선도 많아졌다.

불안한 직장, 삭막한 기내

승무원들은 보통 한 달에 80~90시간을 탑승하는 것이 평균적인데, 코로나19 유행 시기에는 30~40시간 대로 줄어들었다. 국제선 비중이 높은 대형 항공사들은 아예 무급 휴직에 들어가는 승무원들도 많아졌다. 아직도 무급 휴직 기간이 끝나지 않은 동료들 얘기도 들었다. 신입 승무원들의 경우에는 이제 막 승무원으로서의 꿈을 실현하려는 찰라, 코로나 사태가 터지면서 승무원으로 입사하기는 했지만 정작 운항기에 탑승하지 못하는 기간이 길어지는 경우도 적지 않았다. 입사 후 계약 기간이 다 지나도록 승무 경력을 쌓지 못하는 일도 있었다. 신입 승무원 가운데 그런 상황을 비관하여 자살했다는 보도가 나온 이후로는 의도적으로 미디어를 접하는 것도 피했다고 한다.

승무원으로 계속 근무를 하는 경우에도, 탑승 시간이 줄어들면서 수당이 크게 줄어들거나 월급이 밀리는 경우도 빈번했다. 탑승 스케줄이 들쭉날쭉하다 보니 컨디션 관리하기도 더 어려워지고, 업무 부담도 더 커졌다. 무엇보다 승무원으로서 승객을 대하며 느끼는 보람과 즐거움도 적지 않은

데, 코로나19 팬데믹으로 인해 기내 환경이 삭막해지다 보니 업무 만족도가 떨어지기도 했다. 언론에서도 코로나 시기의 항공업계 어려움을 종종 보도하다 보니 가족이나 친구들도 걱정스럽게 말을 걸어오는 경우가 많았다. 걱정해주는 마음은 고맙지만 오히려 부담으로 느껴질 때도 적지 않았다고 한다.

코로나로 인한 고통과 불안을 가장 잘 이해할 수 있는 동료들끼리 더 친밀하게 서로를 위로하고 격려하며 버티던 시절이었다. 하지만 갈등도 생기곤 했다. 누군가는 휴직 기간에 취미 생활을 하거나 새로운 진로를 모색하기도 했다. 누군가는 회사가 어려운 상황이니 우리가 좀 더 참고 인내해야 한다는 말을 하기도 했다. 또 다른 누군가는 불만을 말하거나 경제적 고통을 토로하기도 했다. 각자의 입장에 따라 다른 선택을 할 수밖에 없었지만, 한편에선 이기적이라는 비난을 사기도 했다. 코로나가 끝나간다는 말도 나오기 시작했지만, 언제 또 다시 자신의 생계가 위협받지 않을까 하는 걱정도 커졌다. 불가피하게 퇴직을 한 경우에도, 퇴직금조차 제때 받기가 어려웠다. 코로나로 인해 생긴 일이었지만, 대부분의 승무원들은 코로나 바이러스를 원망하기보다 비행 말고는 별다른 재주도, 경력도 없는 자신을 원망하고 자책하는 경우가 많았다고 했다.

항공사들 입장에서도 경영난이 심각해지다 보니, 월급을 주기도 어렵고 해고가 불가피한 상황도 이어졌다. 항공기를 정비해야 하는 정비사들을 공항 내 버스 운행 업무나 기내 위생 관리 업무에 투입하기도 하고, 승무원들이 다른 승무원들이나 일반인들을 대상으로 한 언어 교육 업무를 맡게 되는 일도 있었다고 한다. 경험이 없던 지상직 업무를 맡아야 하는 경우도 있었다.

승무원들도 그렇지만, 조종사들도 고액 연봉의 전문직이었지만 정작 비행 말고는 지상 업무에는 익숙하지도 않고, 경험도 없다 보니 코로나 시기에 위기감이 상당할 수밖에 없었다고 한다. 특히 경력을 쌓아야하는 부기장들은 운항 경력을 쌓기 위해, 급여를 포기하거나 크게 줄여서라도 운항을 이어가는 항공사로 옮겨 가는 경우도 있었다고 한다. 배달을 하거나 대리운전을 하며 경제적 문제를 해결하는 분들도 있었다. 고액연봉의 전문직으로 유명한 조종사들도 코로나19의 영향으로 자신의 일에만 집중할 수 없었던 것이다.

이런 상황들은 승무원이나 정비사, 조종사 개개인에게도 불행이지만, 승객의 입장에서도 안전과 고객 서비스의 저하로 이어지는 문제이기도 했다. 각자의 전문 분야에서 책임감을 가지고 자신의 업무에 충실할 수 있어야 안전이 보장될 수 있지만, 항공업계 종사자 대부분이 불안감을 안고 업무를 하다 보니 승객 역시 불안할 수밖에 없는 일이었다.

비행이 다시 시작되어도 지속되는 고민

승무원들 개개인에게는 자신의 직업에 대한 자긍심도 떨어지고 장래에 대한 불안감이 커질 수밖에 없는 시기였을 것이다. 젊은 승무원들의 경우에는 과거에는 소개팅도 잘 들어오고, 매력적인 직업으로 각광받던 직업이었지만 대외적으로도 인기가 뚝 떨어졌다고 한다. 연인을 사귀는 후배들의 경우에도 월급을 제대로 받지 못하니까 위축이 되거나 결혼을 미루기도 하고, 연인을 사귀어야 할 후배들은 그럴 엄두를 내지 못하는 상황이 안타깝기도 했다고 한다.

최근에는 해외여행도 다시 재개되는 추세이다. 코로나19 팬데믹 이전처럼은 아니지만, 항공편도 점차 늘어나고 있다. 하지만 기존의 인력 수준으로 회복되지는 못한 채 운행을 재개하다 보니 남아 있는 분들의 노동 강도가 너무 높아졌다는 이야기도 나오고 있다. 해외 항공사나 공항들 중에는 이 문제로 인해 파업을 하는 경우도 적지 않았다.

우은빈 전 승무원은 최근 대형항공사에 재직 중인 승무원을 만났더니, 바로 그 이야기를 하더라고 전했다. 승객수에 따라 탑승해야 하는 승무원들의 최소 배정 인원이 있는데, 과거의 경우 그 이상의 인원이 투입되는 것이 일반적이었다고 한다. 장거리 비행의 경우, 돌발적인 상황도 있을 수 있어서 유사시를 대비해서라도 필요한 조치였던 것이다. 그런데, 현재는 법정 최소 인원만큼만 운영을 한다는 것이다. 기내 승무원들이 하는 일은 객실 서비스 외에도, 안전 점검, 음식 제공, 면세품 판매, 보안 유지 등으로 다양한데, 여유 인원이 없다 보니 1인 3역, 4역을 해야 하는 경우도 빈번하다는 것이다. 그래도 그간 어려운 시절을 버텨내서 다시 승객들이 돌아오고 있으니, 힘을 합쳐 이겨내자는 분위기이긴 하지만, 운항을 마칠 때쯤엔 높아진 노동 강도로 인해 파김치가 되기 일쑤라고 한다. 코로나 기간에 퇴직하거나 이직을 한 경우도 적지 않아서, 최근 승무원들이나 조종사들의 신규 채용도 일부 재개되고 있지만 모든 것이 정상화되기에는 아직 시간이 필요할 것으로 예상된다.

우은빈 전 승무원은 자신은 승무원을 그만두었지만, 지금도 공항 근처를 지날 때면 내가 있을 곳은 저기가 아닌가, 하는 생각이 든다고 한다. 인터뷰가 끝날 무렵, 다시 승객으로, 혹은 승무원으로 비행길에 오르는 설렘을 느낄 분들에게 어떤 이야기를 들려주고 싶은지를 물어보았다. 우은빈 전 승무원은 과거에 사무장 시절, 회사에 아이디어를 내서 했던 기내 방송 멘트를 들려주고 싶다고 했다. 그 내용은 다음과 같았다.

"손님 여러분 안녕하십니까? 오늘은 잠시 항공 상식에 대해서 여러분들께 소개하고 싶은데요. 눈치 빠른 분이라면 이미 아셨겠지만 비행기 창문 아래쪽에는 작은 구멍이 하나 있습니다. 비행기 창문은 바깥 중간 안쪽 이렇게 총 세 개의 창으로 구성되어 있는데 작은 구멍은 가운데 창에만 나 있습니다. 아주 급격한 기압 변동이 있을 때 이 구멍이 있어야만 구멍을 통해서 공기가 흘러 여압이 바깥쪽 판으로 전해지며 비상사태 시 바깥쪽 판만 깨지게 되는 것이죠. 비행기 창문에 꼭 필요한 이 작은 구멍처럼 승객 여러분의 마음에도 작은 여유가 있었으면 좋겠습니다. 그래야만 인생에 큰 바람이 닥쳤을 때 쉽게 무너지지 않을 수 있을 테니까요. ○○항공은 당신의 힘찬 이륙을 응원합니다."

마치 기내 방송을 듣는 듯, 또렷하고 분명한 목소리로 들려준 이 내용은,

어쩌면 3년의 코로나19 터널을 지나온 우리 모두를 위한 위로와 격려처럼 들렸다. 코로나19로 직장을 잃거나, 꿈을 포기해야 했던 많은 분들에게도 그 목소리가 전달되었으면 좋겠다.

Chapter4

마스크 쓴 교육 현장

세 살 어린이의 잃어버린 3년*
―아무도 책임지지 않는 아이들의 발달

최 성 민

코로나19 팬데믹 기간 동안, 많은 사람들이 3년간의 시간을 빼앗긴 것 같다고 말한다. 인생 말년의 남은 시간이 줄어든 노인들, 활발한 사회 활동과 더불어 여행과 여가를 즐겼을 법한 30~40대들, 청춘의 즐거움을 만끽했어야 했을 20대들, 그들 모두에게 코로나19로 멈췄던 일상의 시간들은 아까울 뿐이다.

팬데믹 시기에 태어났거나 영유아기를 보낸 아이들은 어땠을까. 태어나자마자, 혹은 걸음마를 시작하자마자 코로나19의 영향을 받은 아이들의 목소리를 직접 들어볼 수도 있겠지만, 그 아이들을 가장 가까이에서 지켜본 분의 이야기를 들어보고자 했다.

경기도 남양주시에서 개구리어린이집이라는 민간 어린이집을 운영하

---

*   이 글은 경기도 남양주시에서 개구리어린이집을 운영하고 있는 윤일순 원장을 2022년 10월 15일에 인터뷰한 것을 바탕으로 쓴 것이다.

윤일순 원장은 또 다른 팬데믹에 대비하기 위해서라도 아이들의 보육 공간과 교육 환경이 크게 변해야 한다고 주장했다. 사진은 인터뷰가 진행된 어린이집 앞마당에서 촬영된 것이다. 아이들이 흙장난도 하고, 함께 뛰어놀 수 있는 실외 공간이다. 대도시 아파트 위주로 밀집된 인구 환경에서, 어린아이들이 차량 걱정 없이, 야외 앞마당에서 놀 수 있는 어린이집은 불행히도 많지 않다.

고 있는 윤일순 원장을 만나보았다. 윤 원장은 30여 년을 영유아교육과 보육에 애쓰며 살아온 분이다. 공동육아를 지향하는 어린이집에서 보육교사로 일하기도 했고, 공동육아 어린이집과 공공형 어린이집을 직접 운영하기도 했다. 지금은 민간 어린이집을 운영하면서 시민단체 '정치하는 엄마들'의 활동가로서 어린이들과 보육교사의 인권과 권리에 대해 목소리를 높이기도 한다.

코로나19 초기의 어린이집

2020년 초부터 신종 코로나바이러스로 불리는 감염병 확산 우려가 제기되었다. 3월, 전국의 초·중·고등학교와 대학의 신학기 개학이 연기되었다. 졸업식과 입학식도 취소되었다. 어린이집과 유치원들에도 휴원 조치가 내려졌다. 몇 차례 연기 끝에, 4월 9일 고3과 중3부터 온라인 개학이 시작되었다. 갑작스러운 온라인 수업 전환이었다. 시스템도 미비했고 교사와 학생들도 적응에 어려움이 있었지만, 온라인 수업은 팬데믹 시대의 대안적 교육 방법으로 부각되었다. 5월 20일 고3부터 등교 수업이 재개되었지만, 각 지역과 학교의 상황에 맞추어, 온라인 수업으로 다시 전환되거나 온·오프라인 수업을 병행하는 일이 빈번했다.

하지만 어린이집과 유치원은 온라인 수업이 불가능했다. 애당초 어린이집과 유치원의 교육은 지식 정보의 전달이 목적이 아닌데다, 가만히 앉아 있는 것을 가장 어려워하는 영유아들에게 온라인 교육 시스템은 쓸모가 없었다.

코로나19 초기, 어린이집들에 휴원 조치가 내려지면서 부모 중 한 명, 혹은 양육자 중 누군가는 출근을 하지 못하고 아이를 돌봐야만 하는 상황이 벌어졌다. 코로나19가 노년층에게 특히 위험하다는 것이 알려지면서, 조부모로부터 양육 도움을 받는 일도 과거보다 조심스러워졌다. 다행히 재택 근무 전환이 이루어진 기업이나 공공기관들도 많아서, 아이와 함께 집에 머물 수 있는 이들도 있었지만, 모든 양육자들이 누릴 수 있는 기회는 아니었다. 재택근무가 가능한 경우에도, 집에서 아이를 돌보고 식사를 챙겨주면서 온라인으로 업무를 수행하기란 그리 쉬운 일이 아니었다. 물정 모르는 사람은 출근 안 해서 좋겠다고 부러워하기도 했지만, 아이와 함께하는 재택 근무는 사실상 동시에 진행되는 '투 잡'(Two Job)이었다. 부모의 경제 활동과 업무를 위해서는 보육 기관이 필수적으로 필요하다는 사실을 새삼스럽게 깨닫게 되었다.

어린이집은 휴원 조치 속에서도 '긴급돌봄'이 허용되었다. 출근이 불가피한 직종도 많았고, 재택근무가 허용되더라도 업무 수행을 하면서 아이를 직접 돌보기가 어려운 경우도 많았다. 아무리 감염병이 무섭다고 해도, 어린아이들을 무작정 집에 방치할 수는 없는 일이었다.

윤일순 원장의 개구리어린이집에도 부모들의 긴급돌봄 요청이 이어졌다. 출근을 해야만 하는 부모들은 불안한 마음에도 아이를 보내는 쪽을 택했다. 맞벌이를 하지 않는 부모들 중에도, 학업을 수행하고 있거나 아이를 24시간 보육하기에 어려운 건강 상태인 경우도 있었다. 당장 직장 생활을 하고 있지는 않지만, 재취업이나 사회 활동을 준비 중인 경우에도, 가정 보육을 지속하기에는 부담이 컸다. 더군다나 '긴급' 돌봄이라는 표현과는 달리, 이 상황이 얼마나 더 오래갈 것인지는 아무도 알 수 없었다.

윤 원장은 '맞벌이인 경우에만 긴급돌봄을 이용할 수 있다'는 획일적 원칙은 적절하지 않다고 생각하였지만, 긴급돌봄을 이용하기를 권하기도, 가정 보육을 권장하기도 어려운 입장이었다고 말했다. 긴급돌봄 체제인 만큼, 평소처럼 등·하원 차량을 운영하기도 어려웠고 교사의 배치나 식사

준비도 일정하게 이루어지기 어려웠다. 초기에 20% 미만이었던 긴급돌봄 등원 대상자는 얼마 후 70~80%로 높아졌다. 부모의 재택근무가 출근 근무로 전환되고, 초·중·고등학생들도 등교 수업을 재개하면서, 영유아들의 어린이집 등원도 정상 수준으로 돌아가게 되었다.

가정 보육을 하다가 아이들을 등원시키게 된 부모들은 집에서 아이들과 24시간 함께 있는 일이 서로에게 얼마나 힘들었는지를 토로하곤 했다. 아이들을 돌보며 밥을 차려주는 일만 힘든 것이 아니었다. 아파트 위주의 주거 환경인 가정은 아이들이 24시간 머무르기에는 쉽지 않은 공간이었다. 엄마들은 아이들에게 하루에도 수없이, '조용히 해', '뛰지 마'를 외쳐야 했다. 즐겁고 자유롭게 뛰노는 것이 성장과 발달에 있어 무엇보다 중요한 아이들에게 몇 달째 집 안에 가만히 머무르게만 하는 일은 어쩌면 가혹한 일이었다.

어린이집의 방역 대책

아이들이 다시 등원하게 되면서, 어린이집에는 '방역 대책'이 필요했다. 기저귀도 떼지 못한 아이들도 마스크를 쓰고 등원을 했다. 보육교사들도 마찬가지였다. 실내 공간에서 마스크를 착용하는 것은 코로나19 예방에 있어서 가장 중요한 수칙이었다. 그러나 일반적인 직장인들이나 대학생들은 물론, 초·중·고등학생들의 환경과도 어린이집 아이들의 환경은 달랐다. 어린이집 아이들은 함께 모여 점심을 먹어야 했고, 오전 및 오후에 각각 한 차례씩 간식도 먹어야 했다. 칸막이가 설치된 급식실에서 교대로 식사하는 초·중·고등학생들과 달리, 어린이집 아이들은 음식을 먹을 때 주변의 도움이 필요한 경우도 많다. 어린이집 아이들은 하루에 한 번씩 이불을 펴고 낮잠을 자기도 해야 했다. 하루에 6시간 이상을 함께 밥 먹고, 잠을 자는 아이들에게 그 시간을 제외한 나머지 시간에 마스크를 써야 한다는 것은 감염병 예방을 위한 조치로서도 현실적으로 별 도움이 안 되는 지침이었다.

윤 원장은 부모들과 함께, 아이들이 안전하게 등원하기 위해서 지켜야 할 규칙을 자체적으로 논의하여 정했다. 아무리 무서운 감염병이라도 누군가가 옮아오지 않으면, 어린이집 내에서 퍼져나갈 이유도 없다고 보았다. 보육교사들과 부모들은 퇴근 후의 사적인 만남이나 여행, 외식도 최대한 자제했다. 할아버지 할머니 댁이라도 갔다오는 경우는 최소 이틀간 등원을 중지하고 가정 내에서 상태를 체크한 뒤에 등원을 하기로 합의했다. 출근을 하며 사회생활을 해야 하는 부모들은 일주일에 한 번씩 선별진료소나 보건소를 찾아 PCR 검사를 받았다.

2년 가까운 시간 동안, 이런 규칙은 잘 지켜졌다. 2022년 초에 오미크론 변이가 확산되기 전까지, 어린이집 아이들과 부모, 교사 모두 감염자는 한 명도 나오지 않았다. 철저히 외부 활동을 최소화한 덕분이었다.

변화가 필요한 보육 공간과 교사 비율

오미크론의 확산 과정에서는 불가피하게 확진자들이 나오기 시작했다. 그래도 모든 부모들이 백신 접종을 2차, 3차까지 완료했던 덕분인지 크게 아픈 사람은 없었다. 특히 아이들도 많이 앓지 않고 잘 견뎌주었다.

그럼에도 불구하고 윤 원장은 아이들의 생활방역을 위해서는 근본적인 변화가 필요하다고 강하게 주장하였다. 전쟁 중에도 학교는 열어야 한다고들 말한다. 팬데믹 중에도 교육과 보육은 반드시 필요한 일이다. 그렇다면 아이들의 공간에 여유가 있어야 안전을 지킬 수 있다. 한 공간에서 먹고 자고를 해야 하는 아이들의 생활 공간은 현재 규정상, 1인당 2.65㎡에 불과하다. 한 평(3.3㎡)이 채 되지 않는 공간 안에서 아이들이 먹고 자고 하며 하루 종일 지내야 한다는 것이다. 이런 밀집 공간에서 먹고 자는 생활을 하면서, 집단 감염을 막기란 불가능에 가깝다. 아동 대 교사 비율도 낮춰야 한다. 공간만 넓혀서는 아이들을 안전하게 살펴볼 수가 없기 때문이다. 아이들의 생활 공간도 크게 넓히고, 교사 대 아동 비율을 낮춰야만 실질적인 생활방역이 가능할 것이라는 게 윤 원장의 생각이다. 윤 원장은 사람들이 또 다른 팬데믹이 다시 찾아올 수 있다고 말하면서도 아무런 후속 대책도 준비하는 것이 보이지 않는다고 우려했다. 심지어 보육예산도 대폭 감소시키겠다는 정부의 계획을 보면 참담한 심정이라고 비판했다. 출생 아동의 숫자는 계속 줄어들고 있는 상황은 젊은 부모들의 이기심 때문이 아니라, 자연스러운 사회 변화일 수도 있다. 하지만 아이들의 안전과 건강을 고려하지 않는 정책은 출산율을 더욱 감소시킬 수밖에 없을 것이다. 아동 대 교사 비율, 그리고 아동 정원의 조정은 책임 있는 어른들이 반드시 변화를 가져와야 하는 일이다. 윤 원장은 보육 환경 개선을 위해 국가의 재정 투입이 크게 늘어나야 한다고 역설했다.

코로나19로 인해 많은 것들이 제약을 받는 상황에서도, 아이들은 현명하게 스스로 마스크를 챙겨 쓰고, 방역 수칙을 지키려 노력했다. 어른들보다도 더 현명하게 대처한다는 느낌을 받았다고 한다. 개구리어린이집의 아이들은 날씨만 허락하면, 매일 산나들이나 강나들이를 하곤 했다. 어린이집 주변에 산과 강이 있어서 가능한 일이었다. 아이들은 나들이에서 꽃과 풀, 곤충, 동물을 만나면서 많은 것을 배운다. 계절의 변화도 배우고, 자연을 아껴야 하는 이유, 지구의 환경이 소중한 이유도 자연스럽게 배운다.

코로나19로 어려움도 많았지만, 서울 도심으로 멀리 이동해야만 참여할 수 있던 행사들이 지역 사회 곳곳으로, 소규모로 확산된 것은 긍정적 변화였다. '세이브 더 칠드런'(Save the children) 마라톤 행사 같은 것이 대표적 사례였다. 서울 여의도나 뚝섬 주변까지 멀리 이동하지 않고, 동네 가까운 곳에서 아이들과 4.2킬로미터 마라톤을 하면서 친구들과 어울리고, 자신들이 사는 마을을 이해하고, 쓰레기도 주우면서 환경 공부도 하는 일석 삼조의 기회가 되었다고 한다.

드러나지 않은 코로나19의 피해자

아이들이 코로나19를 겪으면서도 즐거울 수 있는 방법, 행복할 수 있는 방법을 계속 새롭게 모색하는 일은 어렵지만 보람된 일이었다. 할 수 없는 일이 있으면, 새롭게 할 수 있는 일도 생기기 마련이다. 코로나19로 인해 늘어난 온라인 강연이나 토론회들을 윤일순 원장이나 보육교사들도 쉽게 접할 수 있게 된 것도 새로운 아이디어를 얻는 데에 도움이 되었다.

그러나 가장 가슴 아픈 일은 마스크와 거리두기로 인해 아이들이 언어와 사회성 발달의 기회가 크게 줄어들었다는 점이었다. 개구리어린이집은 발달장애나 지적 장애를 가진 아이들도 함께 생활하고 있다. 별도로 교사를 두어야 하고, 신경쓰고 배려해야 할 일은 훨씬 많아지지만, 다른 어린이집에서 적응하지 못하거나 차별받던 아이들이 함께 어울려 즐거워하는 모습을 보는 것은 큰 보람이었다. 문제는 그런 발달장애나 발달지연을 겪는 아이들이 코로나19로 인해 크게 늘어났다고 판단된다는 점이다. 1차적으로는 마스크로 인해 어른들의 입모양과 발음을 정확히 보고 배울 기회가 줄어들다 보니, 언어 발달에 큰 악영향이 있었다고 본다. 마스크는 입과 코만 가린 것이 아니었다. 표정도 감춰 버렸다. 영유아들은 처음 접하는 단어가 많을 수밖에 없다. 아이들은 그 단어를 말하는 어른들의 표정을 보고 의미를 짐작하고 이해한다. 친구들과 선생님의 표정을 정확히 살펴볼 수 없는 것은 소통과 감정 교류에 커다란 악영향을 미쳤다. 아이들은 다양한 사람과 환경을 경험하며, 그에 대한 호기심을 하나씩 해소하는 것으로 행복을 느껴야 하는데, 코로나19로 인해 줄어든 사회적 접촉은 아이들의 호기심 유발에도 좋지 않은 영향이 있었다. 더구나 아이들을 돌보는 부모, 특히 어머니들의 사회 활동 기회가 줄어들거나 독박 육아에 대한 부담이 커지면서 우울증을 겪는 경우도 늘어난 것 같다고 판단했다. 양육자의 우울감은 아이들의 정서 발달에도 크게 악영향을 미쳤을 것이다.

실제로 서울시와 대한소아청소년정신의학과가 함께, 서울시 어린이집 영유아 454명을 조사해 연구한 결과가 일부 공개되었다. 2022년 10월 6일 JTBC가 보도한, 연세대학교 소아정신과 신의진 교수의 분석에 따르면, 인지발달 평가 결과 25퍼센트의 아동이, 언어 발달평가의 결과로는 35퍼센트의 아동이 '위험군'에 속한 것으로 나타났다. 영유아 3분의 1이 전문가의 치료나 도움이 필요한 경우라는 것이다. 이 숫자는 실로 심각한 것이 아닐 수 없다.

윤일순 원장도 이러한 변화를 절감하고 있다고 말한다. 현재 재원 아동 중의 20퍼센트 정도는 발달장애나 발달지연 판정을 받았다. 언어 표현 능력에 어려움을 겪는 경우가 크게 늘어났다. 이 아이들 중 상당수는 초등학교에 입학한 이후에도, 언어 표현에 어려움이 계속될 것으로 예상된다고 안타까워했다. 아직 만 3세 이하의 아이들이어서, 겉으로 잘 드러나지는 않고 있지만, 이 아이들 세대는 머지않아 코로나19 시대의 심각한 피해 세대로 기억될 것이다. 아마도 이 아이들이 4~5년 뒤 학교에 입학한 이후에야, 우리는 이 아이들이 겪었던 피해에 대해서 비로소 깨닫게 될지도 모른다.

언어발달장애를 겪는 아이들

코로나19로 인해 우리는 많은 것들을 잃었고 손해를 보았다고 말한다. 경제적 손실도 있었고, 경험적 결핍도 있었다. 윤일순 원장에 따르면, 발달 지연이나 발달장애가 크게 두드러진 아이들은 2019년생부터라고 한다. 이제 막 태어나서 걸음마도 배우고 어른들을 통해 말하는 법도 배우고 친구들과 어울리는 법도 배워야 했던 아이들이 코로나19를 맞닥뜨리면서 장애를 겪게 된 것이다.

마스크와 거리두기는 각자의 감염을 예방해 주거나, 감염의 확산을 최소화해 주었다. 그러나 마스크와 거리두기는 이 아이들이 당연히 누렸어야 할 경험과 배워야 할 많은 것들을 앗아갔다. 이제 와서 누구를 탓할 수도 없고, 누구를 원망하기도 어렵다.

부모가 행복해야 아이도 행복할 수 있다. 교사가 즐겁고 여유로워야 아이들도 즐겁고 여유로울 수 있다. 사회가 행복하고 건강해야, 아이들도 그럴 수 있다. 코로나19로 인한 감염을 막기 위해 행했던 불가피한 조치들로, 아이들의 행복이 보류되고, 발달이 지연되었다. 그것의 회복을 위해서는 더 많은 투자와 관심이 절실하다.

코로나 시대 초등학교, 초등학생, 그리고 초등교사*
— 인천신광초등학교 6학년 부장

최우석

팬데믹 상황은 초등학생들에게 치명적이었다

코로나19 사태에 초등교육의 현장은 어떠했는지 궁금했다. 이러한 궁금증을 풀고자 현재 초등학교에서 학생들을 가르치고 있는 오경림 선생님을 만났다. 막상 학교를 찾아갔을 때 초등학교의 교정은 예전과 전혀 다를 것 없어 보였지만, 오 선생님의 이야기에 따르면 초등학교의 상황은 팬데믹 사태 전후로 많이 달라졌다고 한다. 오 선생님은 코로나19 사태는 초등학교 교실 풍경을 부정적으로 바꿔 놓았다는 데에 주목해야 한다고 강조했다. 그 속에서 생활하는 초등학생들도 마찬가지다. 팬데믹 상황이 초등학생에게 이전보다 더 긍정적인 변화를 낳았으면 좋았겠지만, 부정적 변

---

* 이 글은 2022년 11월 26일에 시행한 신광초등학교에서 근무하는 오경림 선생님과의 인터뷰를 바탕으로 작성한 글이다.

화가 더 많았다는 것이다. 부정적 변화가 무엇이 있는지를 오 선생님으로
부터 자세히 듣기로 했다.

"우선 학생들과는 얼굴을 마주하는 소통이 중요합니다. 저학년일수록 더
욱 그렇구요. 언어발달에 있어서도 그렇지만 초등학생들은 입 모양 외에
도, 얼굴 표정이 굉장히 중요합니다. 그런데 마스크를 쓰고 있으니 서로의
얼굴을 온전히 못 봐요. 게다가 서로의 표정을 알 수 없으니 정서적 교감은
기대할 수 없습니다. 이 모든 게 아이들의 성장에 영향을 끼치는데, 마스크
를 착용하고 있으니 학생들과 심리적, 물리적 교감은 어려운 상태입니다.
아이들은 예전보다 자신감도 많이 떨어진 상태입니다. 질문을 해도 대답을
우물쭈물하는 아이들이 더 많아진 것 같아요. 교사로서 지금의 초등교육의
사태는 우리 사회가 진지하게 살펴야 할 때라고 생각합니다."

오 선생님은 교실 안에서 마스크를 착용할 때부터 이미 학생들과의 교
육적 단절이 시작되었다는 사실을 강조했다. 현재 온라인이 아닌 오프라
인으로 학생들을 만난다고 해도 예전과 같은 만남이 아니라고 했다. 마스
크를 착용하는 교실 풍경은 이미 소통과 교감이 제한된 상태를 보여준다.
학생들 간의 소통도 학생과 담임교사와의 소통도 과거보다 더 어려워진
실정이며, 코로나19 이후 학생들과의 친밀감의 형성은 체감적으로 더 힘
들어진 상태라는 점이 오 선생님의 이야기이다. 최근까지도 여전히 방역
정책에 따른 이동, 출입, 각종 모임의 제한이 있었는데, 학교에서도 예를

오경림 선생님은 팬데믹 상황이 초래한 아이들을 향한 부정적 영향들을 빠르게 해결할 수 있도록 교육 당국과 사회가 관심을 기울여야 한다고 말했다. 오 선생님은 우리 모두가 관심을 기울일 때에만 자라나는 아이들이 올바른 사회 구성원으로서 성장할 수 있을 것이라고 누차 강조했다.

들면 모둠활동뿐만 아니라, 교사와 학생 간의 일대일 교수 기회 감소라든지 어린 학생들의 전인적 발달과 관련된 교육활동이 과거보다 더 집중할 수 없는 여건이 되어 있다는 사실을 오 선생님은 강조했다.

"비대면의 생활이 2년 정도 지속되다 보니 학습활동에 많은 문제가 있어요. 예를 들면 과거보다 학생들은 학습활동 시간에 자신을 드러내는 걸 어려워하는 경향이 큽니다. 교직 생활하면서 느낀 점은 분명 코로나19 사태 이전보다 학생들이 자신을 직접적으로 표현하는 행동이 감소했다는 사실입니다. 코로나19 바이러스 전염에 대한 위험이 있어 학생들을 적극적으로 지도하는 데에 어려움도 있습니다. 물론 학교의 일상은 체육대회, 학부모 공개수업, 교사연수, 현장체험학습, 이동수업 등을 실시하며 제도적으로 코로나 이전 수준으로 회복되고 있는 것도 사실이에요. 하지만 온라인에 익숙했던 학생들, 2년이라는 기간 동안 가정에서 돌봄이 제대로 이루어지지 않았던 학생들은 학력에서도, 교우관계에서도 부진한 모습이 눈에 띄게 보입니다."

오 선생님은 코로나19 팬데믹 기간 동안 학생과 교사 간의 소통의 부재에 따라 학교폭력은 물론이거니와 학생들의 심리적 불안정도 과거보다 더 늘어날 수밖에 없었다고 한다. 학생들 간의 직접적인 교류가 줄어드는 만큼 학생들의 문제들을 확인하고 이에 맞는 적절한 조치를 내놓기가 어려워진 것이 주요 원인이다. 전인적 교육은 직접적인 만남 속에서 왕성하게 행해질 수 있음에도 불구하고 코로나19 팬데믹 사태는 학생과 교사 간의 직접적인 만남의 장을 원천적으로 봉쇄했기에 '코로나 세대'의 초등학생은 운명적으로 다른 세대보다 불운한 측면이 있다는 것이다.

교육 불평등이 더욱 악화되었다

2년이 넘는 기간 동안 코로나19 사태는 가정에서 관리가 되는 학생 혹은 자기주도적 학습이 되는 학생과 그렇지 못한 학생들의 학력 격차를 더 벌려 놓았다. 오 선생님에 따르면 부분 등교수업과 원격수업이 병행됐던 1년 이상의 시간 동안 학생들은 가정에서 돌봄이 가능했던 학생들은 학교의 과정들을 따라올 수 있었지만, 예를 들면 조손가정의 아이들은 컴퓨터를 원활하게 다룰 수 없는 환경에 놓여 있었기에 다른 학생들보다 온라인 수업 참여가 힘들 수밖에 없었다. 편부모 가정, 양친이 전혀 없는 가정, 두 부모가 있어도 생계 문제로 아이를 제대로 봐줄 수 없는 가정 등 코로나19 상황은 학습 수행의 태도와 결과에서 어떤 가정에서 자라는가에 따라 아이의 학습 능력의 확연한 차이를 만들었다. 이러한 차이는 학교에 등교한 이후에도 쉽게 발견된다.

예를 들어 팬데믹 상황 속에서 등교를 했다고 해도 개인 학습 위주로 진행될 때에는 관리가 된 학생들의 경우 스스로 교실 안에서 무엇을 해야 할지를 쉽게 찾지만, 가정에서 관리가 되지 않는 학생들의 경우 교실 책상에 앉아 스스로 무엇을 해야 할지를 전혀 모른 채 시간만 보낸다고 한다. 그 외에도 오 선생님은 다문화가정이 점점 늘고 있는데, 이런 가정도 대체로 코로나19 사태의 어려움을 피할 수 없었다고 한다. 예를 들어 가정통신문을 전혀 볼 수 없는 혹은 온라인 한글 지원이 가능하지 않은 부모를 둔 아이의 경우 학업에서 부진한 경향이 있는 것이다.

가장 심각한 건 1학년의 경우라고 할 수 있는데, 아직 많은 점에서 도움이 필요한 아이들은 기본적인 학교 생활과 기초 학습 지원을 원격으로 받았지만, 실질적으로 이러한 지원은 열악한 가정의 아이들에게는 거의 도움이 되지 못했다고 한다. 왜냐하면 코로나19가 한참 유행하던 시절 온라인으로 학습이 진행되는 경우가 많았는데, 이때 어린 학생들은 도움의 손길을 받을 수가 없었기 때문에 학습은 물론 학업 역량과 태도의 부진도 함께 동반되었다고 볼 수 있다. 이와 같은 부정적 면모는 결코 한 번에 끝나는 문제가 아니라는 사실에 주목해야 한다고 본다. 즉 학년이 올라갈수록 이들의 학력저하 현상은 더 드러난다는 게 오 선생님의 진단이다.

"온라인으로 진행되는 동안 직접적으로 학생들 관리를 교사가 할 수 없습니다. 교사로서 수업에 대한 불안은 클 수밖에 없죠. 아이들의 수업에 대한 이해를 확인할 방법도 없었지만, 더 심각한 건 아이들과의 즉각적인 피드백의 어려움이 결국 학생과 교사 간의 소통의 어려움으로 이어지게 된다는 것입니다. 온라인에서의 어려움은 오프라인으로 넘어온다고 해서 단절되는 게 아니라 지속되는 경향이 있습니다. 한마디로 학생들은 교사를 대면하는 게 어색하죠. 어디서 질문을 해야 하며 어떻게 도움을 요청해야 할지 전혀 학습되지 않은 겁니다."

기본적인 학습 부진의 후유증은 오래갈 것이라는 게 오 선생님의 진단이다. 학습 역량은 축적, 누적되는 성질의 것이고, 아이들은 이와 같이 누적된 학습을 발판으로 배움을 더하며 성장한다. 안타깝게도 코로나19 팬데믹 사태를 겪은 아이들은 성장의 토대를 제대로 만들기 전에 학년만 올라간 것이다. 기초가 부실하면 아무리 멋진 건물이어도 쉽게 무너질 수 있듯 실제로 코로나19 사태가 한참일 때 저학년인 학생들 상당수가 학습 부진을 겪을 수밖에 없었으며 이러한 부진은 학년이 올라가면서도 계속되고 있다고 지적한다.

정신적으로도 아이들이 위험하다

　오경림 선생님은 팬데믹 상황이 한참일 때 비대면 수업으로 인해 한 학기가 지나도록 학생들이 서로의 얼굴 또는 이름도 모르고 지내는 상황이 지속되었다고 말했다. 교실 안에서 서로의 접촉을 최소화했기에 원만한 교우관계보다는 개별적으로 시간을 보내는 게 다반사였는데, 예를 들어 학생들이 한꺼번에 5명에서 6명씩 확진이 되는 경우라면 그날의 교실은 어수선할 수밖에 없었다. 등교한 이후에도 확진자와 접촉이 있었던 학생이나 교사의 확진 통보가 확인되는 날에는 수업 체계의 혼란은 너무나도 컸다. 오 선생님은 코로나19 사태 속 초등교육이란 어려움의 연속이라고 해도 무방하다고 이야기한다. 확진자가 나오는 날이면 교사로서 방역수칙을 제대로 안 지켰다는 의심은 피할 수 없었으며, 교사로서 스스로 잘못한 것은 없는지 자기를 검열하는 일이 더 많아졌다. 이러한 상황은 결국 과거에 겪어 보지 못한 경험에서 비롯된 스트레스로 이어지기 마련인데 학생들 역시 이러한 스트레스를 많이 받을 수밖에 없었다.

　오 선생님은 이 시점에서 초등학생의 정신건강에도 주목해야 한다고 이야기했다. 실질적으로 학생들의 우울감 호소가 더 늘었으며, 짜증과 불쾌감을 표현하는 일도 교실 안에서 쉽게 찾아볼 수 있었다고 한다.

　"코로나에 확진된 학생은 따돌림을 받거나 낙인을 받아 학교폭력에 쉽게 노출되는 경우가 많습니다. 온라인 수업이 한참일 때는 학교에 나와야 할 경우 학생들은 교우들과 어울리는 데에 상당한 스트레스를 받기도 해요. 학교에 나오는 날에는 어김없이 학교폭력이 증가하기 마련이에요. 유례가 없던 상황을 경험한 초등학생들의 정신적 혼란은 상당했다고 생각합니다. 아이들의 심리적 문제에 대한 상담과 관리가 필요하다고 생각해요. 현재 다양한 지원과 이와 관련된 제도가 있지만 이보다 우리 사회가 지속적으로 심각하게 받아들이고 살펴야 한다고 생각해요. 왜냐하면 자라나는 세대의 유년 시절 경험의 중요성은 아무리 강조해도 지나침이 없기 때문이에요."

오 선생님은 코로나19 상황에서 나타난 초등교육 현장의 부정적 측면만을 집중적으로 이야기한 이유가 사태의 심각성을 알리기 위해서라고 말하였다. 물론 긍정적 측면도 찾아볼 수 있지만 미래세대의 주역이 될 아이들이 자신의 의사와는 무관하게 불운한 환경에 노출되었다면 이들을 위한 관리와 지원은 계속되어야 한다는 게 오 선생님의 생각이다. 아이들이 자신의 창의력을 키우고 다양한 학습을 통해 올바른 습성과 규범을 실천하는 일을 배워야 하지만 그럴 수 없었다면 이후에라도 잘 훈육될 수 있게 범시민적 차원에서 돌봐야 한다는 것이다. 초등교육은 교과 학습도 중요하지만 무엇보다 전인적 교육을 기본으로 삼는 올바른 인성교육에 초점을 맞추고 있다. 이러한 인성교육의 장이 코로나19 팬데믹 사태로 흐트러지게 된 게 사실이라는 지적과 함께 교사로서의 소명이 있다면 코로나 시대를 겪은 학생들이 다른 세대보다 부족함 없이 잘 성장하길 바란다고 이야기했다.

보건장학사 주도로 이끌어야 할
교육 현장의 감염병 대응*

─의왕시 보건교사 이야기

김현수

오늘은 평화로운 보건실

2022년 11월 10일. 경기도 의왕시에 소재한 덕장중학교 보건실을 방문했다. 불과 몇 년 전까지만 해도 특강 의뢰로 중·고등학교를 방문하는 경우가 적지 않았다. 그러나 고등학교 1학년이었던 1991년 친구가 들고 있던 커터칼에 손가락을 크게 베여 '보건실'도 아닌 '양호실'에 마지막으로 방문했던 필자가 외부인의 신분으로 중학교 보건실을 찾을 일이 있을 것이라 생각조차 해 보지 못했다. 학교에 도착하여 안내판을 확인하기도 했으나, 보건실을 찾기는 매우 쉬웠다. 건물 1층 중앙홀 바로 옆 공간이 보건

---

* 이 글은 경기도 의왕시 덕장중학교에서 보건교사로 재직 중인 김선주 교사와 2022년 11월 10일에 만나 인터뷰한 내용을 바탕으로 작성되었다.

실이었기 때문이다. 대학교 내 보건실이 대부분 찾기 어려운 구석진 곳에 위치한 것과는 사정이 매우 달랐다. 아마도 학생 누구나 언제든 이용하기 쉽도록 접근의 용이성을 고려한 때문일 것이다.

김선주 보건교사와 급히 인사를 나누었다. 갑작스레 회의가 잡혔다고 인터뷰 약속 시간 한 시간 전에 연락이 왔던 터라 2016년 보건교사가 아닌 상담학 박사로서 알게 된 이후 첫 대면 만남이었음에도 느긋하게 그간 살아온 이야기를 나눌 짬은 없었다. 보건교사도 교육 공무원으로 국공립의 경우, 최대 5년까지 근무한 이후에는 전출이 이루어지므로 당시의 안양 소재 고등학교가 아닌 이곳에서 근무하고 있다는 설명부터 들었다. 30년 정도의 보건교사 경력을 지닌 김 교사에게 준비한 질문들을 이어갔다.

오늘은 일견 너무도 평화로운 보건실의 모습을 보여주고 있지만, 코로나19 팬데믹이 선언된 이후 한동안 학교 현장은 전혀 그렇지 못했다고 했다. 김 교사의 설명에 따르면, 교육 현장의 방역이 혼란을 겪을 수밖에 없었던 가장 큰 이유는 교육부와 교육지원청의 보건 전문가 부재와 관련되어 있었다.

폭탄을 맞은 느낌

팬데믹 초기, 마스크 대란이 일어났던 일을 국민 모두가 기억한다. 정부가 시행한 〈마스크 수급 안정화 대책〉으로 대표되는 마스크 5부제 또한 기억한다. 2020년 개학을 앞둔 학교들은 관련 예산이 책정되지 않은 경우도 많았고, 예산이 있는 학교도 공급 부족으로 구매가 어려워 보건교사들은 발을 동동 구를 수밖에 없었다. 이러한 현실을 반영하여 교육지원청은 교육 현장에서 필요한 마스크와 손소독제 등에 대해 자체 구매를 지시했던 입장에서 선회하여, 수요조사를 거쳐 일괄 구매 후 배부가 이루어졌다. 지원이 이루어져도 여전히 문제가 있었다. 교육지원청에 박스째 쌓아둔 상태로 각 학교에서 직접 가져갈 것을 요구했다. 보건교육과 학생의 건강 관리라는 기본적 업무 외에도 건강 검진, 결핵 검진 등 통상적으로 해야 할 일이 많은 보건교사들에게 팬데믹은 업무의 폭증을 초래했다. 코로나19 관련 물품과 관련 업무 처리의 90퍼센트 이상을 보건교사가 전담하는 상황에서 물품의 현황 조사, 자료 집계 보고, 교육지원청 물품 수령, 학교 내 배부, 남은 물품 정리, 현황 조사의 반복은 그 자체로 신체적 피로의 가중이었다. 여러 차례의 방문 수령 이후, 당연하게도 각 학교로의 배달을 요구했다. 2020년 12월에 들어서야 각 학교로의 개별 배송이 이루어졌다. 그러나 당황스럽게도 배달지는 보건실이 아닌 교문 앞이었다. 중학생에게 초등학생용 마스크를 지원하여 아이들 얼굴에 크기가 안 맞기도 했다는 여담을 김 교사는 덧붙였다.

2020년 2월부터 보건교사는 분기별 평균 30여 건, 연간 120건이 넘는 공문을 접수했다. 지역청과 교육지원청의 수가 압도적으로 많았으며, 대부분 지침의 수정, 방역 준수 철저 등의 공문이었다. 그러나 학교 내 확진자 발생 상황 시 보건소에서 이루어지는 역학 조사에 해당하는 업무를 보건교사에게 요구했고, 특히 학생이 다니는 학원 및 주로 같이 어울리는 친구

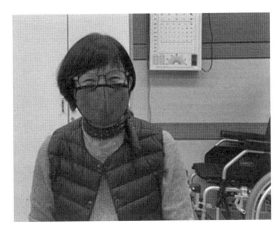

김선주 보건교사. 김 보건교사는 교육 현장의 방역이 혼란을 겪을 수밖에 없었던 가장 큰 이유는 교육부와 교육지원청의 보건 전문가 부재와 관련있다고 말했다.

등 과도한 개인정보까지 요구하는 일도 지역청을 통해 이루어짐으로써 보건교사의 업무는 가중될 수밖에 없었다. 학교 내 확진자가 발생하지 않더라도, 특정 시기에는 김 교사 또한 400명 가까운 학생들의 확진 현황 등에 대해 일일 상황 집계와 긴급 상황 보고 업무를 반복적으로 수행해야만 했다.

　이러한 상황은 비단 덕장중학교만의 문제가 아니었다. 김 교사가 인터뷰어인 필자를 위해 빌려준, 경기도 보건교사회 협찬 및 지원으로 고양시 보건교사회가 주관 및 제작하여 발행한 『코로나19 대응-백서-치열했던 1년 6개월을 되돌아보며』에도 고스란히 담겨 있었다.

보건장학사 주도로 이끌어야 할 교육 현장의 감염병 대응

교육부에서는 2016년 『학생 감염병 예방·위기 대응 매뉴얼』을 제작 및 배포하였다. 이 안에서는 기존 학교 구성원 일부만 참여하였던 감염병 관리 조직을 전체 교직원으로 확대 적용하고, 각 교직원의 역할 또한 구체적으로 제시하고 있다. 그러나 코로나19 팬데믹 당시에도 해당 매뉴얼이 현장에서 정상적으로 작동하지 않아 교육 현장이 유기적으로 움직이지 못하고 대부분의 학교에서 감염병 대응 업무가 보건교사에게 집중되는 문제를 노출하였다고 김 교사는 말했다.

고양시보건교사회가 왜 자체적으로 『코로나19 대응백서-치열했던 1년 6개월을 되돌아보며』를 제작하고 발행했을까에 대해 진지한 성찰과 숙고가 요구될 것이다. 해당 백서가 담고 있는 내용들을 일목요연하게 보여주는 목차 중 장 제목들을 보자.

Ⅰ. 코로나19 발생 전 감염병 대응 체계

Ⅱ. 코로나19 발생 후 감염병 대응 체계

Ⅲ. 온라인 보건교육을 위한 노력

Ⅳ. 학교 내 코로나19 상황 발생 현황과 대처

Ⅴ. 코로나19를 이겨내며

Ⅵ. 포스트 코로나 시대를 준비하기 위한 제안

Ⅶ. 부록

해당 백서의 두 발간사 중 하나에서도 언급되고 있듯이, 코로나19 이전과 이후는 보건교사들에게 큰 변화로 다가왔다. 감염병 '대비'로부터 감염병 '대처'로의 전환이 그것이다. 특히 코로나19를 통해 학교 현장의 감염병 대처와 관련하여 교육 현장의 적절한 역할 분담과 인력 보충, 시스템의 점검과 같은 문제가 드러났다. 이에 이들은 2020년 1월부터 2021년 7월 발간 당시까지 학교 현장의 상황과 현실을 기억하고 실제 어떻게 대처하였는지를 기록하여 앞으로 계속 진행될 감염병 위기 상황을 효과적으로 대비하고자 해당 백서를 제작하였음을 밝히고 있다. 위의 목차 가운데, IV와 VI은 그러한 점을 잘 보여주고 있다.

김 교사는 만일 보건 전문가인 보건장학사들이 교육 현장의 감염병 대응을 주도하여 이끌었다면, 지역 보건교사회가 나서서 교육 현장의 감염병 대응 매뉴얼을 자체 제작할 필요는 없었을 것이라 강조했다.

많은 초·중·고등학교가 있지만, 지역별로 그리고 규모별로 각기 특색이 있다. 그 특색들은 현실성 있는 현장의 상황이 반영된 감염병 대응 매뉴얼과 지침의 필요성을 반증한다. 교육부의 매뉴얼이 현장에서 정상적으로 작동하기 어려웠던 것도 그러한 맥락에서 재고를 요할 것이다.

김 교사는 학교 현장의 감염병 대처와 관련하여 교육부와 교육지원청이 노출한 시스템의 부재를 통해 일종의 공포를 느꼈다고 토로했다.

"교육부는 보건복지부에서 자료를 주면 날것으로, 토씨 하나 건들지 않고 저희한테 그냥 줘요. 학교는 지역마다 처한 환경도 다르고 급도 다른데, 이에 대한 면밀한 검토나 고려가 하나도 없다는 사실이 너무 무서웠어요."

교육부는 코로나19 팬데믹 발생 이후 그 대응과 관련하여 보건복지부의 지침을 거의 그대로 지역청, 교육지원청을 통해 하달하였다. 보건복지부의 지침은 특히 병·의원, 보건소, 요양병원이나 요양원에서 그대로 적용이 가능한 것이었음에도 말이다. 예를 들어 방역과 관련해서 방역 인력을 채용하라는 교육지원청의 공문이 하달된 경우에도, 인력 채용과 근태 관리 및 임금 지급까지 그 업무를 보건교사에게 고스란히 요구하고 있었다. 교육부든 아니면 지역청이나 교육지원청이든 보건장학사가 이러한 지침에 대해 보건 전문가로서 현장의 어려움을 고민하였다면, 방역 인력을 채용하여 교육 현장에 파견하고 보건교사에게는 업무 지정 및 근태 관리의 보고만을 요구하였을 것이라고 김 교사는 호소했다.

인터뷰 다음 날 아침, 김 교사는 미처 언급하지 못한 내용이 있다며 전화를 걸어주었다. 지역청을 제외하고 교육부와 교육지원청에는 보건장학사가 없는데, 인천광역시교육청은 보건장학사를 팀장으로 TF팀을 구성하고 학교 현장에서 적용될 수 있는 시뮬레이션 작업 후, 영상 자료를 학교에 배포하고 더 나아가 확진자 발생 초기에는 직접 학교에 나가 구체적 도움까지 제공한 반면, 경기도교육청은 행정의 보건 분야 담당자 주도로 TF팀을 구성함으로써 오히려 현장의 어려움을 감소시키는 데 일조하지 못했다는 것이다. 강원도교육청도 선제적 대응을 훌륭히 해낸 좋은 경우라 덧붙였다. 보건 전문가인 보건장학사 주도로 교육 현장에서 실효성 있게 적용될 수 있는 매뉴얼과 지침, 지원이 교육 현장의 성공적인 감염병 대응으로 연결될 수 있었음을 보여주는 구체적 사례일 것이다.

확진자가 제법 발생할 때, 김 교사는 유증상의 학생들을 보건실 앞에서 확인하고 보건실 침대에 최대한 눕지 않도록 했다고 한다. 혹시라도 확진자와 비확진자를 같은 공간에 눕혔다가 보건실이 학교 내 감염의 온상이 되는 것을 피하기 위함이었다. 그럼에도 김 교사는 두 차례나 코로나19에 확진되었다고 말했다. 인터뷰 도중에도 학생들이 두어 번 보건교육 관련 도구들을 반납하러 편하게 들어오기도 하는 등 보건실은 열려 있는 공간이 분명했다. 그리고 그것이 가능할 수 있었던 것은 많은 노고를 아끼지 않은 보건교사들의 헌신과 희생 덕분이었을 것이다.

팬데믹도 입시를 멈출 수는 없다 *

—코로나 시대의 수험생

이은영

    대한민국에서 대학 입시는 국민적 관심을 받는 일이다. 많은 사람들이 대학 입시가 청소년기를 지나 성인이 되는 과정에서 겪는 가장 중요한 일이라는 것에 동의할 것이다. 입시 원서를 제출하고 대학수학능력시험을 보고 면접을 보고, 수험생과 가족은 손에 땀을 쥐고 합격/불합격 결과를 확인한다. 원하는 대학에 합격해서 고된 수험생활을 끝내느냐, 한 번 더 그 고생을 해야 하느냐 기로에 서게 된다. 이렇게 인생에서 가장 중요한 일 중 하나인 입시를 준비하는 동안 팬데믹까지 겪게 된 수험생들의 생활은 어떠했을까? 필자는 팬데믹 기간 동안 고등학교 2~3학년을 보낸 이재오(19세) 군을 만나 코로나19와 함께한 수험생활에 대해 들어보았다.

---

* 이 글은 서울 청담고등학교에 2019년 3월 입학해서 2022년 2월 졸업하고 현재 울산의대에 재학 중인 이재오 군을 2022년 9월 10일 인터뷰한 것을 바탕으로 쓴 것이다.

마스크 쓰고 공부하기

재오 군이 고등학교에 입학한 해인 2019년 말 중국 우한에서 코로나19가 발생했다는 소식이 들렸다. 국내에도 감염병이 점점 확산되면서 2020년 2~3월경부터 학교생활이 달라지기 시작했다. 방역이 가장 엄격했던 2020년과 2021년 고등학교 2학년, 3학년생으로서 수험생활을 한 재오 군은 무엇이 가장 힘들었을까?

"초등학교 때도 신종 플루와 메르스가 발생했기 때문에 감염병은 익숙했어요. 그런데 이렇게 전 세계적으로, 또 전 국민이 마스크를 쓰고 또 건물 출입이 통제된다거나 실내에서의 방역 지침을 지켜야 하는 등의 일은 처음이었어요. 가장 힘들었던 것은 마스크를 쓰고 공부하는 것이었습니다. 마스크를 써도 호흡률은 차이가 없다, 산소 유입에는 차이가 없다 하지만 실제로 써 보면 피로도와 졸린 정도가 차이가 많이 나서 무척 힘들거든요."

마스크를 쓰면 정신이 몽롱해지는 경우가 많았다. 50분 단위로 이루어지는 학교 수업에서 계속 마스크를 쓰고 그 시간 동안 집중하려면 피로와 졸음이 몰려왔다. 여름에는 덥고 땀이 찼다. 하지만 팬데믹은 끝날 기미가 안 보였고 공부는 계속해야 했다. 학교뿐만 아니라 학원에서도 마스크 쓴 공부는 이어졌다. 재오 군은 다른 학생들에 비해 학원을 많이 다니지는 않았다. 그렇지만 내신 성적 관리를 위해 국어와 수학 학원을 다녔고, 고등

이재오 군은 코로나19로 인해 학창시절을 누릴 권리를
침해당한 느낌이 많이 들었다고 한다.

학교 3학년 때는 의대를 목표로 하면서 다중미니면접(MMI) 준비를 위한
학원에도 다녔다. 전국의 내로라하는 우수생들이 모인 학원의 MMI 준비
수업은 한 번에 몇 시간씩 이어졌고 최대한 머리를 써야 했기에 더욱 힘들
었다. 그래서 재오 군에게 팬데믹 기간 동안의 입시 준비는 말 그대로 숨
막히는 것이었다.

온라인 학교생활, 잃어버린 학창시절

국내에 코로나19가 확산되기 시작한 2020년 1학기, 개학이 미루어지고
구글클래스, 줌(Zoom) 그 외의 다른 플랫폼을 이용한 온라인 수업이 활성

화되었다. 재오 군은 코로나19가 바꾼 새로운 교육 환경에 적응해야 했다. 2020년에는 비대면 수업이 대면수업과 거의 근접한 비율을 보였다. 특히 2020년 1학기에 온라인 수업이 많았고 2학기에는 격주 등교를 하는 방식이 되었다. 학교에 코로나19 확진자가 발생하면 원래 있었던 대면수업 일정이 취소되고 온라인 수업으로 전환되었다. 그에 따라 계획했던 일정에 차질이 생기는 일이 되풀이되었다. 온라인 수업은 직접 학교에 가서 수업 받고 질문하는 것보다 불편했다. 친구들도 만날 수 없어서 답답했다. 코로나19는 같은 반 학생이어도 이름만 알 뿐 얼굴은 모르는 경우도 생기게 했다. 학우들과 친해지기 어려웠고 동아리 활동, 축제, 백일장, 수학여행 등은 취소되거나 온라인으로 진행되었다.

"이런 걸 고등학교 생활이라고 부를 수가 있을까 하는 생각이 들기도 했어요. 강제적으로 홈스쿨링을 체험하는 듯한, 학창시절을 누릴 권리를 침해당한 느낌이 많이 들었어요."

방역 정책이나 교육부의 방침이 아쉬웠던 적도 있긴 했지만, 전 세계적인 감염병 확산으로 달라진 변화와 불편을 누군가의 탓으로 돌릴 수도 없었다. 그래도 온라인 수업이 단점만 있었던 것은 아니다. 수능시험이나 면접을 준비하는 데는 온라인 수업이 어느 정도 도움이 되었다. 등하교 부담이 없어지면서 시간이 절약되었고 학습 효율성도 높아졌다. 무엇보다도 온라인 수업에서는 마스크를 쓸 필요가 없었다.

팬데믹 불안 더하기 수험생 불안

불안하지 않은 수험생이 있을까? 게다가 의과대학을 목표로 하는 재오 군은 입시의 과정에서 약간의 실수도 용납할 수 없었다. 약간의 실수는 곧 목표에서 멀어짐을 의미하기 때문이다. 이번에 수험생활을 마치지 못하면 마스크 쓰고 또 매일 공부해야 하지 않나 하는 불안, 다음 수능 시험이 어려워져서 시험을 못 보면 어쩌나 하는 불안에 시달렸다. 그러지 않으려면 전 과목 1등급을 받아야 했기에 3학년 1학기에는 집에서 내신 공부에 매진했다. 결이 좀 다르긴 해도 학교 시험에서도 수능 특강에서 공부한 내용을 다루기 때문에 내신 공부가 곧 수능 준비이기도 했다.

하지만 방에 틀어박혀서 하루 종일 공부하면서 허리도 아프고 눈도 아파졌다. 단조로운 생활과 입시의 불안에서 오는 우울감도 증가했다. 입시생의 불안과 우울에 전 사회적으로 겪는 팬데믹의 불안과 우울이 더해졌다. 재오 군은 이것을 어떻게 극복했을까?

"제 취미 생활은 악기를 연주하는 것이에요. 집에 있는 시간이 많아지면서 피아노도 많이 칠 수 있었어요. 사실 수험생활에서는 공부 빼고 모든 것이 재미있죠. 피아노도 많이 치고 쉬는 시간에 게임도 조금씩 했어요."

하지만 사실 무엇을 해도 불안감을 완전히 떨칠 수는 없었다고 한다. 팬데믹과 함께하는 입시는 어차피 다른 학생들도 처음 겪는 일이라는 것, 이

전에 다른 사람들이 경험해 본 적도 없었다는 것을 생각하며 자신이 이 처음 겪는 일을 잘 건뎌내리라 다짐하곤 했다.

학교의 미래를 상상하다

재오 군은 2021년 12월에 세 곳의 대학에 합격했고 많은 고민 끝에 진학할 대학을 선택했다. 팬데믹과 함께한 재오 군의 고등학교 생활, 대학 입시 수험생활은 2022년 2월로 완전히 끝났다. 일곱 살에 초등학교에 진학해서 다른 학생들보다 한 살 어렸던 재오 군은 남들보다 이른 나이에 입시의 고통을 겪었고 그만큼 남들보다 빨리 벗어날 수 있었다. 팬데믹으로 인해 재오 군이 체험한 학교생활의 변화, 팬데믹이 끝나면 완전히 예전으로 돌아갈까? 이제 대학생이 되어 대학교의 비대면/대면 수업도 경험하고 있는 재오 군에게 학교의 미래를 상상해 보라고 했다.

"줌이나 녹화 강의 등 온라인 수업의 장점을 살리는 것도 좋을 것 같아요. 온라인 수업을 잘 활용하면 학습을 더 효율적으로 할 수 있거든요. 녹화 강의의 경우는 여러 번 반복해서 볼 수 있다거나 시간을 비교적 자유롭게 쓸 수 있다는 것이 장점이지요."

그렇지만 고등학교와 대학교는 차이가 있다. 재오 군은 고등학교에서 온라인 수업의 비중을 늘리는 것에는 부정적이다. 대학교는 학생들이 강의실에서 사회성을 기를 필요가 없다. 각자 캠퍼스 밖에서 교류하면 된다. 그러나 고등학교는 단지 지식만 전달하는 곳이 아니라 사회성도 길러야 하는 곳이다. 그러므로 등교해서 학교에서 정해준 커리큘럼에 따르고 수학여행, 사생대회 등 여러 활동에 참여하면서 다른 학생들과 교류할 필요가 있다. 따라서 고등학교의 경우는 수업의 효율성만 따져서는 안 되고 의무적으로 학교에 나와 한 교실에서 다른 학생들과 함께 수업을 듣고 그 과정에서 사회성을 익히고 친구를 사귈 필요가 있다. 그것이 한 인간으로 성장하기 위해 필요한 과정이기 때문이다. 어쩌면 고등학생에게는 유일한 사회적 연결 수단일 수도 있는 학교생활을 그들에게서 뺏어서는 안 된다.

한편으로 아무리 학교에 나오게 하려 해도 비행을 멈추지 않는 학생들, 그래서 등교해도 학교 분위기를 흐리는 학생들의 경우는 온라인 수업이 방편이 될 수 있을 것이다. 억지로 학교에 나오도록 하기도 어렵고, 나온다 해도 제대로 수업을 듣거나 참여도 하지 않는 학생들의 경우는 비대면 수업으로라도 학교생활을 이어가게 해주는 게, 그래서 고등학교를 졸업할 수 있게 해주는 게 좋지 않을까? 팬데믹은 학교란 무엇인가, 학창시절이란 무엇인가를 돌아보게 만든다.

인터뷰를 마치면서 재오 군에게 팬데믹이 완전히 끝난다면 무엇을 하고 싶은지 물어보았다.

"실내에서 파티를 하고 싶어요. 마스크 쓴 실내 풍경에 익숙해져서 이제 마스크를 안 쓰고 있는 사람을 보면 위화감이 들어요. 그런데 이게 맞나 싶어요. 어딘가 잘못되었다는 생각이 들어요. 사람들이 서로 얼굴을 보고 표정을 보아야 할 텐데요. 많은 사람들이 실내에 모여 마스크 없이 파티를 할 수 있는 날, 마스크 쓰라는 말을 듣지 않아도 되는 날이 오면 좋겠어요."

마스크는 함께 학교생활을 하며 입시의 불안을 나누는 고등학교 수험생들에게서 서로의 얼굴에 나타나는 표정을 가렸다. 우리가 타인의 얼굴을, 표정을 확인하고 싶은 것은 단지 그 모양새가 아니라 표정 너머 상대방의 진실한 마음을 알고 거기에 닿고 싶어서일 것이다. 타인의 표정에서 기쁨, 불안, 우울의 그 마음을 확인하고 내 표정으로 공감과 위로의 마음을 숨김없이 드러낼 수 있는 날이 곧 오기를 기다린다.

학교와 다른, 또 하나의 교육 공간*

—소규모 학원 원장이 바라본 사교육 현장의 변화

정 세 권

수도권의 작은 도시 그리고 작은 학원

토요일 오전 8시. 동서울터미널은 분주했다. 흐린 날씨에 비 예보까지 있었지만, 우산을 챙긴 여행객들의 얼굴은 마냥 들떠 보였다. 예매한 9시 버스를 기다리는 사이 터미널이 붐빌 만큼 사람들이 몰려들기 시작했고, 승객을 가득 채우고 출발한 버스는 서울을 벗어나기 전부터 더디게 움직였다. 11월 중순, 단풍도 거의 끝나갈 무렵이건만, 주말 나들이를 나서는 사람들은 코로나 대유행 이전의 모습으로 돌아간 것처럼 보였다. 차장 너머로 보이는 만남의 광장 주차장은 꽉 차 있었고, 중부고속도로에서도 버스는 가다 서기를 반복했다.

---

*   이 글은 파이널수학학원 황남선 원장을 2022년 11월 12일 경기도 이천시 파이널수학학원 원장 실에서 만나 인터뷰한 내용을 바탕으로 작성되었다.

한 시간 거리인 이천까지는 거의 30분이 더 걸려 도착했다. 터미널로 마중을 나오겠다는 제안을 거절하고 학원까지 걸어보기로 했다. 터미널 주변 상가 거리를 벗어나 한적한 주택가를 한참 걷다 보니 고등학교가 보였고, 그 뒤로 새로 조성된 아파트 단지와 신축 상가건물이 나타났다. 토요일 오전 20분 남짓 걸었던 이천 시내에서 학생들을 만나기는 좀처럼 쉽지 않았다. 인구 22만여 명의 도시에 학생들이 많지 않은 것인지, 아니면 토요일 오전이라 외출을 하지 않은 건지 알 수 없었다.

고등학교 뒤편 상가건물 2층에 파이널수학학원이 있었다. 지어진 지 몇 년이 되지 않았는지 건물의 외관이나 실내 모두 깔끔했다. 조용히 학원 현관을 열고 들어가니, 사무실에서 나온 황남선 원장이 반갑게 인사를 했다. 원장실 겸 사무실로 사용하는 공간에서 따뜻한 물 한 잔을 마시고 나니, 황 원장이 커피 한 잔 준비하는 동안 학원을 둘러보라 권한다.

사실 둘러보고 말고 할 것도 없을 만큼 작은 규모의 학원이었다. 원장실 겸 사무실 외에 세 개의 강의실이 있었다. 각 강의실에는 4개~8개의 책상과 의자가 비치되어 있었고, 앞쪽에는 화이트보드와 교탁, 공기청정기가 놓여 있었다. 신축 건물의 신설 학원답게 강의실은 깔끔하게 정리되어 있었다. 한 강의실 화이트보드에는 예전에 나도 분명히 배웠을 법한, 그러나 지금은 낯설기만 한 그래프와 온갖 수식들이 지워지지 않고 어지럽게 남아 있었다. 전날 수업의 흔적일 것이다. 경기도라고 해도 인구가 많지 않은 도시에서 작은 학원은 어떻게 운영되고 있을까? 그것도 코로나가 유행한 몇 년 동안 어떻게 버틸 수 있었을까? 여러 질문이 동시에 떠오르던 참에 황남선 원장이 커피를 권한다.

코로나라고 할지라도 학원은 다닐 수밖에

황남선 원장이 파이널수학학원을 개원한 것은 국내에서 코로나 확진자가 속출하기 시작한 2020년 봄이었다. 원래는 작은 사업체를 운영했던 황원장은, 공장이 근처 여주였던 인연으로 아무 연고도 없던 이천에 자리를 잡았다고 한다. 결혼을 하고 운영하던 공장을 정리한 뒤 학원에서 수학 강의를 하다 보니 직접 학원을 운영해 보고 싶었다. 신중한 성격답게 오랜시간 준비를 해서 어렵게 개원했는데, 때마침 코로나가 터졌다. 당시 누구라도 그랬던 것처럼 황 원장도 코로나가 이렇게 오래 갈 줄 몰랐다. 얼마

파이널수학학원 강의실 전경. 황 원장처럼 혼자 운영하는 학원에서 원장이 확진되면, 이를 대신할 사람이 없고 격리기간 동안 학원 문은 닫히고 만다.

지나지 않으면 나아지겠거니 했던 기대가 벌써 3년을 넘기고 있었다.

코로나가 계속 유행하는 내내 학원을 다니는 원생은 줄지 않았는지 물었다. 터미널에서 걸어오는 내내 머릿속을 떠나지 않았지만, 물어도 되는 질문인지 조심스럽기만 했다. 하지만 이 물음에 황 원장은 대수롭지 않게, "별로 많이 줄어들지는 않았어요"라고 답했다. 의외였다. 현재 학원에는 초등학생부터 고등학생까지 10명이 조금 넘는 학생이 다니고 있었다.

> "예전에는 초등학생을 아예 받지 않았어요. 초등 수학이 그 또래 아이들에
> 게는 어려울 수 있지만, 학원을 다니지 않아도 충분히 이해할 수 있다고 생
> 각하거든요. 그래서 상담을 오는 초등학교 학부모한테도 굳이 학원을 권
> 하지는 않았어요. 그런데 지금은 뭐…. (웃음) 굳이 코로나 때문이 아니더라
> 도, 요즘같은 불경기에 학생 한 명이 아쉬우니까요."

코로나로 인해 유난히 원생이 줄지 않는 건 다른 학원도 비슷할 것이라고 했다. 코로나 대유행 당시 사회적 거리두기나 재택근무, 집합 금지 등 생활 속에 너무 큰 변화가 있었지만, 그래도 학생이 공부를 해야 하는 현실 자체가 변한 건 아니기 때문이다. 학교를 가고, 학원을 가고, 시험을 보고, 진학을 하는 것은 변함이 없었다. 강의실 화이트보드에 지워지지 않은 채 남아 있는 그래프와 수학 공식은 오늘 아침 수업 내용이라고 했다. 거리에 학생들이 쉬이 보이지 않았던 주말 오전, 누군가는 학원에서 수업을 받고 있었던 것이다. 전염병이 바꾸거나 허물 수 없는 굳건한 현실 중 하나가

교육 현장이었다.

학원을 다니는 마음가짐의 변화와 새로운 부담

학교 교육이나 입시 제도가 근본적으로 바뀌지 않는 한 사교육을 받는 일상 자체가 변하지 않겠지만, 코로나를 겪으면서 학생들의 태도 혹은 마음가짐이 조금 달라진 것 같다고 황 원장은 지적했다. 학원에서 열심히 수업 듣고 공부하는 건 예나 지금이나 비슷한데, 조금이라도 아프거나 컨디션이 나쁘면 너무 쉽게 학원 수업을 빠진다는 것이었다.

실제로 지난 3년 동안 황 원장의 학원에서 확진자가 나온 적은 없었다. 그렇지만 지역 사회에 확진자가 속출하면서, 약간의 열감이 있다거나 목이 조금이라도 아프면 혹은 근육통이 있거나 하면 학생들이 쉽게 결석하곤 했다. 예전에는 학원에 나오기 힘들 정도로 아파 보이는데도 어떻게든 학원 수업을 빠지지 않으려는 게 일반적이었다. 학원을 결석하면 각자 공부 계획에도 차질이 생기고, 특히 학부모들이 이를 탐탁하게 생각하지 않았다.

그렇지만 코로나 유행 이후에는 본인이 확진되지 않아도, 가족이나 주변에 확진자가 없다 하더라도, 조금만 아프거나 코로나 의심 증상을 보이면 검사 결과와 상관없이 결석을 쉽게 한다는 것이었다. 그런 결석이 본인의 건강을 지킬뿐 아니라 혹시 모를 추가 감염이나 전파를 사전에 막을 수 있다는 생각, 나아가 그게 방역에도 도움이 될 수 있기에 당연하고 정당하다는 생각이 지난 3년 동안 조금씩 커져 온 때문일 수도 있었다.

문제는 이런 잦은 혹은 당당한 결석이 악용되기도 하고, 학원에 새로운 부담을 주기도 한다는 것이었다. 황 원장의 학원에서는 그런 일이 없었지만, 다른 학원에서는 원생이 코로나 의심 증상을 이유로 결석한 뒤 가족여행을 떠난 일도 있었다고 한다. 그리고 나서는 결석한 시간만큼 보충수업을 해 달라고 요구하더라는 것이었다. 예전에는 학생 개인의 사유로 수업을 하지 못하면 그에 대한 보충수업이 의무는 아니었다고 한다. 이를 알고 있는 학부모들 역시 개인 사유로 결석한 것에 대해서는 보충수업을 요구하지도 않았다. 물론 학원이 선의를 가지고 남는 시간을 활용하거나 주말을 이용하여 보충수업을 하는 경우도 종종 있었지만, 학부모가 요구한다고 할지라도 보충수업을 의무적으로 해 주지는 않는 것이 관행이었다.

그렇지만 코로나 대유행 이후 이런 상황이 달라졌다. 의심 증상이 있다거나 컨디션이 좋지 않다는 이유로 결석을 하는 것이 당연시되거나 혹은 바람직한 것으로 인식되는 시대에, 사실 여부를 확인하기 어렵다 하더라도 '병결'은 정당하고 당당한 사유였고, 학원은 이를 보충해야 할 의무가 발생한 것이었다. 전염병이 바꾸어 놓은 새로운 사교육 풍경이었다.

원장의 확진은 곧 폐원?

당연하겠지만 코로나는 학생들뿐 아니라 원장의 마음가짐도 바꾸어 놓았다. 원장이 확진되면 곧 학원 문을 닫는 것이기 때문이다. 이는 공교육 현장이나 여타 자영업과는 다른 작은 학원의 현실이었다.

사람 만나는 걸 좋아한다는 황 원장은 3년 동안 거의 외식이나 모임을 하지 않았다고 했다. 자신이 코로나에 확진되면 학원에서 대신할 사람이 없기 때문이었다. 원장 혼자 학생들을 가르치고 학원을 운영하는 상황에서, 원장이 확진되면 일주일 동안 학원 수업을 할 수 없다는 의미였다. 학교에서는 담임 선생님이나 교과목 담당 선생님이 확진되어도 수업이 완전히 중단되지는 않는다. 일시적으로 담임 선생님의 업무를 대신할 수 있는 대체 선생님이 투입되고 시간표를 조절해서 해당 교과목을 다른 선생님이 맡아 수업할 수 있기 때문이다. 서울의 대형학원도 마찬가지이다. 학원 선생님들이 각자 빡빡한 일정 가운데에서도 잠시 비는 한두 시간을 활용하여 코로나에 확진된 다른 선생님의 수업을 대신 맡을 수 있다. 그러나 황 원장처럼 혼자 운영하는 학원에서 원장이 확진되면, 이를 대신할 사람이 없고 격리기간 동안 학원 문은 닫는다.

그 격리 기간이 지나면 학생들은 다시 돌아오지 않을 수도 있다고 했다. 학원을 오래 다녔거나 학원 선생님과 호흡이 잘 맞는 학생이라면 모르겠지만, 일주일 동안 수업을 받지 못하는 동안 학생과 학부모는 다른 학원을 알아볼 수 있기 때문이다. 격리가 해제된 이후에도 학원 선생님의 컨디션에 따라 제대로 된 수업을 진행하기 어려울 수도 있는데, 이를 기다려줄 학생은 많지 않다. 특히 고학년일수록 학습 계획에 맞는 학원 수업과 공부가 중요한데, 그 리듬이 깨지지 않을까 우려하는 학부모들이 특히 많다고 했다. 소규모 학원의 경우, 원장의 확진 그리고 일주일 동안의 수업 중단은 곧 폐원으로 이어질 수도 있었다.

"비대면 수업으로 하면 되지 않나요?" 나의 질문에 황 원장은 그것 역시 공교육과는 다른 사교육의 현실이라고 웃었다.

> "학교는 코로나 처음 터졌을 때부터 빠르게 줌을 활용한 비대면 수업으로 전환했잖아요. 교육부에서 적극적으로 이를 지원했고, 학교 선생님이나 학생들 모두 곧 그런 수업에 익숙해졌구요. 그리고 지난 몇 년 동안 그런 비대면 수업을 더 잘할 수 있는 교육법이 계속 개발되었죠.
> 그런데 학원은, 특히 소규모 학원은 그렇지 않아요. 강의실에서 직접 수업하고 같이 문제를 푸는 예전의 방식을 크게 벗어나지 않았죠. 게다가 학생들이나 학부모 모두 학교와 달리 학원에서는 대면으로 수업하는 걸 더 선호하는 것 같아요. 비대면으로 학원 수업을 할 바에는 그냥 인강 듣지 굳이 비싸게 학원을? 뭐, 이런 마음인 거죠."

학부모뿐 아니라 황 원장 역시 일시적이라 할지라도 비대면으로 진행되는 학원 수업은 효과가 높지 않을 것이라고 회의적으로 말했다. 그렇다면 한 가지 방법밖에는 없었다. 어떻게 해서든 원장이 코로나 감염을 피하는 수밖에.

그렇다면 이런 학원 현장에 대해 정부의 지원책은 따로 있을까? 황 원장은 사무실의 서랍장을 열어 보였다. 그 속에는 교육청이 보낸 커다란 박스가 몇 개 있었는데, 항균 물티슈와 손소독제였다. "우리처럼 작은 학원에서는 일 년 동안 부지런히 써도 남을 만큼 많아요. 몇 개 가져가실래요?"
학교와 달리 사교육 현장에서 코로나로 인한 부담은 오로지 개인의 몫이
었다.

학생들을 걱정하는 건 마찬가지

지난 10월 정부에서는, 최근 학생들의 기초학력이 낮아지고 있다는 인
식 아래, 이를 개선할 수 있는 하나의 방안으로 학습성취도 전수평가를 다
시 실시할 수도 있다고 발표했다. 과거 '일제고사'의 부활이 아니냐며 갑론
을박이 있는데, 현장에서 아이를 가르치는 학원 선생님은 어떻게 생각할
까? 황 원장은 정부의 방침에 대해서는 반대하면서도, 코로나라는 특수한
상황 속에서 한 번쯤 해 볼 필요가 있지 않을까 싶다며 조심스레 말을 꺼
냈다. 지금은 거의 회복되었지만 지난 몇 년 동안 학교 교육이 정상적으로
진행되지 못하면서, 학생들 사이에 학업성취도 차이가 분명 커졌을 것이
라는 생각에서였다. 이미 공부 습관이 잡혀 있거나 여유가 있는 가정의 학
생들이라면 학교 교육의 어려움과 상관없이 자기 계획대로 공부할 수 있
었겠지만, 그렇지 않은 학생들이 훨씬 많을 것이라고 황 원장은 예상했다.
학교 교육뿐 아니라 학원에서 공부하는 태도의 변화, 어수선한 사회 분
위기에서 학업에 집중하지 못하는 학생들은 그만큼 학습 성취가 떨어질
수밖에 없을 것이었다. 그런데 지난 코로나 시간 동안 이런 변화가 어떻게
진행되고 있는지에 대해 제대로 된 분석이나 평가가 없었다. 예전과 비슷

한 수준의 시험문제가 출제되었는데 평균 성적이 훨씬 낮게 나왔다는 한 학교의 사례는 문제의 심각함을 분명하게 보여주는 것이었다. 그 때문에 황 원장은 한 번쯤 코로나가 학생들의 학업에 미친 영향을 살펴볼 수 있는 시도가 필요하지 않을까 제안했다.

학교와 달리 정부나 교육청의 적극적인 지원을 받지 못하고 오롯이 혼자 전염병을 감당해야 하지만, 학생들을 가르치는 사람으로서 황 원장 역시 학생들이 얼마나 공부를 잘 할 수 있을지 걱정하는 선생님이었다.

고등학교 교사가 바라보는 코로나 시대*

─인천효성고등학교 교사와 중앙여고 교사

이동규, 최우석

코로나 바이러스가 시작되던 시절을 떠올리면 생각나는 것이 많지 않다. 언제 그런 일이 있었는지 이제는 코로나 사태가 생활의 일부가 되어 자연스러운 삶의 한 부분을 차지하고 있는 것처럼 느껴진다. 그래서인지 코로나가 막 유행하기 시작했던 때를 돌이켜보면 무엇을 했었는지 한동안 생각해봐야 한다. 우리가 만난 선생님들은 모두 코로나 시대의 경험이 이미 학교에서 학생들과 선생님들이 매일 경험하는 삶의 일부임을 강조했다. 학생지도 부장으로서 김주이 선생님이 느낀 코로나 경험은 다음과 같다.

---

* 이 글은 서울 중앙여고에 재직하고 있는 조상혁 선생님을 2022년 8월 23일에 인터뷰한 내용과 인천 효성고등학교 생활지도 부장 선생님으로 재직하고 있는 김주이 선생님을 2022년 11월 14일에 만나 인터뷰한 내용을 바탕으로 한다. 두 개의 인터뷰 내용을 바탕으로 두 명의 필자가 함께 논의하여 작성하였다.

"코로나 이후 학교에서는 기존에 해 왔던 방식들이 변하거나 제한되거나 혹은 새롭게 발전시키는 모습들이 많은 것 같습니다. 구체적으로 이야기한다면 학생들을 다 같이 모아 놓고 진행하는 행사는 거의 하지 않습니다. 체육대회 같은 게 대표적인 사례죠. 학생들이 학교 생활에서 가질 수 있는 몇 안 되는 추억의 행사가 체육대회인데 말이죠. 추억의 행사하면 당연 수학여행을 빼놓을 수 없겠죠? 수학여행도 최근 소규모 테마여행으로 바뀌어 진행되고 있습니다. 학교 축제 같은 경우 진행은 어려운데요, 소풍 역시 요즘은 안 갑니다. 한마디로 다양한 오프라인 집단 행사를 근 2년 동안은 못했습니다. 최근에 이런 풍조를 바꾸고자 온라인 방식으로 축제를 진행했는데, 학생들에게 반응은 좋지 않았던 것 같아요."

필자들 각자가 고등학교에 대한 기억과 경험은 상이하다. 그러나 각자 가까운 지인이 학교에서 근무를 하거나, 교생실습으로 학교를 방문한 경험이 있었기 때문에 학교 방문이 낯설지 만은 않았다. 처음 방문한 고등학교의 풍경은 학창 시절에 경험했던 몇몇 장면들과 크게 다르지 않았다. 교정에 들어서면서 보이는 조경수들도 어디선가 본 듯한 느낌이었고, 교문을 통과하면서 짧게 인사를 나눈 경비원의 모습도 낯설지가 않았다. 학교 근처에서 지켜본 학생들의 하교 모습도 너무나 익숙했다. 수업을 마치고 학교를 떠나는 발걸음은 너무나 일상적이었기 때문에 코로나19 2~3년 동안의 변화는 마스크를 쓰고 있는 모습 이외에는 특별함을 찾을 수가 없었다.

학생들의 세계는 어른들의 세계와 모양은 같지만, 그 크기는 다를 수밖에 없다. 또래 친구들과의 관계가 그들의 전부이며 학교에서는 선생님이 가정에서는 부모님이 그 세계의 일부를 이룬다. 또래 집단은 가장 중요한 기준이면서 그들이 가진 인간관계의 전부이다. 적어도 학생들과 많은 시간을 보내는 선생님들은 이것을 이해하고 있다.

처음 코로나는 생과 사의 문제이고 공포와 걱정의 대상이었겠지만, 시간이 지나면서 미지로부터 오는 공포감이 극복되면, 정말 학생들의 생활과 미래에 영향을 미치는 것은 학생들간의 관계이고, 그들의 세계가 무너지지 않는 것이 중요하다는 사실을 알게 된다. 그런 이유로 중앙여고 교사들은 코로나19 초기의 역학 조사로 인한 동선 공개와 낙인찍기가 학생들의 관계에 영향을 주지 않도록 노력을 했다. 집단 왕따 혹은 비난의 문제는 비단 코로나19가 야기한 문제만이 아니기 때문에 계속해서 교육을 해왔고, 그 원칙이나 내용은 달라지지 않았다. 학생 한 명이 문제가 되면 전체가 어려움을 겪게 된다. 코로나19 유행 이전에도 이러한 문제를 해결하기 위해 교사들은 많은 노력을 했다. 그러나 코로나19 팬데믹 상황은 기존에 그들이 기울였던 노력의 몇 배를 요구했을 것이다.

학생들은 항상 대화한다. 등교를 하는 순간부터 시작해서 쉬는 시간에도, 학교를 나서는 순간까지 끊임없이 대화한다. 친구들에게 말을 걸고, 선생님에게 질문한다. 이 과정은 집으로 돌아갔을 때 그리고 코로나19로 인해 격리하는 중에도, 다른 일을 하는 순간에도 이어진다. 그리고 서로를 보지 못했을 때도 인터넷을 통해 SNS를 통해 대화를 이어간다. 그러나

중앙여고 조상혁 선생님과 학생들 수업 모습. 조상혁 선생님은 코로나 이후 학교에서는 기존에 해 왔던 방식들이 변하거나 제한되거나 혹은 새롭게 발전시키는 모습들이 많은 것 같다고 말했다

그 대화는 대면 상황에서 이루어지는 대화와는 다르다. 누군가가 지켜보지 않는 곳에서 이루어지고, 상대방에 대한 정보가 부족한 순간에도 이루어진다. 혹은 일방적으로 진행되는 대화 형식도 있다. 상대방의 존재가 물리적으로 인식이 되지 않을 때 학생들의 대화는 의도치 않은 결과를 낳을 수 있다. 그리고 대화방에서의 대화의 결과가 언어적 폭력 혹은 집단 따돌림과 같은 문제를 일으킨다면, 그 대화에 참여했던 모든 학생은 처벌의 대상이 된다. 주도 여부와 상관없이 그 대화를 지켜보는 모든 학생은 책임을 져야 한다. 학급이 공동으로 이용하는 대화방도 공지를 위한 목적으로만 사용하고 개인적인 대화를 나누는 것을 규제했다.

선생님들의 경험은 코로나19 팬데믹 상황 속에서도 반드시 고려해야

인천 효성고등학교 김주이 선생님. 김 선생님은 고등학생으로서 갖춰야 할
기본 소양이 과거보다 부족해졌다는 점을 많이 느낀다고 말했다.

하는 교육적 가치 혹은 사회적 가치가 존재함을 알려준다. 감염병 팬데믹
이라는 국가적 재난 상황이라고 하더라도 학생들의 세계를 파괴하지는 못
한다. 아마 코로나가 아니더라도 다른 어떤 자연재해 혹은 인위적 상황도
그들의 세계를 쉽게 파괴하지 못한다. 오로지 그들 스스로 내뱉는 말이나
글 그리고 그 속에서 영향받는 관계만이 그들의 세계를 움직일 수 있을 것
이다.

달라진 학교 생활

학교 환경은 달라졌다. 코로나19 이후 학교에서는 기존에 해 왔던 방식

들을 변경하거나 제한해서 새롭게 발전시키는 경우가 많았다. 학생들이 선호했던 체육대회와 같은 행사는 사라졌다. 수학여행도 소규모 테마 여행으로 바뀌어서 진행된다. 축제도 예외가 아니다. 한마디로 다양한 오프라인 집단 행사를 축소하거나 혹은 변형을 해서 진행하고 있다. 온라인으로 축제를 진행했으나 학생들의 반응이 좋지 않았기 때문에 앞으로의 형식은 여전히 고민일 수 밖에 없다.

또한, 교실 환경도 변화했을 것이다. 코로나19 팬데믹으로 인해 학생들의 등교 방식은 변화되었다. 한 학년 전체가 등교를 하지 않고 원격 수업을 하고, 다른 학년은 등교하는 방식이다. 그렇기 때문에 학교 내에 머무르는 학생 수 자체는 줄어들지만 교실 하나를 기준으로 했을 때는 큰 변화가 없다. 한 학년 모두가 등교하고 같은 공간에서 수업을 하며, 학생들의 생활 역시 교실 공간에서 주로 이루어지기 때문에 이러한 방식은 거리두기라는 측면에서 효율적이었는지 의문이었다. 그러나 다른 한편에서는 하나의 교실이라는 세계 속에서 학생들이 활동하기 때문에 학급과 학급 사이의 전파는 가능성이 크지 않다. 또한 한 개 학급을 나누어 등교를 시킨다면 아이들이 접하는 교육환경이 상이해지고 그에 따른 학습격차도 예상된다.

"특히 눈에 띄는 것은 학생들의 교실 안에서의 생활의 변화입니다. 학생들은 2년 동안 학교에 나오지 않으면서 학교 생활, 단체 생활을 통해 배우는 사회화가 부족한 면이 있습니다. 아니 눈에 띄게 드러납니다. 학교에서 배워야 될 기본적 규칙이라든지 규범이라든지 행동해야 할 바른 규율을 제대로 습득을 하지 못했다고 볼 수 있어요. 한마디로 고등학생으로서 갖춰야 할 기본 소양이 부족한 느낌을 지울 수 없습니다. 예를 들면, 수업 시간이 시작되어도 자리에 앉지 않는 학생, 인사하는 습관이 평균적으로 많이 부족한 현상이 그렇습니다."

이렇게 김주이 선생님은 학생들의 교우관계도 여러 변화를 겪었음을 지적한다. 생활 지도를 하시는 선생님은 온라인에 익숙해진 학생들이 오프라인에서 선생님들을 만날 때 낯설어 하는 경우가 있음을 지적했다. 마스크를 쓰고 있어서 서로의 얼굴을 정확히 모르는 경우가 허다하며, 얼굴을 마주하는 느낌이 없으니 서로의 생각을 이해하지 못하는 경우도 발생한다.

코로나와 같은 상황에서 거리두기라는 방역조치만이 우선의 기준은 아닐 수 있다. 교사는 방역과 함께 교육 공간에서 감안해야 하는 가치를 분별하고 결정해야 했다. 교사는 학생들의 학업환경, 교우환경, 생활환경을 고려하여 절충하거나 협상하고 결정을 해야 했다

격차에 대한 우려

학업 격차의 심화는 예상되는 결과였다. 예상된 결과에 반응하는 것은 학생들의 사회경제적 상황뿐만 아니라 개인적인 성향에 따라 다르다. 코

로나19가 시작되었던 초기 학교 환경은 온라인 수업을 위한 충분한 시설과 요건이 갖추어지지 못한 상태였다. 온라인 수업은 적절한 기자재와 교수법이 요구된다. 그리고 이것을 갖추고 익숙해지는 데는 비용과 시간이 필요하다. 지식을 전달하기 위한 수단으로 온라인 수업과 대면 수업은 크게 다르지 않다. 그러나 교육이 이루어지는 환경이 변화된 것이기 때문에 그에 대한 적응 역시 요구된다. 교사들도 여기에 적응을 해야 했으며, 학생들도 필요한 준비가 있었을 것이다. 시행착오가 있었을 것이고 부적응도 존재했을 것이다.

수업의 형식에서도 스마트폰의 보급과 같은 기술적인 변화는 이미 코로나19 팬데믹 이전부터 시작되었으나, 코로나19에 따른 온라인 수업 확대로 인해 영상 콘텐츠의 소비라는 측면에서 학생들은 큰 영향을 받고 있었다. 특히 온라인 수업이 보편화되면서 미디어를 이용한 수업의 비중이 커졌다. 영상에 노출되는 빈도가 높아지면서 학생들의 문해력이 많이 떨어졌다. 교과서에 등장하는 비교적 쉬운 단어의 뜻도 모르는 경우도 많았다. 조상혁 선생님이 예시한 단어는 '확장'이었다. 역사 교과서에 나오는 확장이라는 단어의 뜻을 이해하지 못하는 학생들이 상당수였다. 또한 모둠 수업이나 체험 학습은 모두 축소되고 교육 성과는 개별 평가로 측정되었다. 분명 모둠 수업이나 체험 학습이 목표로 하는 고유의 교육적 성과가 있다. 그러나 코로나19로 인해서 학생들은 이러한 교육적 성과를 경험하지 못했을 가능성이 크고 그것이 '코로나 이후 세대'의 특징이 될 수도 있다. 한편으로 온라인 수업에 익숙해진 학생들이 이제 오프라인 수업에 적응을 못하는 경우도 있다. 온라인 수업에서는 학생들과의 소통이 어려워 힘들었다면, 오프라인에서는 학생들이 집중을 못해서 어려움을 겪는다.

"확실히 격차는 심해질 것 같아요. 온라인 학습을 하다가 오프라인 수업을 해 보면, 집중을 잘 못하는 게 현실입니다. 학생들을 위한 온라인 수업은 공부에 대한 의지가 강한 학생들에게는 좋을 수 있겠으나 대다수의 학생들에게는 하나의 영상에 불과한 것 같아요. 부족한 학습량은 보통 학원에서 채우는데, 가정의 경제적 어려움, 사교육의 지원을 받지 못하는 학생들의 경우 학습이 중단되는 사태가 일어납니다. 수능 모의고사는 계속 어렵게 느껴지고, 수학 문제는 도저히 따라갈 수 없는 상황으로 이어지는 거죠. 그러면 학생들은 어떤 선택을 할까요? 대다수가 포기합니다. 코로나 시국 이후 오늘날까지도 경기가 좋지 않은데, 그런 환경에 노출된 학생들은 어떻겠습니까? 남학생들은 요즘 '라이더 되어도 잘 살아요'라고 쉽게 말합니다. 배달업이 나쁜 직업은 아니지만 학생들의 꿈으로 배달업을 추천하기는 어렵죠."

경제적 조건에 따라 수학 능력의 차이가 더 크게 벌어진다는 진단은 일치했다. 일반적으로 상위권은 나날이 성적이 좋아진다. 상위권 학생들은 온라인으로 수업 자료를 획득하고, 녹화된 영상으로 학습량을 조절할 수 있다. 공부하고 남는 시간을 활용해서 부모님과 더 시간을 보낼 수도 있으므로 학부모도 만족한다. 학업이라는 관점에서는 오히려 더 좋은 환경을 가지게 된 것이다. 하위권 학생은 그렇지 못하다. 학생이 스스로 생활이나 학습을 관리하지 못하거나, 부모가 아이를 통제하지 못하는 경우, 학교가 이를 대신하길 바란다. 당연하게도 온라인 수업 환경은 하위권 학생 본인과 부모에게 불친절하다. 두 분 선생님 모두 가정에서 부모님들이 돌볼 여유가 없는 학생들을 가장 큰 피해자로 꼽았다. 특히 어느 정도의 관리와 도움이 필요한 중위권 학생은 코로나 상황에서 도움을 받지 못했고 성적 하락 폭이 가장 컸다.

흥미로운 것은 코로나 상황에서 개학을 연기하고, 수업 형태를 결정하고, 학교 운영의 원칙을 정하는 과정에서 학부모 회의의 역할이 중요하다는 점이다. 학부모 회의는 상대적으로 상위권 성적을 유지하는 학생의 부모가 참여하는 경우가 많고, 이들의 결정은 학교 전체 운영에 영향을 미친다. 만일 상위권 학생들이 개학을 미루고, 비대면 수업을 선호한다면 그 결정을 유지할 수 있다. 특히 중앙여고의 주변은 재개발이 순차적으로 진행중이다. 그리고 재개발 진행에 따라 입주하는 구성원들이 차이가 있고 그에 따라 매년 학교에 입학하는 학생들의 사회경제적 수준도 달라진다. 학생 구성은 매년 일정 정도 차이를 보이며, 그 차이가 코로나19 대유행 상황 속에서 어떤 결과로 나타나는지도 쉽게 예상하기는 어려웠을 것이다.

멀어지는 교사와 학생

교사의 역할도 변화하였다. 코로나 유행과 함께 비대면 수업이 자연스럽게 정착되면서 학생들과의 대면 소통이 힘들어지고 친밀함이 떨어지는 것을 느낄 수밖에 없다. 앞으로 고교 학점제로 교육 정책이 변화되면 학생들과의 소통은 더 힘들어질 수 있을 것이다. 특히 교사든 학생이든 온라인에 익숙한 시절을 보내서 그런지 서로의 거리는 쉽게 좁혀지지 않는다. 학교 교실에 남아 있기보다는 일찍 퇴근하려는 선생님들도 많고, 학생들도 서로 어울려 지내기보다는 혼자 지내는 모습을 많이 보여준다. 이런 풍조는 당연히 교사와 학생들의 거리를 더 멀어지게 만든다. 비대면 교육으로 말미암아 효율성, 실용성, 흥미성 위주의 과목만 부각이 될 것에 대한 걱정도 생겼다.

미성년 학생들을 지도하는 교사들은 그들의 학업 성취뿐만 아니라 생활관리와 안전에 대한 책임도 요구받는다. 코로나19 팬데믹은 교사들에게 방역이라는 또다른 임무도 맡겼다. 교사들은 방역을 위해 훈련을 받는 사람들은 아니지만, 구체적인 지침을 학교 현장에 적용하는 데 중요한 역할을 할 수밖에 없었다. 또한 새로운 학습 방법을 고안해야만 했다. 지식을 전달하는 것뿐만 아니라 환경에 맞추어 학생 스스로 학습을 할 수 있는 전략을 안내하는 노력을 해야 한다. 특별한 환경에 맞추어 학생들의 정서와 감정 변화에도 관심을 가져야 한다. 새로운 평가 방식을 개발하고, 적극적인 수업 형태를 설계할 수 있어야 한다.

마지막으로 학생들이 학교 안팎으로 믿고 의지할 수 있는 안전판의 역할을 해야 했다. 새롭게 정의된 역할은 코로나 시기를 지나면서 새로운 교육과정의 일환으로 작동할 것으로 여겨진다. 10년이 지나고 다시 20년이 지났을 때 조상혁 선생님과 김주이 선생님, 그리고 그 분들의 동료들이 그리고 그들의 가르침을 받은 학생들은 지난 3년간의 시간을 통해 어려움과 고통보다는 새로운 길을 찾고자 노력했던 과정, 그 과정에서 얻은 통찰과 지혜를 위대한 도전의 여정으로 기억할 것이라는 생각이 들었다.

Chapter5

그리고 삶은
계속 된다

코로나와 함께 노래를*

—음악인의 몸으로 맞이한 위기의 변화

김현구

뜻밖에 찾아온 여유, 위기를 극복하기 위한 노력

2022년 8월의 어느 날, 경기도 수원 광교에 위치한 한 음악학원에서 엄세준 성악가를 만났다. 그는 경기도의 B 시립합창단의 단원이지만, 근무가 끝난 오후 시간에는 아내가 운영하는 피아노학원 일을 돕고 있었다. 또 종종 있는 성악 레슨을 이곳에서 했다. 찾아간 날은 평일 오후였지만 학원 여름 방학이어서 수강생들은 없었다. 우리는 학원에서 가장 크고, 검은 그랜드피아노가 있는 방의 테이블 가에 앉았다. 4층 높이인 연습실 창문 너머로 실개천과 초록빛 무성한 나무들이 보였다. 그는 바쁜 와중에도 이곳에서 창밖을 볼 때마다 마음이 편해진다고 했다.

---

* 이 글은 경기도 B 시립합창단의 단원인 성악가 엄세준 씨를 2022년 8월 4일에 만나 인터뷰한 내용을 바탕으로 작성되었다.

처음에 코로나19는 그에게 그리 오래가지는 않을, 곧 다시 예전으로 돌아갈 수 있는 여지가 있는 잠깐의 시련 같은 것이었다. 코로나19 바이러스가 한국에 유입되던 초창기인 2020년 1월경, 바이러스 전파를 막기 위해 B 시립합창단의 공연이 취소되던 시기에는 오히려 '한창 바쁘더니 이제 좀 쉴 수 있겠구나' 하는 생각을 하기도 했다. 합창 연습을 하기로 한 날 연습이 취소되어 갑자기 일정이 없어졌을 때, 공연장 옆 주차장에서 단원들끼리 족구를 하면서 뜻밖의 한가함에 서로 어색한 웃음을 짓기도 했다고 한다.

하지만 그런 여유는 그리 오래 가지 못했다. 2020년 2월 하순부터 신천지 대구교회발 대유행이 시작되면서 그의 합창단이 속한 시 당국으로부터 공연 제한에 대한 공문들이 내려오기 시작했고, 합창단 단원들도 점점 개인 공연 일정을 취소하게 되었다. 엄세준 성악가도 독일 유학 후 한국에서 갖는 첫 독창회를 2020년 2월 말로 앞두고 있었지만, 코로나19 유행으로 결국 미루게 되었다. 곧 얼마 후 다시 할 수 있을 거라는 희망은 코로나19 상황 악화로 옅어져만 갔다. 상황이 조금이라도 나아지길 기다리며 일정을 세 번이나 더 연기한 끝에, 다음 해인 2021년 4월에 최소 인원의 관객만 입장하고 녹음 및 녹화를 주로 한다는 조건으로 독창회를 가까스로 열 수 있었다.

코로나19는 그에게도, 그가 속한 합창단 조직에도 낯설고 난감한 것이었다. 이에 대처하는 방법과 자세도 정해진 것이 있을 수 없었다. 관할 시 당국도 코로나 상황 시 연주회를 어떻게 해야 한다는 구체적인 지침 같은

엄세준 성악가는 현재에 안주하거나 절망하지 않고 끊임없이 자신을 갈고닦는
예술가의 자세로 코로나19 상황을 극복해 나가려고 한다고 했다.

것이 없었다고 한다. 합창단의 가장 중요한 일정 중 하나라고 할 수 있는 한 달에 한 번씩 하는 기획 공연은 마스크를 쓰고 사회적 거리두기를 하면서 관객 수가 줄더라도 계속 유지했다. 반면 노인·장애인복지관과 같은 사회복지시설 및 병원 등에 있어서 공연장 접근이 어려운 이들을 위한 '찾아가는 음악회'와 같은 소규모 프로그램들은 아예 무기한 연기되었다. 그러다가 2022년 초반 코로나19 확산세가 점차 약해져서 거리두기도 완화될 무렵에는 합창단 내에서 밀접 접촉자가 발생했을 때에도, "아유, 큰 문제 없으면 그냥 공연 하시죠" 하면서 큰 제재를 가하지 않기도 했다. 거리두기 완화로 사람들의 경각심도 조금씩 풀어지고 대면모임이 활성화되면서 합창단에서 취소 및 폐지된 행사들을 하나씩 재개하려고 했지만, 2022

년 여름부터 확진자가 다시 증가하는 등 분위기가 안 좋아지면서 그런 이야기들도 다시 잠잠해졌다.

코로나 바이러스의 확산을 막기 위해 그가 속한 합창단에서는 다양한 방법들을 시도했다. 확산세가 심했을 때에도 공연이나 연습을 하지 않으면 합창단으로서의 존재 의미가 없어지기 때문에, 합창단 구성원 전체가 한꺼번에 쉰 적은 없었다고 한다. 대신 남성 단원들이 출근하면 여성단원들은 재택근무를 하거나, 오전에 남성 단원들이 출근하고 오후에 여성 단원들이 출근하는 식으로 최대한 동선이 겹치지 않으면서 연습을 계속할 수 있게 시간표를 짰다. 연습을 할 때도 거리두기하며 마스크를 쓴 채로 했다. 그런 상태로 시간이 어느 정도 지나니 마스크를 쓰고 노래하는 게 익숙해져서 마스크를 벗으면 오히려 노래가 잘 안된다는 선생님들도 있었다고 한다. 또 마스크를 쓴 채 공연을 하는 경우가 많아지면서 율동과 같이 몸을 움직이면서 노래를 하는 경우가 사라졌다고 한다.

음악인의 몸으로 코로나19에 대응하기

그도 코로나19에 확진됐었다. 확진 경로에 대해 전문가나 당국의 정확한 검증을 받은 건 아니지만, '이것 때문이다'라고 기억나는 순간이 있었다. 2022년 3월경 자신의 제자를 레슨할 때였다. 보통 성악 개인 레슨은 외부로 소리가 나가는 것을 막기 위해 밀폐되고 좁은 공간에서, 또 소리를 섬세하게 표현하고 또 소리를 섬세하게 표현하고 그것을 관찰하기 위해 가급적 마스크를 벗고 하는 경우가 많았다. 코로나19 바이러스의 확산세가 심할 때도, 아예 레슨 자체를 취소할지언정 레슨을 마스크 쓰고 하기에는 어려움이 컸다. 한 학생을 레슨하고 나서 며칠 뒤 그 학생에게 본인이 확진됐다는 연락을 받은 적이 있었다. 그리고 얼마 되지 않아 그에게도 중상이 시작됐다. 코로나에 걸렸을 때, '아 이건 코로나구나'라는 느낌이 들 정도로 평상시의 감기 혹은 독감 증세와 달랐다. 정신을 못 차릴 정도로 하루 내내 아팠었다고 한다.

성악가로 훈련된 그에게 몸 관리의 가장 중요한 부분 중 하나는 성대 및 호흡기의 상태를 최적으로 유지하는 것이다. 예를 들어 감기에 걸려 기침할 때는 일부러 성대를 벌려서, 또 가슴에 힘을 빼면서 최대한 부드럽게 기침을 하려고 한다. 그렇지 않으면 성대에 무리가 갈 수 있기 때문이다. 노래하면서 고음을 낼 때 압력이 필요한데, 일반인들은 보통 가슴이나 목이나 혀 같은 곳에 힘을 주지만 성악가들은 힘을 오히려 뺀다고 한다. 기침을 할 때도 비슷해서 목에 영향을 덜 주게 하려고 힘을 최대한 빼면서 기침하려고 한다. 이런 것들이 성악가들에게는 대개 습관화되어 있다고 한다. 코로나19에 걸리고 나서 먹은 약이 너무 독해서 계속 성대가 마르는 느낌이 들었는데, 증상을 해소하기 위해 그는 수시로 따뜻한 물을 마셨다. 또 성대가 붓는 느낌도 있었는데, 그 증상은 그가 노래할 때 목이 걸걸해지면서 목소리가 저음으로 떨어지는 현상으로 나타났다. 그런 증상을 회복하기 위한 나름의 방법으로 뜨거운 물로 전신 샤워를 하루에 여섯 번까지도 했다. 그렇게 하면서 체온을 올려 땀을 내서 노폐물을 빼내려고 했

엄세준 성악가가 새롭게 유튜브 채널을 운영하기 위해 마련한 컴퓨터 장비들

다. 이런 방법들을 통해 그는 코로나19로부터 회복이 빨랐다고 느꼈다.

홍미로운 점은, 이 같은 방법은 그가 평소 목감기 혹은 코감기에 걸렸을 때도 사용하던 방법이라는 것이다. 바이러스는 새로운 것이었을지 모르나, 그에 대처하는 방법은 이미 전부터 하던 것이었다. 그리고 그 방법은 나름의 효과가 있었다고 생각한다. 심한 증상은 그렇게 해서 회복할 수 있었지만, 다른 한편으로는 코로나19 감염으로 생긴 가래 때문에 성대가 미끌미끌해져서 원상태로 돌아오는 기간이 제법 오래 걸렸다고 한다. 그는 초반에 코로나19 감염 증상이 알려지면서 목이 상하지는 않을까, 후유증이 오래 남지 않을까 하는 점을 많이 걱정했었다. 하지만 다행히도 걱정보다는 증상이 크게 심하지 않았고, 현재는 후유증 없이 완전히 회복되었음을 느끼고 있다. 지금 돌이켜보면 코로나19가 그렇게 두려워할 만한 것이었나 하는 생각이 든다고 한다.

평소 일과 중에 마스크를 쓰고 노래하는 것 또한 그에게 힘든 일이었다. 특히 바이러스 차단 효과가 가장 크다고 알려진 K94 마스크를 쓰면 노래하기가 너무 힘들었다고 한다. 그래서 합창단 연습을 할 때는 당뇨 같은 기저질환이 있는 분들만 KF94를 쓰고 다른 단원들은 호흡하기 수월한 마스크를 착용했다. 마스크를 쓰고 노래하는 것이 노래하는 당사자에게는 불편한 일이지만, 마스크를 쓴다고 해서 발성되어 나가는 소리 자체가 크게 달라지지는 않는다고 한다. 그에게는 나가는 소리의 10중의 2 정도가 차단되는 느낌이 든다고 했다. 또 'ㅅ', 'ㅍ' 같은 파열음이 입에 '찰지게' 붙어서 나는 느낌이 덜한 정도인데, 멀리 보내는 음은 마스크를 통과한다. 조금 세게 한다는 느낌으로 노래를 하면 이전과 크게 차이 없이 소리를 낼 수 있긴 하지만, 숨을 들이쉬고 내쉬는 것에 힘이 더 들어가긴 해서 평상시에 숨 쉬는 힘이 부족하면 소리를 잘 내지 못하게 된다고 한다.

다행히도 엄세준 성악가에게는 코로나19의 '후유증'이 나타나지 않았다. 네 차례에 걸쳐 백신을 맞으면서 이틀 정도 발열과 몸살 기운이 잠시 생겼던 것 말고는 큰 부작용도 없었다. 하지만 주위에 코로나19에 걸리고 나서 노래가 잘 안 되는 분들이 생겼다. 걸리고 나서 6개월이 넘었는데도 그런 증상이 지속되었다고 한다. 방역으로 인해 공연이 많이 취소되는 상황에서 성악가 개개인들 목 관리에 소홀하면 코로나19 바이러스의 직접적인 영향 때문이 아니어도 목소리가 변하고 잘 안 나게 된다고 한다.

변화된 일상, 변화된 계획

코로나19는 개인의 인생 계획을 크게 바꿔 놓기도 한다. 엄세준 성악가는 코로나19 팬데믹 상황이 심각해지기 전에 합창단에서 보내주는 2년간의 해외 연수를 계획하고 있었다. 예정된 해외 연수 기간에 다닐 유럽이나 캐나다 같은 나라의 학위 혹은 디플로마 과정을 알아보던 중이었다. 그에게는 초등학생인 자녀 둘이 있었기 때문에, 자녀 교육을 위해서도 온 가족이 함께 갈 계획이었다. 하지만 코로나19 유행으로 인해 해외로의 이동에 큰 제약이 생기면서 그 계획은 없던 일이 되어 버렸다. 코로나19가 유행하기 시작한 때부터 2년여에 가까운 기간 동안 자녀들이 더 자라기도 했고, 또 가족 내에 새롭게 생긴 사정 때문에 코로나 상황이 진정된 이후에 가는 것을 기약할 수도 없게 되었다.

그럼에도 불구하고 코로나19로 인한 비대면 상황은 그에게 또 다른 기회가 되기도 했다. 몇 년 전부터 한국에서 유튜브 채널 개설이 활성화되는 추세와 맞물려서, 엄세준 성악가도 성악에 관한 유튜브 채널을 운영하기 시작한 것이다. 약 1년 전 유튜브 채널을 제대로 운영해 보려는 생각에 그는 새 컴퓨터부터 시작해서 동영상 촬영에 필요한 장비를 대대적으로 구입했다. 유튜브 채널에서 그는 성악 레슨할 때 가르치는 성악 발성 및 좋은 소리 내는 법 등에 대한 영상, 또 그의 공연 영상을 올렸다. 또 다른 유튜브 채널을 운영하는 피아노 연주자와 같이 영상을 만들기도 했다. 하지만 몇 달 전부터는 다른 일정들 때문에 인터뷰를 진행한 시점인 현재는 새로운 영상을 제작하지 않고 있다.

　엄세준 성악가의 부인 또한 음악인으로, 피아노학원을 운영하고 있다. 남편인 그도 시간이 날 때마다 아내의 학원 일을 돕고 있다고 했다. 피아노학원의 경우, 코로나19가 한창 유행했을 때 평소의 1/3 수준으로 수강생이 줄었다고 한다. 인터뷰를 진행하면서 그는 코로나 이전 학생들이 많았을 때, 피아노학원 가방들이 학원 한쪽 좁은 통로에 높다랗게 쌓아올려져 학생들이 그 가방들을 뛰어넘어 다니던 때를 회상했다. 2022년 9월 현재는 그런 모습을 볼 수 없다고 했다. 그나마 2022년 초반부터 조금씩 회복되기 시작하면서 현재는 예전의 50% 정도 수준이 되었다고 한다. 피아노 수강생이 줄어들었지만 그나마 그가 성악 레슨을 늘려 가면서 어느 정도 만회하고 있는 상황이었다. 학원생들이 코로나19에 걸리면 2주간 자가격리를 하는데, 그 기간 동안은 학원비를 받지 않아서 운영상 힘든 점이 많았다고 한다. 피아노학원에서 고용한 선생님들 중에서 결혼한 분들도 있었는데, 행여나 그분들 아이들 때문에라도 학원을 통해서 전염될까봐 걱정이 많았다. 그래서 학원에 손소독제, 마스크, 체온측정기 등 방역 관련 장비들을 "있는 대로 많이" 들여놓았다. 구비 목록, 장비를 비롯한 기타 용품들은 매달 일정액을 내고 회원으로 가입한 학원연합회에서 제공해 주었다고 한다. 코로나 기간 매일 오후 2~3시 정도 되면 창문 열고 전체 환기도 시켰다. 그가 너무나도 다행으로 여기는 건 코로나19의 증상이 아이들에게는 심하지 않았다는 것이다. 초반 일 년 정도는 너무 힘들었는데, 시간이 더 지나고 나니 학부모들도 코로나19가 아이들한테 크게 위험한 것이 아니라는 것과 '아이들 교육시킬 땐 시켜야지'라는 인식이 생기면서 학생들이 다시 학원으로 오기 시작했다고 한다.

예술가의 자세로 코로나 시대를 살기

성악가로서, 합창단원으로서, 또 아내와 함께하는 학원 경영인으로서 그는 코로나19로 달라진 환경 속에서 매일매일을 분투하고 있었다. 그럼에도 불구하고 그는 어떤 상황에서든 '예술가'로서의 정신을 잃지 않으려 한다고 했다. 예술가의 마음을 갖고 노래해야 소리가 잘 나오지, 정해진 일만을 규칙적으로 하는 사람으로, 단지 돈을 벌기 위해서 일을 하는 사람으로 스스로를 규정하고 노래를 하면 신기하게 목도 안 좋아지고 실력도 쇠퇴한다는 것이다. 그는 말한다. "예술은 '이만하면 됐다' 하는 순간부터 망가지는 거예요. 끊임없이 갈고 닦아서 더욱더 섬세하게 표현할 수 있어야 해요." 그의 이 마지막 말은 음악을 직접적으로 하지 않더라도, 코로나 시대를 살아가는 우리 각자의 삶 속에서 '어떻게 삶을 노래하며 살 것인가'라는 화두를 던지는 듯했다.

그래도 예술은 계속된다*

─ 코로나와 전시

정 세 권

비 오는 서촌

인터뷰 약속을 잡은 2022년 10월 11일은 연휴 마지막 날이었다. 연휴를 피하고 싶은 마음이 내심 간절했지만, 김미경 작가의 전시회가 이튿날 마감될 예정이었기에, 이왕이면 전시 현장을 느껴볼 요량으로 일정을 잡았다. 오후 3시 서촌으로 들어가는 경복궁역을 나서니 빗방울이 듣기 시작했다. 가을비치고는 제법 많이 내릴 것이라는 일기예보를 확인했는데, 서둘러 집을 나서느라 우산을 깜빡했다. 낭패였다. 게다가 처음 만나는 작가의 전시회를 방문하고 인터뷰를 하는데, 빈손으로 갈 수도 없어 뭔가를 살 곳을 찾아야 했다. 빗속을 뚫고 통인시장으로 달려갔다. 따뜻한 차나 음식

---

* 이 글은 김미경 작가를 2022년 10월 11일 창성동 실험실에서 만나 인터뷰한 내용을 바탕으로 작성되었다.

을 살까 하다가, 아직 여러 사람이 모이는 실내는 조심스러워 마들렌 한 세트를 구입했다. 경복궁역을 나서 통인시장으로 가는 서촌 일대는 삼삼오오 우산을 쓴 인파가 호젓하게 비 오는 가을을 만끽하고 있었다. 연휴 마지막 날 우산 없이 빗속을 달리는 나만 분주했다.

서촌 골목길 구석에 있는 창성동 실험실은 예전에 다른 작가의 전시를 보러 방문한 적이 있었다. 사실 인터뷰할 문화예술인으로 김미경 작가를 추천해 준 이도 그 작가였다. 코로나에 한번 걸린 적 없이 무난하게 지난 3년을 보낸 자기보다, 최근 코로나에 확진되어 힘들었음에도 전시회를 준비하고 개최한 김미경 작가가 훨씬 더 나을 것이라고 했다. 김미경 작가에게 직접 연락을 해 인터뷰를 허락받고 일정을 잡아주기도 했다. 오늘 전시장에서 같이 만났다가 인터뷰를 마치면, 그 작가와 저녁을 먹기로 했다. 문화예술에 일말의 식견도 없는데 하루에 두 명의 작가를 만나는 특이한 날이었다.

코로나가 유행하면서 문화예술계가 직격탄을 맞았다는 이야기는 심심찮게 들려왔다. 사회적 거리두기와 다중이용시설 집합금지 조치에 따라 극장이나 공연장에 사람이 모이는 것 자체가 아예 금지된 적도 있었다. 코로나가 진정되면서 한 칸씩 떼어 앉는 궁여지책이 도입되었지만, 문을 닫는 영화관, 공연을 내리는 극장이 속출했다. 무대에 서는 배우나 가수 혹은 음악가, 작품을 제작하고 공연을 올리는 제작사와 스태프, 영화관이나 극장을 운영하는 사람들 모두 엄혹한 시간을 보내야 했다. 전시는 어땠을까? 킨텍스나 코엑스처럼 대형 전시장의 경우 손소독, 마스크나 일회용 장

관객들에서 작품을 설명하고 있는 김미경 작가

갑 착용, 발열 측정 등 이중삼중의 방역 시스템을 확보한 다음에야, 예전
보다 규모를 대폭 축소한 전시를 진행할 수 있었다. 그나마 이런 상업적인
전시는 관심을 갖고 찾아오는 관람객이 제법 있다고 했다. 하지만 소규모
의 문화예술 전시는 대부분 연기되거나 취소되었고, 겨우 개최된 경우에
도 전시장을 찾는 관람객은 예전에 한참 못 미치는 수준이었다고 한다. 이
런 우울한 소식들을 안고 비 오는 날 김미경 작가를 만나러 가는 길이 그
리 신날 수는 없었다.

　작은 전시장에는 비 오는 연휴 마지막 날 오후인데도 제법 사람들이 있
었다. 작가를 응원하는 지인들부터 전시 소식을 듣고 찾아온 오랜 팬까지,
그리고 서촌 골목을 걷다 전시회장 밖에 붙은 포스터를 보고 무슨 전시인

가 조심스레 들어와 보는 사람도 있었다. 그 가운데 환한 웃음으로 손님을 맞이하는 김미경 작가가 보였다.

처음부터 글을 쓰고 그림을 그려 전시하는 작가는 아니었다. 대학을 졸업하고 신문사에서 입사하여 20여 년 동안 기자 생활을 한 김미경 작가는 기자 일을 그만두고 가족과 함께 미국으로 떠났다가 귀국하여 아름다운 재단 사무총장을 맡았다. 그즈음 서촌으로 이사 온 작가는 아예 서촌을 그리는 전업작가의 길로 들어서, 2015년 첫 전시회 〈서촌 오후 4시〉를 개최했다. 예전 언론 인터뷰에서 김미경 작가는 전업작가를 시작했던 당시를 다음과 같이 회고한 바 있었다.

"어느 날 아름다운 재단 옥상에 올라갔는데 뉴욕의 풍경보다도 더 그 풍경이 아름답다는 생각이 드는 거예요. 기와집, 적산가옥 등에 빠져 스마트폰인 갤럭시 노트로 단숨에 그림을 그렸죠. 대학생 때 서촌에 살 때는 벗어나고 싶은 곳이기만 했는데 말이죠. 그 그림이 바로 〈서촌옥상도 0번〉이에요."*

첫 전시회 이후 7년의 시간이 흘렀고, 그 사이 〈서촌 꽃밭〉(2015), 〈좋아서〉(2017), 〈그림 속에 너를 숨겨 놓았다〉(2019), 〈바람난 60살〉(2020) 등 네

---

* "뉴욕 풍경보다 아름다운 서촌 옥상 절경에 빠져 전업화가로 변신", 『여성신문』(2018. 12. 20.)

번의 전시를 더 했다. 마지막 전시회가 2020년 6월이었으니, 코로나가 급속도로 유행하면서 전시를 한동안 못한 셈이었다. 그 시간은 어땠을까?

서촌 옥상화가의 창작 시간

처음 인사를 나누고 인터뷰를 위한 장소를 준비하는 동안 계속 관객들이 찾아왔다. 하루 두 번 있는 작가 설명회를 오늘은 취소할 계획이었다고 했다. 전시를 준비하고 전시장에서 관객을 맞이하며 무리했던 탓인지 전시회를 시작하고 얼마 지나지 않아 잠시 졸도까지 했던 터라, 안정을 취할 필요가 있었기 때문이었다. 그렇지만 비 오는 오후에 어렵게 걸음한 손님들을 마냥 외면할 수 없었는지, 작가는 인터뷰를 조금 미루자고 양해를 구했다. 대신 작품 설명을 같이 들어보라고 권했다. 인터뷰 전 작가의 마음과 작품을 살피는 예습이려니 했다.

작가는 지난 몇 년 동안 서촌에서 건물, 옥상, 꽃, 사람들을 그렸는데, 그러다 보니 어느 순간 서촌을 감싸고 있는 산이 보이기 시작하더란다. 그래서 이번에는 아예 산을 주인공으로 삼아 그림을 그렸다고 했다. 펜으로 그린 그림이 대부분이었지만, 가끔 채색을 한 작품도 있었다. 매일같이 쉬지 않고 그림을 그리는 게 힘들 법도 했을 텐데, 참으로 즐겁고 행복한 시간이었다고 소감을 밝히는 작가의 얼굴은 피곤함이 묻어 있기보다는 살짝 들뜨고 상기되어 있었다.

짧은 설명회를 마치고 장소를 옮겨 따뜻한 물 한 잔과 함께 인터뷰를 시작했다. 코로나가 유행하면서 작품 활동을 하는 데 특히 어려움은 없었느냐는 첫 질문에 김미경 작가는 크게 달라진 것은 없었노라 대답했다. 오는 내내 머릿속에 맴돌았던 문화예술계의 어려운 사정이 떠올랐기에, 살짝 의외였다.

> "사실 저는 그림을 그리기 위해 특별하게 준비하는 게 없어서 그럴 거예요. 집을 나서 길거리에서, 아니면 옥상에서 그림을 그리니까요. 한 번에 오랜 시간을 들여 펜으로 그리는 방식을 계속 고집하고 있는데, 예전에도 그랬고 코로나 시기라고 해서 딱히 달라질 건 없었어요."

초창기부터 작가는 그릴 대상을 사진으로 찍어 나중에 그걸 보면서 그리지 않는 것을 원칙으로 삼았다. 그래서 전업작가로 처음 들어섰을 때, 친구가 운영하는 카페에서 일을 도운 적이 있는데, 무심코 나간 테라스에서 본 풍경에 취해 그 자리에 주저앉아 그림을 그리기도 했다고 한다. 한참 서촌 옥상의 풍경에 취해 있을 때는, 전망이 좋을 법한 다른 집 옥상을 구걸하기도 했단다. 한 번만 옥상에 올라갈 수 있게 허락해 달라고 하도 부탁을 많이 해서, 인근에서는 '옥상동냥녀'라는 자랑스런(?) 별명을 얻기도 했다. 가끔은 서촌에서 멀리 떨어지지 않은 광화문 대한민국역사박물관 옥상에도 올라갔다. 계절의 변화에 따라, 눈비가 내리든 볕이 화창하든 그곳에서 바라보는 서촌은 무한한 영감의 대상이 되었다. 그렇게 작가는 하루도 쉬지 않고 펜을 들어 그림을 그렸다. 이런 성실함이 코로나 대유행 시기라고 해서 무뎌지지는 않을 터였다.

그래도 코로나 때문에 바뀐 것도 있었다. 무엇보다 서촌을 벗어나 여행을 가서 그림을 그릴 수 없게 된 상황이 제일 아쉬웠다. 예전에 뉴욕에 머무르던 때에는 '뉴욕 옥상도'를 그리기도 했고, 꽃을 그리기 위해 해남의 땅끝마을을 비롯해 전국을 다녔다. 서촌의 옥상, 그리고 서촌의 사람과 주변의 산이 아니어도 그리고 싶은 대상이 많은데, 코로나는 그런 바람을 잠시 접어 놓게 만들었다.

게다가 같이 그림을 그리거나 그림에 관심 있는 사람들과의 만남도 줄었다. 예전에는 '인왕산을 그리는 모임' 등 SNS를 통해 소소하게 모인 사람들이 같이 그림을 그리고 얘기 나눌 기회가 많았는데, 지난 몇 년 동안 그런 모임을 할 수 없었다. 자신의 작품을 설명하고 함께 나누는 동호회나 강연 기회도 많이 사라졌다. 그림을 그리는 창작 활동은 크게 변한 게 없지만, 이를 소소하게 나눌 수 있는 시간을 코로나가 앗아간 것이었다.

창작과는 다른 소통의 어려움

마지막 전시 이후에 이번 전시를 준비하기까지 2년의 시간이 걸렸다. 주기로 봤을 때 많이 늦어진 것은 아니었지만, 막상 이번 전시를 언제 할 수 있을지 걱정을 꽤 많이 했단다. 코로나 대유행 시기에 우연히 참여했던 공동전시회의 악몽(?)도 겹쳤기에 더욱 불안했다. 지난 2020년 12월 종로구와 종로문화재단의 지원으로 종로 및 서촌에서 활동하는 세 명의 작가가 공동전시회를 개최한 적이 있었다. '삼인거'(三人居)라는 제목의 전시회에서 김미경 작가는 기존에 그렸던 그림을 선별해 전시했는데, 마침 시작일인 12월 15일이 국내에서 코로나 확진자가 처음으로 1,000명을 처음 넘긴 날이었다. 불안한 예감이 적중했는지, 첫날 전시회를 찾은 사람이 아무도 없었다. 작가로서 처음 겪는 일이었기에, 그리고 그 이후 전시를 미루거나 취소하는 동료들의 소식이 계속 들렸기에, 이번 전시를 준비하면서도 걱정이 떠나질 않았다고 했다.

전시회에 관객이 없거나 적다는 건 전업작가로서는 생존의 문제이기도 했다. 김미경 작가는 그동안 다섯번의 전시를 하면서 모든 작품을 판매했다고 했다. 정식으로 미술교육을 받지 않았기에 기존 화단에서 열렬히 환영받거나 유명 갤러리에 전시될 만큼 고가의 작품으로 평가받지 못했다. 그렇다고 해서 길거리에서 팔리는 관광엽서나 화방에 걸린 싸구려 작품으로 취급받기도 싫었다. 미술계에서 이런 애매한 자리에 있는 자신의 위치를 알았기에 최선을 다해 그림을 그렸고 그만큼 평가받기를 원했다. 그래서 김미경 작가는 전시회 때마다 작품을 최대한 홍보하면서 적절한 가격으로 판매하는 전략을 취해 왔다. 페이스북을 비롯한 SNS를 통해 전시회와 작품을 알렸고, 꽃을 주제로 했던 전시회에서는 하루 만에 작품 모두를 판매해 '완판녀'라는 이름을 얻을 정도였다. 전시회를 열어 작품을 판매해야만 그 수익으로 다시 작품 활동을 할 수 있었기에, 이는 전업작가로서 생계가 달린 일이었고 생존의 문제였다. 다행히 다섯 번째 전시까지는 작가의 적극적인 홍보와 관객들의 호응으로 이런 전략이 적중했다.

김미경 작가 여섯 번째 전시회 '산이 보이네' 엽서

그러나 앞서 말한 2020년 12월 전시회에서는 단 하나의 작품도 판매하지 못했다. 정말로 가까운 지인 외에는 전시장을 찾는 사람이 없었기 때문이었다. 신작도 많지 않았고 개인전도 아니었기에 애써 담담하게 대처했지만, 그동안 겪어 보지 못한 일이라 내상이 적지 않았다. 올해 초부터 준비하기 시작한 전시회가 무산되지 않을까, 관람객이 안 오면 어쩌나 하는 걱정이 떠나질 않았다. 게다가 전시를 준비하던 9월 김미경 작가는 코로나에 확진되어 상당히 아프기까지 했다. 격리 해제된 이후에도 입맛이 쉬돌아오지 않았고 예전보다 훨씬 더 피곤했다. 전시회가 시작될 때까지 건강이 완전히 회복되지 않아 몸과 마음이 모두 힘들었다. 관객들과 작품을 공유하는 예술가로서, 나아가 작품을 판매하고 다음 활동을 준비해야 하는 전업작가에게 코로나는 분명 악재였다.

그렇게 걱정했건만 이번 전시회를 시작하는 첫날, 6시 오프닝 이전에 관람객들이 입장하기 시작했다. 작가의 말처럼 정통 화단의 작품과 싸구려 모작의 중간에서 나름 의미 있는 작품을 만드는 지위를 인정받은 셈이었고, '서촌 옥상화가'라는 별명에 맞게 작가의 독특한 작품을 기다린 관객들의 응답이기도 했다. 이에 김미경 작가는 졸도할 정도로 분주하게 다시 관객을 만나고 작품을 설명, 홍보하고 있었다. 그리고 그 힘으로 다시 서촌을 그릴 것이었다. 코로나가 전업작가의 생계를 위협했을지 모르지만, 예술가의 열정을 식힐 수는 없었다.

인터뷰를 마치고 다시 나선 서촌 거리. 어둑해진 거리에 빗방울은 잦아든 대신 구경하는 사람들은 더 많아졌다. 코로나 때문에 어디라도 멀리 떠나기 힘들었을 때 사람들은 예전보다 더 서촌을 찾았을지도 모른다. 하지만 그 서촌을 매일 그렸던 작가의 작품은 예전처럼 만나기 어려웠을 테다. 코로나가 가져온 역설이다.

혼자일 때나 여럿일 때나 같은 속도로 뛰는 아이[*]

— 여자축구 국가대표가 되어 다시 만난 학생 이야기

조민하

코로나19 팬데믹 이후 감염병 확산 방지를 위한 사회적 대응책이 마련되었다. 물리적 접촉 차단을 위한 마스크 착용, 재택근무, 사회적 거리두기 등이다. 그러나 직업의 본질적 속성상 이와 같은 당국의 지시를 따를 수 없는 부류가 있다. 바로 집단 스포츠를 업으로 하는 전업 운동 선수들이다. 함께 경기를 뛰어야 하는 선수들과의 연습뿐 아니라 경기의 주최 이유가 되기도 하는 관중들과의 만남조차 중단되었다.

대면 활동이 불가능했던 상황에서 운동선수들의 삶은 어떠했을까. 특히 집단 스포츠는 실제 육체적 대면 연습을 통해 팀워크를 갖추는 것이 핵심인 종목이다. 이들이 코로나19 시기에 직면했던 고립의 순간을 어떻게 극복했는지 알아보기 위해 현재 활동하고 있는 축구선수를 만나 이야기를

---

[*] 이 글은 인천현대제철 레드엔젤스 미드필더로 활약하고 있는 국가대표 장창 씨를 2022년 9월 12일에 인터뷰한 것을 바탕으로 쓴 글이다.

들어보았다.

국가대표로 활동하고 있는 장창 선수는 현재 인천현대제철 레드엔젤스 미드필더다. 장창 씨가 2019년 서울특별시청에 입단한 이듬해 2020년부터 한국에서도 코로나19가 확산되기 시작했고, 그로 인해 상당 기간 제대로 된 훈련을 할 수 없었다. 장창 씨는 2018년 제18회 자카르타·팔렘방 아시안게임 여자축구 국가대표로 출전하여 동메달을 획득하는 데에 중요한 기여를 했을 만큼 뛰어난 기량을 가졌다. 혼자 할 수 없는 일을 홀로의 시간 속에서 어떻게 해낼 수 있었는지 그 과정을 구체적으로 알아보았다.

프로 선수가 되자마자 맞닥뜨린 코로나

먼저 장창 선수가 서울특별시청에 입단(2019)한 직후에 코로나19가 시작된 셈이어서 그 점에 대해 먼저 물어보았다.

> "한국에서는 2020년 3월이 되어서야 코로나가 많이 퍼졌지만, 우리는 1월 달부터였어요. 그렇게 심하게 단속했던 게."

한국에서 코로나가 대유행하기 시작한 건 2022년 2월 초부터였다. 그런데 구단에서 거리두기를 시행한 건 그보다 이른 1월부터였단다. 국내 확진자가 처음 발병하기 시작한 시점이다. 집단 스포츠라는 특성상 선수 중 확진자가 한 명이라도 나오면 모든 경기 일정이 중단된다. 다른 스포츠와

장창 선수의 훈련 모습. 장창 선수는 코로나 기간을 "닭장에 갇힌 닭"처럼
숨을 못 쉴 만큼 힘든 기간이었다고 한다.

는 달리 좀 더 발빠르고 엄격하게 방역 관리를 해야만 하는 이유였다.

1월부터 두 달 보름 동안 숙소에 갇히다시피 하는 기간이 이어졌다. 1.5
룸이나 좁은 투룸 형식의 기숙사에 4명씩 배정되어 다른 방으로의 이동이
나 바깥출입도 금지되었다. 끼니도 배달 음식으로 해결하는 경우가 많았
다. 운동 시간만 잠깐 나가서 소그룹 트레이닝을 마친 후 즉시 숙소로 복
귀하면 다시 이동이 제한되었다.

"이렇게 가둬 놓고 운동 시간에만 나가서 한다거나 이게 되게 정신적으
로… 저희가 스트레스를 엄청 많이 받았었고… 그때를 생각하면 차라리 경
기를 못했던 휴가가 나았던 것 같아요."

코로나가 확산됨에 따라 선수 중에서도 확진자가 나오기 시작했다. 한 명의 확진자가 생기면 이차 감염을 차단하기 위해 나머지는 모두 집으로 휴가를 떠났다. 보름을 주기로 모였다 흩어지기를 반복하는 기간이 일 년 동안 이어졌다. 운동선수의 기질상 움직이지 못하고 좁은 공간에서 여러 명이 집단생활을 하는 것은 너무도 큰 스트레스로 다가왔다. 장창 선수는 그때를 "닭장에 간힌 닭"처럼 숨을 못 쉴 만큼 힘든 기간이었다고 전한다.

함께 연습할 때도 운동을 제대로 할 수 있는 상황을 만드는 것은 쉽지 않았다. 2021년 상반기 6개월여간 운동장 대여가 어려웠다. 낮에는 다른 사람들과 접촉 가능성이 있어서 새벽 일찍 간단하게 연습하거나 저녁 늦게 야간 등을 켜고 잠깐 호흡을 맞추어 보는 정도였다. 운동장을 대여할 수 없을 때는 기숙사 옥상에 모여 연습하는 일도 있었다. 실내가 아니니 거리두기를 할 필요가 없었고 신고당할 일도 없었다. 그러나 여전히 팀워크를 만들기는 충분치 않았고 불충분한 연습은 실제 경기에서 제 기량을 발휘할 수 없게 하는 원인이 되었다.

자신과의 싸움에서 이기기 위하여

훈련을 제대로 할 수 없게 되면 경기력뿐 아니라 체력 관리도 문제가 될 터였다.

"부상 위험도 되게 높았고요. 그래도 혼자 할 수 있는 방법을 찾아 최선을 다했어요."

연습이 불충분한 상태에서 경기에 출전하다 보니 심각한 부상을 당하는 동료들이 속출했다. 다친 정도에 따라 수술하거나 회복될 때까지 기약 없이 쉬어야 했다. 부상 후 관리가 제대로 되지 않으면 신체 기능이 더욱 악화되어 재활 기간이 하염없이 길어지기도 한다. 수술 후 6개월에서 1년 정도를 쉬어야 재발 위험이 낮아진다. 장창 선수는 다행히 다치는 일이 없었고 그래서 계속 경기에 출전할 수 있었다.

선수 중 누군가 코로나가 확진되어 휴가 기간이 되면 다음 경기를 위해 혼자서라도 연습을 해야 했다. 기초 체력을 유지하기 위해 헬스장에서 했던 PT를 꾸준히 했다. 물론 야외에서. 혼자 할 수 있는 축구 기술을 연습했다. 공으로 할 수 있는 운동을 두 시간씩 2회 총 네 시간을 한 후 운동장을 뛰었다. 무조건 아무 생각 없이 또 두 시간을 뛰었다. 무엇도 예측할 수 없는 상황에서 장창 씨가 할 수 있는 것은 계속 몸을 움직이는 일이었다.

혼자 운동하는 시간이 많아지면서 몸의 피로가 쌓이기 시작했다. 식단 관리와 후 관리가 미비한 탓이었다. 재활이 가능한 병원 시설을 찾아서 연습을 이어갔다. 재활에 활용되는 기구들과 내원인의 건강 관리를 위해 마련된 영양식을 판매하는 구내식당도 이용할 수 있었다. 끼니를 위해 어머니께 신세 지지 않아도 된 것이 다행이었다. 재활병원에서 가끔 만나는 체육인들을 보면서 위안과 힘을 얻을 수 있었다.

종잡을 수 없는 경기 일정

이런 불안정한 상황 속에서도 경기는 계속되어야 했다.

"한동안은 무관중 경기여서 좀 힘들었죠. 연습 경기가 취소되기도 하고요. 광저우 아시안 게임도 갑자기 취소되고…."

시청 소속이었기 때문에 팀이 해체되거나 연봉이 깎이는 일은 없었다. 그나마 체육인들 가운데 괜찮은 상황이었다. 그러나 경기가 취소되어 일정에 갑작스러운 변화가 생기는 일이 많았다. 연습 경기 일정을 잡는 것 자체가 힘들었고 일정이 잡혀도 두 팀 중 누군가 한 명이 코로나에 걸리면 경기가 취소되는 상황이 반복됐다. 실전 경기를 못 하고 리그에 투입되는 경우가 많아서 팀워크가 무너지는 게임을 감수해야 했다.

무관중 경기 역시 좋은 결과를 낼 수 없는 원인이었다. 일 년 육 개월 정도 무관중 경기가 이어졌다. 이전에도 여자축구는 크게 인기 있었던 종목은 아니었다. 그래도 꾸준히 찾아주는 열혈 팬이 있어 힘을 내고 관중과 함께 호흡할 수 있었다. 코로나 이후 팀워크가 어긋난 상황에서 경기를 보아줄 관중도 없다 보니 컨디션 이상의 성과를 내기는 어려웠다.

2022년 9월로 예정되었던 중국 항저우 아시안 게임이 취소되어 또 한 번 힘이 빠졌다. 일년 연기를 예상하지만, 중국이 제로 코로나 정책을 포기하지 않는 한 아시안 게임의 개최 시기는 불투명하다. 장창 선수는 4년에 한 번 찾아오는 아시안 게임에서 최고의 기량을 뽐내고 싶었다. 나름대로 주변의 기대를 받고 있는 시기여서 큰 무대에서 꿈을 펼칠 날을 손꼽아 기다리고 있던 터였다. 올해 스물일곱. 내년에는 한 살을 더 먹을 것이고 4년 후에는 30대 초반이 된다. 큰 기회가 영영 없어져 버릴 수도 있다는 생각을 하면 미래에 내가 무엇을 해야 할지 막막해지는 순간이 찾아오기도 한다.

코로나 이후의 계획과 전망

그래도 최근에는 예전보다 상황이 좋아졌다. 코로나 이후 계획을 어떻게 세우고 있는지 물어보았다.

"좀 더 좋은 환경에서 일하게 된 건 맞아요. 앞으로 후배들에게 도움이 되는 일을 하고 싶어요."

국가대표로 활약하고 있는 장창 선수의 훈련 환경은 이전보다 개선되었다. 코로나 상황도 좋아졌다. 지금의 모습이 코로나19 이전과 완전히 같을 수는 없지만, 연습과 경기에서 제 기량을 발휘할 수 있는 조건이 갖추어지고 있다. 에너지만 충만했던 20대 초반과는 달리 나름의 경험이 쌓여 좋은 기술을 구사할 수 있게 된 스스로가 자랑스럽다. 코로나 이전에는 너무나도 당연했던 팀 훈련이 감사하고 즐겁다.

장창 선수는 본인이 좋아하는 축구를 가능한 한 오래 하고 싶다고 했다. 필드에서 뛸 때가 가장 행복하기 때문이다. 그러나 적당한 시기가 되면 후진 양성을 위해 힘을 보태고 싶다는 바람을 전했다. 체육 지도자나 운동 치료사를 꿈꾼다. 혼자서 감당해야 했던 힘든 시기를 거치며 얻었던 깨달음과 기술을 후배들에게 전하고 싶다. 혹은 행정가가 되어 대한민국의 체육 진흥에 기여할 수 있는 일을 하고 싶다고도 했다.

장창 선수는 인터뷰어인 본인이 대학에서 가르치던 학생이었다. 조용하지만 성실하고 뚝심 있었던 모습이 기억에 남는다. 초롱초롱한 눈으로 교수님을 뚫어져라 쳐다봐서 나를 긴장시켰던 학생. 발표 시간에 수줍음이 많고 입으로 말을 꺼내기 위한 준비 시간이 다소 걸리더라도 끝까지 제대로 해내고야 마는 학생이었다. 축구선수로서 견디기 어려웠던 코로나19 팬데믹 시기를 잘 이겨내고 국가대표까지 되어 다시 만난 장창 선수는 여전히 멋졌다. 남들이 보지 않을 때에도 스스로에게 최선을 다한 자만이 누릴 수 있는 값진 선물을 한아름 안고 있었다. 장창 선수의 미래는 더 밝을 것이며, 경험과 세월만큼의 빛이 더해질 것이라는 확신이 드는 시간이었다.

팬데믹이라는 블랙홀, '나의 삶'이라는 화이트홀*

―환자들에 대한 마케팅에서 나 자신을 위한 마케팅을 향하여

박성호

낯선 분야의 종사자를 찾아서

'이 분야'에 일하는 사람이란 사실 나로서는 너무나도 낯선 세계의 존재였다. 일단 성형외과라는 것부터가 나와는 거리가 멀다. 보통의 40대 남성에게 성형이란 전혀 남의 이야기거나, 혹은 주변의 배우자 정도에게나 해당되는 이야기에 불과할 뿐 스스로 성형에 대해 관심을 갖거나 관련 정보를 찾아보는 일은 흔치 않을 것이다. 필자처럼 자신의 외모에 대해 딱히 관심이 없는 사람이라면 더욱 그렇다. 가끔 지하철이나 버스에서 접하는 광고 속에서나, 혹은 인터넷에서 떠도는 '성형 의혹' 운운하는 기사를 통해서나 성형외과의 존재를 확인할 뿐, 실제로 그게 어떤 세계이고, 그 안에서

---

* 이 글은 성형외과 마케팅 담당자로 활동하다가 퇴직한 이지윤 A병원 (전)마케팅팀장을 대상으로 2022년 9월 30일에 인터뷰한 내용을 바탕으로 작성되었다.

어떤 일이 벌어지는지에 대해서는 전혀 아는 바가 없었다.

의료인문학 분야에 종사하는 연구자 입장으로서도 성형외과 분야는 어딘가 낯설다. 물론 흉터 치료 등을 목적으로 하는 성형도 존재하지만, 보통 한국에서 시장 규모를 확보하고 있는 쪽은 미용 성형인지라, 과연 이 분야도 의료의 일부로 인정할 수 있는가에 대한 논란도 있어 왔고, 하물며 인간의 생로병사와 직결된다고 보기 어려운 이 분야를 의료인문학의 연구 대상으로 삼을 수 있을까 하는 의구심도 있었다. 그러나 다른 한편으로는 환자의 '마음'과 긴밀하게 연결된 분야라는 점 때문에 기존과는 다른 새로운 관점에서 의료와 관련된 의제에 접근할 수 있는 분야가 아닌가 하는 호기심도 있었다.

경기도 용인에 위치한 경기도일자리재단 여성능력개발센터에서 그를 만났다. 현재 그는 새로운 아이템으로 창업을 준비하고 있으며, 예비창업자 자격으로 경기도에서 진행하는 지원사업에 선정되어 센터 내의 작은 공간을 배정받았다. 사실 그는 주로 온라인을 활용한 업무를 하는지라 이 공간을 사용하는 일은 별로 없다고 했지만, 인터뷰를 위한 장소로서는 더할 나위 없이 적절했다.

최고의 한 해에서 최악의 한 해로

무엇보다도 성형외과 마케팅이라는 낯선 분야에 대한 궁금증이 컸다. 의료인문학의 관점에서도 일단 성형 쪽은 관심의 주된 대상으로부터 다소 멀리 있는데다가 마케팅이라고 하면 더욱 낯설 수밖에 없는 영역이었기 때문이다. 간혹 지하철에나 버스에서 보았던 병원 광고를 떠올려 보았으나, 그런 성격의 일이라고 한다면 굳이 전문가가 필요할까.

"그건 아주 일부죠. 게다가 국내 시장은 이미 포화 상태라서 우리가 일반적으로 생각하는 마케팅으로는 환자 유치가 어렵습니다. 제가 해외에 눈을 돌리게 된 계기도 그래서였죠. 한국 성형 쪽에 관심을 가진 외국인들은 많은데, 정작 이 사람들에 대한 마케팅은 거의 이루어지지 않고 있었거든요."

이지윤 씨가 두각을 드러낸 건 해외 마케팅 쪽이었다. 그가 특별히 외국어에 능숙했다거나, 혹은 마케팅에 일찍부터 성과를 거두어 왔던 것은 아니다. 원래 그는 디자이너였고, 웹 관련 일을 주로 해 왔다. 그런 그에게 성형 마케팅은 낯선 분야였지만, 일을 시작하고 보니 의외로 마케팅은 그가 여태껏 거쳐 왔던 다른 분야의 일과 크게 다르지 않았다. 고객의 니즈를 파악하는 것, 시장의 빈 부분을 공략하는 것. 이런 간단한 원칙을 적용하고 보니 눈을 돌리게 된 것이 바로 해외였다. 국내 시장은 이미 포화 상태였고 경쟁도 치열했지만, 아직 해외를 본격적으로 공략하는 병원은 없었다. 그런데 정작 해외로부터의 수요는 많았다.

그걸 확인하기 위해 직접 일본과 중국을 다녀왔고, 이쪽에서 활용되는 SNS 등을 적절히 활용하면 충분히 한국에서 하는 것과 같은 마케팅이 가능하겠다 싶었다. 언어 문제는 현지 출신 직원을 채용하는 것으로 해결했

2021년 1월, 싱가포르의 톰슨 메디컬센터에서 Woman Health & Aesthetics
관련 현황 방문 조사때 찍은 사진.

다. 통·번역과 내원 환자의 문화적 특수성을 고려한 응대 등은 외국인 직원에게 맡기고, 마케팅 업무 관리 전반을 자신이 맡는 것으로 구성했다. 이 전략은 말 그대로 '대박'을 쳤고, 병원 매출은 이전 대비 6~7배 가량 높아졌다. 나중에는 설마 하는 심정으로 태국 시장에도 손을 뻗쳤는데, 이 또한 크게 성공을 거두었다. 일본, 중국에 이어 태국까지 포함하면서 해외 마케팅이 한창 절정에 달했던 것은 2019년 상반기 무렵, 그러니까 코로나19가 터지기 딱 1년 전이었다.

"코로나19 직전이 가장 피크를 쳤던 때였죠. 일본이나 중국은 그렇다 쳐도, 태국까지 성공할 거라는 확신은 없었거든요. 그런데 태국까지 잘 되고 보니 좀 더 욕심을 부려도 되겠다 싶었어요. 그래서 생각하게 된 게 싱가포르였습니다."

그가 코로나19를 처음 피부로 느끼게 된 것은 2020년 구정 연휴 때의 일이라고 했다. 아직 코로나19라는 명칭조차 만들어지기 이전이었다. 연휴 기간을 이용해서 그는 싱가포르 출장길에 올랐다. 한국의 성형외과에서는 겨울철이 보통 대목이기 때문에 명절 연휴 때가 아니면 도저히 해외 출장은 엄두를 낼 수 없기 때문이었다. 중국과 일본에 이어서 태국에서도 소기의 성과를 거두었던 터라 나름대로의 포부와 자신감을 품고서 싱가포르의 시장 상황을 확인하고 마케팅 확장 가능성을 타진하기 위해 선택한 출장길이었다.

2020년 1월 말, 중국에서 신종 바이러스가 확산된다는 소식과 함께 국내에도 확진자가 발생할지 모른다는 위기감이 조금씩 올라오던 무렵이었다. 구정 연휴를 이용해 짧은 출장길에 올랐다. 의료관광이 발달한 싱가포르의 상황을 살펴보고, 이를 국내 마케팅에 활용할 방안이 없는지를 살필 겸, 나아가서는 싱가포르에서의 잠재적인 수요를 한국으로 끌어오기 위해 효과적인 홍보 수단이 무엇인지를 확인하기 위함이었다.

싱가포르는 그에게 매우 흥미로운 곳이었다. 가능성도 충분히 보였다. 무엇보다도 화교의 영향력이 큰 나라라는 게 눈에 띄었다. 당시 그는 중국인 직원을 채용해서 중화권 환자들에게 대응하고 있었는데, 2016년 한한령(限韓令) 이후로 중국 쪽은 많이 위축된 상태였기 때문이다. 화교들을 상대로 한다면 새로 직원을 채용하지 않아도 기존 중국인 직원을 활용하면서 환자를 확보할 수 있겠다는 생각이 들었다.

당시 싱가포르의 하얏트 호텔에서는 의료 관계 컨퍼런스가 진행되고 있었다. 그에게는 큰 상관은 없는 자리였지만, 마침 그날 그는 그 건물 앞을 지나쳐 갔다. 꽤 큰 규모의 컨퍼런스라고 생각하고 무심히 지나갔지만, 싱가포르의 팬데믹은 그곳에서부터 본격적으로 시작되었다. 그는 그 소식을 귀국 직후에 들었다고 했다. 자신이 팬데믹의 분화구 바로 옆을 지나쳐 간 것만 같아서 약간 소름이 돋았노라고 했다.

팬데믹의 블랙홀, 공든 탑은 무너지고

코로나19는 이지윤 씨가 하는 일에는 치명적인 타격을 주었다. 무엇보다도 내원하는 환자의 70% 가량이 외국인이었기 때문이다. 코로나19의 발원지였던 중국은 물론이려니와, 곧이어 일본이나 태국으로부터의 환자 유입도 끊겼다.

무엇보다도 답답한 것은 환자들로부터의 문의는 계속 빗발치는 상황이라는 점이었다. 인터넷을 활용한 마케팅은 여전히 진행 중이었으므로, 적잖은 환자들이 그러한 흐름을 좇아 병원으로 연락을 취해 왔다. 인터넷은 여전히 세계 곳곳으로 연결되어 있었고, 수많은 이들이 그 길을 따라 그에게 찾아왔다. 아니, 찾아오고 싶어했다. 그러나 인터넷의 길을 좇아 그네들의 몸을 이동시켜 줄 수단이 끊겨 버린 후였다. 무비자 입국이 중단되고,

관광비자 발행이 중지되고, 항공편마저 사라졌다.

　가장 큰 문제는 이 상황이 언제까지 지속될지 알 수 없다는 점이었다. 처음에는 반 년 이상을 생각하지 않았다. 한국에서는 2020년 2월 무렵부터 대구에서의 대규모 확진을 시작으로 코로나19에 대한 위기의식이 크게 번져나갔지만, 조금 더 시간이 지나면 그러한 확산세도 수그러들고 다시 외국인들의 입국 길도 열릴 거라고 생각했다. 2018년 한한령 때에 비하면 오히려 긍정적인 상황이라는 생각마저 했다. 적어도 해외 환자들로부터 문의는 계속 빗발치고 있었으므로, 상황이 호전되면 오히려 그 반전으로 한동안 막혀 있던 환자들이 몰려들지 않을까 하는 낙관적인 전망도 해보았다.

　"조금 지나면 나아지겠지, 하는 생각으로 버텼던 것 같아요. 사실 당장 상황이 급한 건 아니었어요. 한국인 환자들도 없는 것은 아니고, 한국에서 체류하는 외국인들을 대상으로 하는 방법도 있었거든요. 물론 그게 해외 환자들의 빈 자리를 완전히 대체할 수는 없지만, 급한 대로의 방어책은 되긴 했죠."

　하지만 그에게 가장 힘든 건 신뢰의 붕괴였다. 일본과 중국에 이어 태국까지 범위를 확장하면서 매출을 크게 늘리자 병원장은 그에게 무한한 감사와 신뢰로 답했다. 그러나 코로나19로 해외 환자 유입이 끊기고 병원의 매출도 급격히 줄어들자 압박은 마케팅 팀장이었던 그에게로 돌려졌다.

한국에 체류 중인 해외 환자들을 대상으로 하는 것도 한계는 뚜렷했다. 하지만 코로나19로 인한 매출 급감 사태는 나아질 기미를 보이지 않았고, 경영진의 압박은 점차 강해졌다.

병원을 다시 예전처럼 국내 환자 중심으로 돌리는 방법도 있기는 했다. 그러나 코로나19가 영영 지속될 것도 아니고, 사태가 호전되면 해외 시장은 다시 활짝 열릴 것이다. 그때를 대비해서라도 지금까지 어렵사리 마련해 놓은 해외 마케팅 관련 인프라를 쉽게 포기할 수는 없었다. 일본, 중국, 태국에서 채용한 외국인 직원들부터가 그러했다. 지금 당장의 매출이 나오지 않는다고 이 직원들을 포기하게 되면, 이들과 함께 쌓아올린 노하우와 기반까지도 포기하게 된다.

그러나 병원장의 생각은 그와 같지 않았다. 병원장은 경영자로서의 조바심과 불안감을 놓지 못했고, 해외 시장에 대한 의견에서 점차 그와 차이를 보이기 시작했다. 해외 시장이 중요하다는 대전제 자체에는 동의했지만, 언제 호전될지 모를 상황에 대비해서 인프라를 지켜야 한다는 생각에 대해서는 믿음보다 불안이 더 컸다. 눈에 띄게 줄어든 매출에 비해 인건비는 고정비로서 계속 지출되고 있었으니, 병원장 입장에서는 줄어든 매출만큼 고정비도 줄여야 한다는 조바심이 강했다.

"아마도 원장님은 저와는 입장이 다를 수밖에 없었겠죠. 코로나19가 언제 끝날지에 대한 확신은 없는데, 매출이 줄어드는 건 눈에 바로 보이니까요. 제가 경영자였으면 어떻게 해서든 인프라를 보존하면서 버티는 쪽을 택했겠지만, 당시 병원의 경영자는 제가 아니라 원장님이었으니 저로서도 운신의 한계는 명확했던 거죠."

결국 그는 자신이 뽑아서 관리하던 외국인 직원들보다도 먼저 퇴사를 선택하게 되었다. 직원들을 끝까지 지켜주지 못한 데 대한 미안함이 컸지만, 해외 환자 유입에 대한 명확한 가능성을 제시할 수 없는 상황에서 그가 자신의 생각을 관철시키는 데에도 한계가 있었다. 그렇다고 자기 손으로 그간 쌓아올린 인프라를 직접 무너뜨리는 선택을 할 수도 없었다. 그렇게 퇴사를 선택했던 것이 2021년 2월, 코로나19가 본격적으로 확산되기 시작한 지 만 1년이 되는 시점이었다. 그 당시에도 코로나19는 아시아를 넘어서 전 세계에서 맹위를 떨치고 있었다.

팬데믹의 블랙홀을 지나 새로운 삶이라는 화이트홀로 빠져나오며

이지윤 씨는 현재에도 성형 마케팅 관련 일을 하고 있다. 다만 이전처럼 특정 병원에서 근무하면서 일을 하는 방식은 아니고, 지금은 프리랜서로서 외주를 받아서 일하는 입장이다. 과거와 하는 일이 크게 달라지지는 않았다. 중간관리자로서 다른 직원까지 돌봐야 하는 부담에서 자유롭다는 점이 달라졌을 뿐이다.

그렇다면 그는 지금의 상황에 만족할까. '아니다'라는 대답이 바로 돌아왔다. 성형 마케팅 분야에서 5년 넘게 일했고, 그간 여러 해외시장을 개척

하는 등의 성과도 올렸지만, 그때로 다시 돌아갈 생각은 없다. 얼마 전 일본 무비자 입국이 풀렸다는 이야기를 듣고서도 별다른 감흥이 없었던 건 그런 까닭이다.

"성형이든 다른 어떤 분야든 마케팅의 기본은 똑같다고 생각합니다. 저는 따로 대학에서 마케팅을 공부했다거나 누군가한테 배웠다거나 한 적은 없지만, 제가 현장에서 직접 부딪히면서 느낀 바는 그래요. 어떻게 보면 원래 제가 하던 일로 돌아가는 것 같아요. 코로나19 덕분이라고 해야 할지, 아니면 코로나19 탓이라고 해야 할지는 모르겠지만요."

그가 지금 준비하는 일은 소비자 각각의 취향에 맞게 '커스텀 디자인'을 채택한 생활 소품을 제작, 판매하는 것이라고 한다. 환경 이슈에 대한 관심이 높아지면서 생활 소품의 소모 주기를 늘리기 위해서는 제로웨이스트와 같은 기술적인 부분뿐만 아니라, 각자에게 의미가 있는 디자인 요소를 부여하는 심리적 측면도 함께 고려해야 한다는 게 그의 설명이었다. 이 또한 5년여 간의 성형 마케팅 분야에서 쌓은 노하우로부터 발전시킨 사업 분야이다.

이지윤 씨에게 코로나19는 그때까지 자기가 종사하던 분야에서 이룩한 성과를 한순간에 무너뜨린 재앙과도 같았다. 하지만 그저 재앙이었던 것만은 아니었다. 오히려 코로나19는 그에게 전환의 계기를 마련해 주었고, 본격적으로 자신의 '사업'을 시작할 수 있는 동기를 부여해 주었다. 물론 그러한 선택을 '강요'당했던 셈이지만, 어찌 생각해 보면 인생에서 전환의 계기라는 건 그렇게 외부의 충격으로부터 비롯되었을 때 더욱 선명해지는 건 아닌가 하는 생각도 든다.

만일 코로나19가 아니었다면 그의 삶은 어땠을까. 여전히 성형 마케팅 분야에서 승승장구하면서 또다른 시장을 개척하려고 모색하고 있었을 것이다. 실제로 싱가포르 이후에는 인도네시아나 말레이시아도 심중에 있었으니까. 하지만 과연 그 일을 몇 살까지 할 수 있었을까. 이것을 평생의 업이라고 여기고 끝까지 할 수 있었을까. 예전에도 가졌던 막연한 의문에 대해 가장 확실한 답을 준 것이 코로나19였던 셈이다.

휴가는 언제 갈 수 있을까?*

—2020년의 군복무 경험

이은영

    전방 부대에서 복무한 양순호(25세, 가명) 씨는 군부대의 특성상 사회로부터 격리된 생활을 해 왔다. 특히 그가 복무한 부대는 30여 명의 소규모 병사들이 함께 생활하며 복무하는 곳으로서 PX, 즉 매점조차도 없고 가끔 생활용품과 간식을 실은 차가 오는 곳이다. 대학 동기와 선후배, 가족, 친구들이 있는 사회로부터 격리된 군복무 생활, 그런 중에 밀어닥친 코로나19 팬데믹 상황은 군인들의 생활을 더욱 고립시켰다. 필자는 코로나19 팬데믹 이전에 입대해서 군인으로서 코로나19의 발발과 확산 소식을 듣고 팬데믹 기간을 군복무 시기와 함께 겪은 후 제대해서 민간인으로서의 경험을 하고 있는 순호 씨를 인터뷰했다.

---

* 이 글은 군대에서 코로나19의 확산과 그로 인한 통제를 경험한 양순호 씨(가명, 군복무 기간: 2019.1~2020.7)를 2022년 11월 8일에 인터뷰한 것을 바탕으로 쓴 것이다.

통제로 체감된 코로나19의 확산

2019년 1월 입대 후 1년쯤 되던 그해 연말에 순호 씨가 복무하는 군부대에도 중국에서 신종 감염병이 발생했으며, 그것의 한국 유입이 우려된다는 소식이 들렸다. 그리고 2020년 1월 군 부대도 코로나19에 본격적으로 대응하기 시작했다. 손씻기가 강조되고 손소독제가 비치되었다. 그러나 무엇보다도 코로나19가 일으킨 군부대의 변화는 휴가가 어려워진 것으로 체감되었다. 병사들은 부대에 발이 묶였다. '말출', 즉 전역을 앞둔 병장들의 말년 휴가조차도 막히고 말았다.

> "이등병이나 일병 때는 원래 휴가를 잘 못 나가요. 그런데 보통 상병 중반
> 쯤 되면 전역하기 전까지 한 달 혹은 한 달 반 주기로 계속 휴가를 나가거든
> 요. 그러다가 전역 전에는 휴가를 2주씩 나가기도 하면서 남은 휴가 기간
> 을 소모하는데, 코로나로 이게 통제가 된 거죠."

평소 같으면 불만이 터져 나왔을 것이다. 그러나 간부들까지도 휴가를 못 나가는 상황이었다. 병사들은 입을 다물 수밖에 없었고, 그만큼 외부 상황이 심각하다고 짐작했다.

> "군대라는 곳이 사실 매일 흙먼지 뒤집어쓰고 있는 곳이지만, 한편으로는
> 위생을 굉장히 중요시하는 곳이에요."

함께 훈련하고 경계근무를 서고 생활하는 군부대 특성상 감염병이 유입되면 빠르게 확산될 수 있으며, 이것은 병사 개개인의 건강 문제일 뿐만 아니라 국가 안보와 직결되는 국가적 문제이기도 하다. 그래서 민간보다도 더 철저하게 통제하면서 휴가가 금지되는 상황이 벌어진 것이다. 이미 사회로부터 격리된 생활을 하는 병사들에게 코로나19의 확산은 언제 밖으로 잠깐 나갈 수 있을지도 예측하기 어려운, 사회로부터의 고립감을 더욱 느끼게 만든 사태였다.

처음에는 외출, 면회도 금지되었다가 서서히 간부들의 외출이 허용되면서 휴가 금지가 풀린 것은 5월이 되어서였다. 그런데 코로나 시대의 휴가는 단지 휴가를 다녀오면 되는 문제가 아니었다. 휴가 후 복귀할 때의 격리 문제가 더해진 것이다. 하루를 나가든, 5일을 나가든, 2주를 나가든 자대 복귀하기 전 2주의 격리를 해야 했다. 팬데믹이 길어지면서 격리 기간은 점차 줄어들었지만 코로나 팬데믹 첫 해인 2020년만 해도 2주를 꼬박 격리해야 복귀할 수 있었다. 그러니 만약 2주를 휴가 나간다면 4주 후에야 자기 부대로 복귀할 수 있었던 것이다.

순호 씨가 복무했던 전방부대는 사정이 좀 달랐다. 30여 명으로 구성된 하나의 소대가 일정 지역의 경계근무를 맡는 부대 특성상 한 명씩 나간 후 2주 격리하고 복귀하는 것이 어려웠다. 그래서 한 소대가 휴가와 복귀를 한꺼번에 하고 다른 소대가 그동안 그 지역의 경계근무를 맡는 방식으로 휴가를 다녀왔다. 다 같이 한꺼번에 휴가를 다녀오는 것이었기에 격리 장소도 사실 원래 생활하던 그곳이었다. 군부대로서는 장병들의 휴가 일수를 소모해야 했기에 이러한 방식으로 휴가를 처리했다. 그렇게 순호 씨가 2주의 휴가를 나간 것이 5월이었다. 이러한 방식마저도 나중에는 문제가 생겨 계속 시행할 수가 없었고 2020년을 거의 휴가 나가지 못하고 보낸 장병들도 있었다.

단절과 불안의 시간들

순호 씨가 복무한 부대는 병원이나 취사장, 종교 시설, PX도 없는, 일개 소대 병력만 함께 생활하며 경계근무를 하는 곳이었다. 아파도 치료받을 병원이 없어서 차를 타고 3킬로미터는 나가야 하고 필요한 생활용품이 있어도 그것들을 파는 차가 오기를 기다려야 했다. 군부대가 사회로부터 고립된 성격이 있지만, 그중에서도 특히 고립된 부대였다. 팬데믹은 그 고립감을 더 가중시켰다. 장병들의 정신건강이 우려될 만한 상황이었다. 그러나 다른 부대에는 있는 심리상담원(정훈장교)도 있을 리가 없었다. 한 달 반 주기로 부대에 심리상담원이 파견되었다.

병사들도 간부들도 모두 지치는 상황이었다. 이러한 상태가 언제 끝날지 모른다는 답답함과 불안감이 가장 컸다. 오직 뉴스와 정해진 시간 동안만 사용할 수 있었던 스마트폰을 통해 접한 바깥 세상의 코로나19 상황은 심각해 보였다. 2020년 초부터 중반까지의 코로나19 상황은 실제로 전 세계가, 그리고 대한민국도 심각한 위기에 처한 시간들이긴 했다. 그러나 뉴스와 스마트폰을 통해 간접적으로만 접해야 했던 그와 다른 병사들에게 바깥세상은 그야말로 재난영화에서와 같은 큰일이 벌어진 곳으로 여겨졌다.

사회의 감염병 확산이 진정되어야 군부대의 통제도 완화될 터였다. 그러나 진정되는 듯하다가도 다시 확산이 되었고, 부주의한 행동으로 코로나19 바이러스를 확산시키는 사람들이 있다는 생각에 화도 났다. 하지만 분노한다고 바뀔 상황도 아니었다. 게다가 초유의 사태에 처한 것은

군복무 중 사용한 전자시계

모두가 마찬가지였기 때문에, 다른 일들처럼 서로에게 조언을 해줄 수도 없었다. 단지 비슷한 불안과 무기력을 나눌 뿐이었다.

팬데믹이 가져온 변화

순호 씨의 전역일은 원래는 2020년 8월 말이었다. 그러나 팬데믹으로 남은 휴가를 소진하기 어려워지자 그만큼 전역일이 앞당겨졌고 7월에 전역할 수 있었다. 그런데 전역 후의 사회는 입대 전의 사회와 달랐다. 팬데믹이 만들어낸 뉴노멀의 사회였던 것이다.

물론 군대에서도 사회가 바뀌어 가고 있는 것을 뉴스나 스마트폰을 통해 간접적으로 지켜보긴 했고, 잠깐의 휴가를 통해 체험하긴 했다. 그러나 그는 사회로 복귀한 후 입대 전과 달라진 사회에 적응할 시간이 필요했다.

"코로나로 인해서 많이 바뀐 것들에 대해 전역을 하고 적응할 시간이 필요했어요. 왜냐하면 저는 이렇게 바뀌는 과정을 군대에서만 봤을 뿐이잖아요. 사회에서 바뀌는 과정은 못 보고 나온 거죠."

그의 눈에는 먼저 동년배들 삶의 변화가 보였다. 20대 중반인 순호 씨의 동년배들 중에는 이제 갓 입사한 사회 초년생들도 있었다. 팬데믹이 아니었다면 그들은 신입직원으로서 업무를 익히느라 바쁠 뿐만 아니라 부서의 막내로서 온갖 일에 끌려다녀야 했을 것이다. 그중에는 즐기기보다는 긴장하고 시중을 들어야 하는 부담스러운 회식 자리도 많았을 것이다. 그러나 팬데믹으로 인해 사회에서는 재택근무가 일반화되었고 사회적 거리두기로 회식 자리도 거의 없었다. 팬데믹이 가져온 뉴노멀 사회는 이렇게 순호 씨 주변 사회 초년생의 부담을 덜어주었다. 갓 입사한 말단 직원들에게는 팬데믹 상황이 오히려 좋았던 일 중 하나랄까.

그렇다면 비록 팬데믹이 많은 고통을 야기하긴 했지만, 그럼에도 불구하고 군인으로서 팬데믹으로 인해 좋았던 점도 있을까? 순호 씨는 단호하게 "없다."고 답했다. 코로나19 팬데믹은 외출, 면회, 휴가 금지 및 제한의 통제로 군인들의 고립된 생활을 더욱 고립시켰을 뿐만 아니라 그들의 전역 후 인생 계획도 불투명하게, 혹은 물거품이 되게 만들었다. 사회로 다시 나갈 날을 꿈꾸면서 누군가는 군대 안에서 자격증 시험 준비를 했고, 누군가는 여행이나 연수 계획을 세웠다. 그러나 자격증 시험은 취소 혹은 연기되었고 해외로도 나갈 수 없었다.

그러나 순호 씨는 자신처럼 경계근무를 서는 것이 아니라 훈련 위주로 하는 일반 부대의 병사들에게는 좋은 점도 있었을 것이라고 짐작했다. 훈련이 축소 혹은 취소되는 경우가 많았기 때문이다. 감염병 확산 위험도 있었고 또 그로 인해 마스크를 계속 쓰고 있어야 하는 상황이 팬데믹 이전처럼 훈련을 하기는 어렵게 만들었다. 감염병을 떠나서도 훈련 중 다치거나 병이 나서 의료진 등 외부인이 부대에 들어오는 일을 가급적 만들지 않아야 했다. 그래서 대규모 훈련은 작은 규모의 여러 훈련들로 대체되었다.

잠시 멈춤. 팬데믹은 사회를 잠시 멈추게 했다. 사회의 많은 활동과 모임들이 멈추었다. 가급적 각자의 집에 고립되어 일하고 학습해야 했다. 휴식과 일상을 보내는 공간임에도 불구하고 내가 원해서 멈추거나 고립되는 것이 아닐 때 그 공간은 답답하게 느껴진다. 팬데믹은 군인들을 집도 아니고 부대에서 잠시 멈추게 했다. 잠깐의 휴가도 언제, 얼마나 나갈 수 있을지 기약이 없었으며 전역 후 사회로의 복귀를 위한 준비도 불투명해졌다. 군복무로 멀어진 사회, 팬데믹 동안 그들에게 사회는 더 멀어졌다.

인간에서 반려동물로 옮겨진 불안증

―고양이집사

Merve Kahriman Ozdemir · 김양진

    좋은 일보다 슬픈 일이, 안녕보다 고난이 많았던 코로나19 팬데믹 시대는 우리에게 많은 흔적을 남겼다. 사람들 간의 접촉을 최소화하기 위해 사람들의 이동, 공공시설과 상점의 운영이 제한되었다. 그로 인해 소비와 기업의 생산이 줄면서 세계 경제에도 영향을 미쳤고, 많은 사람들이 일자리를 잃게 되었다. 사람 간 접촉 이동의 제한으로 인해 자유롭게 사람들을 만나거나 가고 싶은 곳을 갈 수 있었던 이전의 일상과는 매우 다른 상황이 생겼다. 코로나19로 인해 재택근무와 비대면 수업도 일상화되었고 사회적 활동과 문화생활은 어렵기만 했다. 그런데 코로나19 팬데믹은 인간에게만 부정적인 영향을 미친 것은 아니다. 재택근무, 봉쇄조치, 집합 금지 등으로 집에만 있어야 하는 시간이 늘어나 사람들의 우울감, 무기력증이 늘어난 상황에서 사람들과 삶을 함께하던 반려동물들의 상황은 어떠했는지를 알아보기 위해서 고양이의 나라로 알려진 튀르키예에서 반려 고양이를 기르던 가정의 이야기를 들어보고자 했다. 튀르키예의 이스탄불 시에 거주하는 메르엠 씨(25)는 2018년 10월부터 수컷 턱시도 고양이 한 마리를 기르고 있었는데, 최근 메르엠 씨는 코로나19 팬데믹이 반려동물의 심리에 심각한 영향을 미쳤다고 주장하였다.

코로나19 전 혹은 코로나19 초기의 고양이 심리

"2018년 10월에 동물병원에서 수컷 턱시도 고양이를 입양을 받았어요. 입양 받은 고양이 이름을 '페라'라고 지었어요. 페라는 이스탄불에서 가장 유명한 관광지 중의 하나인 '베이오굴로' 구의 옛 이름인데, 우리 가족은 바로 이 베이오굴로를 아주 좋아해서 입양한 고양이의 이름을 페라라고 한 것이죠. 사실 페라를 입양 받게 된 특별한 이유가 하나 있었는데, 페라는 태어날 때 염증이 생겨서 눈이 잘 안 보이는 고양이였어요. 그래서 아무도 입양받고 싶어 하지 않았기 때문에 4개월 동안이나 동물병원에 있어야만 했죠. 나는 그 고양이가 불쌍하다고 생각하여 어머니의 반대에도 불구하고 페라의 입양을 결정하고 두 달 동안 눈 치료를 했어요. 하지만 최선을 다했음에도 눈 수술 과정에서 페라는 왼쪽 눈을 잃게 되었죠. 지금 남은 오른쪽 눈도 40%만 보이는 상황이에요."

페라를 입양한 첫날부터 메르엠은 페라와 가장 친한 친구가 되었다. 여행 갈 때나 밥 먹을 때나 언제나 페라와 함께였다. 전 세계의 코로나19 확산에 따라, 튀르키예에서도 2020년 초부터 2021년 중순까지 1년 반 동안 재택근무와 봉쇄조치가 취해졌다. 사람들이 집에만 있어야 하는 시간이 늘어나면서 우울감이 생기기 시작했고, 이른바 '코로나블루'가 덩달아 유행하였다. 집에만 갇혀 지내다 보니 페라와 함께 보내는 시간이 늘었다. 컴퓨터 앞에서 일을 할 때는 페라가 다가와 가만히 몸을 맞대고, 간혹 스트레스를 참지 못해 울고 있으면 무릎에 가만히 기대주고 눈을 바라보는 것만으로도 함께 있다는 것을 느낄 수 있었다. 코로나블루의 어려움을 겪는 와중에도 페라의 애교 부리는 모습에 기분이 풀리고 마음이 따뜻해지는 경험을 했던 것이다. 처음에는 페라를 데려오는 것을 반대하셨던 그녀의 어머니도 페라를 제일 아끼셨다. 하루하루 집에만 있게 되는 상황이 길어지면서 가족들이 불안해했던 페라의 건강 상태도 많이 나아졌다. 메르엠 씨는 "페라는 이제 분리해서 생각할 수 없는 가족이 되어 버렸다"고 하면서 페라의 입양 과정과 페라와 같이 지냈던 코로나19 초기의 이야기를 나눠 주었다.

코로나19 팬데믹으로 인해 생긴 불안증

코로나19로 인해 인간은 물론이고 많은 것들이 피해를 당했다. 코로나19 바이러스가 나날이 확산되면서 인간뿐만 아니라 야생동물과 반려동물까지 피해를 입기 시작한 것이다. 인간의 활동이 갑자기 지구 여러 곳에서 중단되면서 먹이를 찾기 위해 도심으로 내려오는 야생동물이 많아졌다. 한편 통행금지로 인해 사람들이 밖에 나갈 수 없게 되면서 동네 고양이나 강아지들한테 먹이를 주지 못하게 되어 길거리에 굶주리는 고양이와 강아지들이 늘어나게 되었다. 반려동물들도 계속 집에만 있어야 하는 고양이 집사들의 불안증을 함께 느끼게 되었다.

"어느 날 페라의 상태가 갑자기 이상해지기 시작했어요. 잊을 수 없는 2022년 6월 20일이었는데, 왠지 모르는 이유로 페라가 갑자기 두려움을 느끼는지 하악질을 하면서 등이 활처럼 휘고 꼬리가 빵빵하게 부풀었어요. 놀라서 페라를 살피러 다가선 어머니와 나는 긴장한 페라에게 물리고 할퀴어서 손과 발이 찢어지고 피가 많이 났어요. 페라는 도망치는 우리를 쫓아와서 또다시 발과 무릎을 물었어요. 우리는 페라가 가만히 숨을 고르고 있던 어느 순간을 틈타 재빨리 뛰어 집 문을 열어 밖으로 나갔어요. 집으로 돌아가면 다시 물릴까봐 어쩔 수 없이 언니 집으로 가서 하루 동안 대처법을 찾으려 노력을 했죠. 동물병원 여러 군데를 전화해서 페라의 상태를 설명했는데 그중 두 군데는 동물 심리 문제는 전문 분야 아니라면서 치료를 거절했어요. 다른 한 군데의 수의사님이 집에까지 와서 페라의 상태를 직접 보고는 심리 요법 치료를 받아야 한다고 했어요. 우리는 페라가 모르는 사람이 집에까지 들어오면 더 큰 두려움을 느낄까봐 일단 심리 치료를 포기했어요."

얼마 후 메리엠 씨 가족은 동네 동물병원을 좀 더 찾아다니다가 집으로 돌아왔다. 울면서 집 문을 열어봤더니 마침 페라는 거실에서 자고 있었다. 하지만 메리엠 씨 가족이 집에 들어서자 선잠을 자고 있던 페라는 잠에서

깨어 다시 하악질하더니 뛰어와서 어머니를 물었다. 메리엠 씨는 건강 문제가 생길까봐 걱정이 되어서 일단 어머니를 병원으로 모시고 갔다. 의사 선생님께 상황을 알려줬더니 혹시 모른다고 하시며 광견병 백신을 맞혀주셨다. 백신을 맞은 후 어머니의 몸 상태가 좋지 않아서 새벽 2시까지 병원에서 심리상담 치료를 받았다.

가족이나 친구에게 전화하여 이러한 사실을 이야기했더니 대부분은 "너희들 건강이 중요한데 왜 고양이를 버리지 않느냐"고 물었다고 한다. 메리엠 씨의 어머니는 자신이 다쳐서 많이 아프지만 "가족처럼 아껴왔던 페라를 버릴 수가 없다"고 대답하셨다고 한다. 6월 22일에 메리엠 씨 가족은 다시 동네 동물병원으로 전화를 해서 페라의 상태를 자세히 설명했다. 의사 선생님의 설명에 따르면 이러한 행동에는 여러 가지 이유가 있을 수 있는데, 그중의 하나는 뇌수종이며 다른 하나는 갑상선 종양이라고 했다. 또 다른 하나는 심리적 문제 때문일 수 있다고 하였다. 의사 선생님의 설명을 들으니 더더욱 걱정이 많이 되어서 메리엠 씨는 울면서 페라를 동물병원으로 데리고 갔다. 피 검사 등 여러 테스트를 해 봤는데 다행히 뇌수종이나 종양은 아니었다. 의사 선생님에 따르면 이 행동의 원인은 일종의 행동 장애였다. 코로나19 팬데믹으로 인해 평소 독립적 삶을 선호하던 고양이들은 하루 종일 집사들과 집안에만 있게 되고, 집안에서 독립 생활을 할 수 없는 상황이 계속되면서 스트레스를 많이 받게 되었다는 것이다. 의사 선생님은 지난 일주일 사이에 페라와 마찬가지로 심리적 문제 때문에 자신의 동물병원에 찾아온 고양이 수가 세 마리였다는 사실도 알려주었다. 또한 고양이는 집사들의 불안증, 우울증, 스트레스를 예민하게 느끼기 때문에 그로 인해 집사들와 싸움이 잦아지게 되는 것이라고 하셨다.

그날 이후부터 페라는 행동장애를 치료할 수 있도록 항우울제를 먹고 있다. 약을 먹게 되면서 점점 증상이 줄어들었고, 이제는 다시금 애교를 부리기 시작하였다. 메리엠 씨는 걱정스러운 표정으로 "앞으로 6개월 동안이나 항우울제를 먹어야 된대."라고 하면서 코로나19 이전에는 심리적으로 아무 문제가 없던 페라가 코로나19로 인해 달라졌던 지난 1년간의 상태를 자세히 설명해 주었다

야생동물과 반려동물의 코로나19 흔적을 없애야 한다

코로나19 팬데믹이 전 세계의 사회와 경제에 미친 영향은 매우 크다. 도시 간 혹은 국가 간 봉쇄조치나 사회적 거리두기 등 강력한 방역 정책이 사람들의 건강을 지키기 위해 어쩔 수 없이 지켜지는 동안 경제 활동, 산업, 생산, 문화생활, 사회 활동, 직업 활동 등에서는 커다란 장애가 발생하는 상황이 계속되었다. 사람들이 겪게 되는 이러한 문제는 정부와 의료진, 각종 사회단체와 활동가들의 노력과 도움으로 극복할 수 있고 또 우리는 그러한 과정을 밟아 가고 있다.

그러나 말을 할 수 없는 야생동물, 반려동물들은 갑자기 닥쳐온 사람발 팬데믹의 영향을 스스로 극복해 내기 어렵다. 도심의 길거리에 방치된 고양이, 강아지들이 겪게 된 팬데믹 상황의 삶에 대해서 당장 인간의 코가

석자인 상황에서 일일이 고려하기 어려운 측면도 있다. 코로나19로 인한 사회적 거리두기, 가정 내 봉쇄의 상황에서 반려동물들이 겪는 가정 내에서의 갈등의 상황에 대해서 우리는 거의 아는 바가 없다. 그들이 어떠한 어려움을 겪게 되는지에 사전 정보가 없었기 때문이다. 이제 팬데믹의 긴 통로를 벗어나는 시점에서 우리는 인간으로서 함께 살아가는 모두를 위한 배려의 마음으로 아픈 심리 문제를 말로 표현할 수 없는 동물들에게도 마음을 쓸 수 있어야 하겠다.

팬데믹으로 인해 사람들의 움직임이 제한되면서 먹이를 주는 사람 또한 줄게 되면서 뜻밖의 굶주림을 겪게 된 길거리의 고양이와 강아지들의 홀쭉해진 모습은 안타깝기 하다. 사람만 보면 본능적으로 먹이를 달라고 달려드는 이스탄불 시의 강아지와 고양이들은 한편 사람들에게 위협이 되기도 한다. 이러한 막연한 위협에서 벗어나는 일 역시 이들의 삶이 정상화되도록 도와주는 데에서 해결될 수 있을 것이다. 팬데믹의 위험에서 벗어나는 일에 이들 동물들이 '함께' 해야 하는 것을 깨달을 때, 우리가 좀 더 빨리, 제대로 코로나19 팬데믹으로 벗어날 수 있게 될 것이다.

집사들의 심리적 불안을 누구보다 먼저 몸으로 느끼는 반려동물들의 삶을 우리는 어떻게 받아들여 왔을까? 그들은 우리의 불안을 염려하며 걱정하다가 끝없이 이어지는 우리들의 불안감에 지쳐 병들어 상처 입게 된 것은 아닐까, 그들의 마음의 상처는 사실상 우리에게서 전염된 것은 아닐까. '페라'에게 전염된 것은 코로나19 바이러스 그 자체가 아니라 코로나19로부터 손상된 우리의 마음이 아니었을까, 곰곰이 되짚어볼 시점이다.

Chapter6

대담

대담1
남은 목소리들

사회 및 정리: 조태구
대담자: 김현구, 이동규, 이상덕, 최성민

코로나 시대의 결혼

조태구 『호모 팬데미쿠스 - 코로나19 데카메론 3』은 저희가 다양한 분야의
　　　 사람들을 직접 인터뷰하고, 그 내용을 바탕으로 작성한 글을 모았
　　　 습니다. 참여해주신 여러 선생님들께서 정말 다양한 분야의 많은
　　　 사람들을 만나 글을 작성해 주셨는데요, 그럼에도 불구하고 코로
　　　 나19 팬데믹 시대를 살아온 모든 목소리들을 담을 수는 없었습니
　　　 다. 이 대담이 그 남은 목소리들을 조금이라도 더 담아낼 수 있는
　　　 기회가 되기를 바랍니다. 우선 김현구 선생님께서 코로나 시기에
　　　 결혼을 하셨기 때문에 결혼 애기부터 먼저 해 보죠.

김현구 저 같은 경우는 결혼식을 거의 1년이나 연기했어요. 원래는 2020
　　　 년 가을에 결혼식을 하려고 했어요. 그해 10월에 하려고 계획했었
　　　 는데 코로나 때문에 사람들 모이는 것이 여러 가지로 어려움이 많
　　　 았어요. 저희가 결혼식을 하려는 장소는 교회였는데, 그곳도 그 기
　　　 간에 결혼식을 진행할 수 없다고 방침을 세워서 아주 조촐하게 할

수 있는 다른 장소를 찾아서 할 것이냐 아니면 연기해서 그 장소에서 할 것이냐 이렇게 고민을 하다가, 미루는 게 좋겠다 해서 1년을 미루게 됐습니다.

최성민 1년을 미룬 뒤에는 본인 계획하셨던 대로 진행은 할 수 있었던 거예요? 예를 들자면 하객이라든가…….

김현구 당시 지침상으로 하객은 양가 합쳐서 99명까지 모일 수 있었어요. 그래서 좀 고민을 했죠. 일단 알리는 것부터 시작해서, 알리더라도 와 주십사 하는 분들을 어디까지로 정할 것이냐를 결정해야 했어요. 결국 저랑 아내 각자의 지인들 몇 명, 친척도 가까운 친척만 몇 명 정도 배분을 해서 초청을 했죠. 장소는 본래 하려던 교회였는데, 거기가 사실 700명 정도 참석할 수 있는 규모거든요. 그런데 99명으로 제한을 하니까 서로 멀리 떨어져 의자 양쪽 끝에 앉는 식으로 해서 조촐하게 소규모 인원만 참석한 결혼식을 치르게 되었습니다.

조태구 결혼식 관련 일을 하시는 분께 최근에 얘기를 좀 들었는데요, 앞으로는 코로나19가 종식되더라도 예전처럼 큰 규모의 결혼식이 이루어지지 않을 거라고 보더라고요. 그러니까 아예 스몰 웨딩이 트렌드가 되지 않겠냐는…….

김현구 스몰 웨딩 말씀하시니까 생각나는데, 안 그래도 그 교회에서의 결혼식이 처음에 연기됐을 때, 바로 내년에 하겠다, 딱 날짜를 정한 건 아니었거든요. 어쨌든 코로나19가 막 퍼지던 시기이고 어떻게 될지 알 수 없던 시기니까요. 그렇다고 결혼식을 영영 안 할 수는 없겠고, 그래서 야외에서 하는 스몰 웨딩 장소를 알아보기도 했어요. 아내가 한옥에서 하는 결혼식에 관심이 있기도 했고요. 그런데 저희가 당시에 영국에 있던 상황이라 그런 장소를 직접 알아볼 수도 없고 해서, 결국은 처음에 예정했던 교회에서 하게 됐습니다.

최성민 하객들 식사는 어떻게 하셨어요?

김현구 식사는 당연히 못했습니다. 식사 대신에 답례품을 드리는 방식으로 했습니다.

최성민 결혼식 날짜를 일단 정한 상황에서는 본인이 코로나19에 감염되면 더 큰일이잖아요. 그러니까 본인도 그렇고 가까운 가족들도 그렇고 감염에 특별히 이렇게 조심했다 하는 게 있을까요?

김현구 물론 사람 만나는 걸 좀 조심하긴 했습니다. 결혼식 전에 친구들 모아서 아내 될 사람을 소개하고 축하도 받고 하는 통상적인 의례 같은 건 거의 못했고요. 지금 말씀하시니까 생각나는 게, 결혼식 전

주였던 것 같은데, 교회를 관리하시는 분이 확진되었다는 소식을 들은 적이 있었어요. 그게 잘못해서 기간이 겹치거나 교회 내에서 전파돼서 추가 확진자가 발생하면 결혼식이 취소될 수도 있는 상황이었는데, 다행히 그렇게 되지는 않아서 결혼식을 진행할 수 있었어요.

이상덕 제가 원래는 코로나19 팬데믹 시기에 결혼한 분을 인터뷰 하려고 계획했다가 무산이 됐거든요. 그 부부의 이야기를 자세히 하기는 그렇지만, 그분들은 결혼식을 호텔에서 했어요. 그 부부도 결국 한 1년, 그러니까 세 번을 미뤄서 처음 예약했던 호텔에서 했는데, 그 호텔의 큰 홀이었어요. 그런데 거기를 큰 파티션으로 막아서 세 개로 나눴어요. 그런 다음에 각 구역마다 스크린을 걸었어요. 한 구역에서만 실제로 결혼식을 보고 두 구역에서는 스크린을 통해 보는 거예요. 그리고 원탁에 모두 자기 자리가 정해져 있었어요. 그래서 한 번 앉으면, 옮길 수가 없었어요. 보통 때라면 결혼식 마치고 테이블을 돌며 인사하느라고 많이 돌아다니잖아요. 그런데 그런 게 전혀 안 되고, 그냥 제 자리에 거의 앉아만 있어야 되고, 화장실 정도는 갔다 올 수 있는데 그러면 나가야 되니까, 그냥 웬만하면 앉아 계시라고 그런 주의를 주는 결혼식이었어요. 아주 인상 깊었어요.

격리 생활

조태구 결혼식 얘기를 했으니까 다음으로 출산 얘기 좀 해 보죠. 물론 코로나가 예전처럼 아주 심각한 시기는 아니었지만, 이동규 선생님의 아내분께서 최근에 출산을 하셨잖아요. 더구나 아내분이 홍콩에 계셔서 홍콩을 오가시면서 굉장히 특별한 경험을 하셨을 것 같아요.

이동규 가족들이 홍콩에 있고 저만 서울에 나와 있었어요. 사실 제가 서울에 자리를 잡고 강의를 시작할 때도 굉장히 고민이 많았습니다. 학위를 마치고도 한 1년 정도 홍콩에 머물다 나왔어요. 어렵사리 한국에 나와서 강의를 시작하고 혼자 지내는데, 일단 나온 그 순간부터 2주 격리를 해야 되는 거예요. 제 생애에서 처음으로 혼자 있는 시간을 갖게 되는 건데, 공부를 하는 사람들은 다 자기 계획이 있잖아요. 그래서 이제 2주 동안 내가 어떤 공부를 해야 되겠다, 이런 생각을 가지고 격리에 들어가요, 보통은. 그런데 격리 기간이 끝나고 나서 보면 제가 계획했던 걸 하나도 달성을 못한 거예요. 그게 자발적인 선택에 의해 공간을 마련한 게 아니고, 타의에 의해서 혹은 국가 정책에 의해서 일종의 소프트한 형태의 감옥생활을 하게 돼 버리니까 자기가 계획을 세웠더라도 지키기 어렵게 되더라고요. 저의 의지가 약하기 때문일 수도 있지만 기본적으로 격리라는 환경이 사람한테서 활력을 빼앗아간다고 할까요? 그런 경험을 하게 돼요.

조태구   그러고 보니, 정말 격리 경험이 많으시잖아요. 출산 때문에 홍콩으로 오가시면서……

이동규   예. 해외에서 출산을 경험하면서 어려움이 많았습니다. 일단 부부가 한동안 떨어져 있었고 격리라는 장벽 때문에 쉽게 만날 수 없었던 것 같아요. 그리고 보통 출산을 하면 가족이나 친지가 도움을 주기 위해 방문을 할 수도 있었을텐데, 출산의 모든 과정에서 제가 일부 함께 했던 것을 제외하고는 산모 본인이 챙겼던 것 같네요. 해외에서 출산을 하고 부부가 일정 기간 떨어져 사는 기간에 있었던 특수한 상황이었던 것 같습니다. 제가 임신 기간에 함께 했던 시간은 중간에 두달 정도 그리고 출산 임박해서 한달이 전부였습니다. 한 두 번의 방문을 위해서도 일주일 혹은 이주일 격리를 한 이후에 가능했고요. 여러 가지로 아내한테 미안한 마음이 있습니다. 한국은 어떤지 모르겠지만 출산을 위해서 병원에 입원하기 위해서 거쳐야 하는 절차도 몇 가지가 더 있습니다. 이틀 전에 PCR 검사 결과를 받아야 했고, 분만을 하는 공간도 더 통제가 되고, 방문객의 수와 시간도 제한되고요. 여러분들도 아서야 돼요. 쉬운 게 아니에요. (웃음)

조태구 격리는 다 한 번씩 해 보신 거죠? 이상덕 선생님은 격리할 때 어떠셨어요?

이상덕 저희는 아이가 유치원에서 감염되어 와서 다 같이 걸렸죠. 솔직히 말하자면 아이와 함께 감염되는 쪽을 택했어요. 왜냐하면 아이가 걸리고 격리가 끝났는데 부모가 또 걸리고 이런 식으로 하면 격리 기간이 걷잡을 수 없이 길어지니까 그냥 빨리 저희가 다 걸리고, 한 열흘 정도? 그때 일주일 격리하던 시기여서 한 열흘 정도 격리를 했어요. 이동규 선생님과는 조금 다른 것이, 감염이 되어서 격리된 것이기도 했지만, 저는 감염이 되고서도 아이와 남편도 챙겨야 했어요. 식사나 빨래와 같은 가사일도 오히려 챙겨야 할 것이 더 많았어요. 그래도 나름대로 가족끼리 아주 오붓한 시간을 보냈어요. 공부는 못했죠. 아이와 함께 집에 있으면서 공부를 하기는 어려우니까요. 맞벌이 하는 집에서 아이가 코로나에 감염되는 건 공포죠 공포.

김현구 저는 이동규 선생님한테 격리 관련해서 궁금한 게 있는데요. 이동규 선생님은 여러 번에 걸쳐서 격리 생활을 많이 하셨는데 저는 영국에서 한국으로 들어왔을 때만 겪어본 거라서요. 한국에서랑 홍콩에서랑 격리 생활에서 어떤 차이가 있었는지 궁금합니다. 좀 더 강압적이라든가 아니면 뭔가 제공해 주는 어떤 물자 측면에서 어디가 더 좋았다든가…….

이동규 나라마다 굉장히 차이가 있었던 것 같아요. 홍콩은 굉장히 통제가 심했습니다. 원래 심한 편이었던 데다가 그 이전에 홍콩에서 소요 사태가 있었던 측면도 있고……. 그래서 격리를 굉장히 강하게 시 켰어요. 호텔에서 3주 동안 아예 나가지 못하게 했죠. 그러면 아 무것도 할 수가 없는데, 필요한 물자도 그렇게 다 지원해 주지 않 아요. 게다가 격리 제도 자체가 최근까지, 마지막까지 남아 있었 어요. 이게 완전히 없어진 게 얼마 되지 않습니다. 한국은 어느 시 점이 되니까 좀 풀어주는 것 같더라고요. 쓰레기 처리하는 방식도 느슨해지고, 물자 지원도 적어지고…….

최성민 홍콩에 자기 집이 따로 있음에도 불구하고 입국자는 그렇게 지정 된 호텔에서 격리를 해야 하는 건가요?

이동규 예. 호텔 몇 개를 지정해 놨습니다. 그런데 이렇게 강력하게 격리 하는 걸 한편으로는 이해할 수도 있습니다. 홍콩의 경제, 정치 상 황, 도시 밀집도 등 여러 사정을 고려해야 하는데 여기서 다 설명 드릴 수는 없고요, 어쨌든 홍콩에서는 지정된 호텔에서 격리해야 하고 개인이 비용을 다 부담해야 돼요. 혼자 살아도 집으로 귀가 를 하지 못하고 무조건 정해진 곳에서 격리를 하고, 그 과정에서 한 100만 원을 써야 하기 때문에, 경제적으로 부담이 되지요.

최성민 격리와 관련해서 예외적인 상황들이 몇 가지 있잖아요. 그러니까 격리 중인데 바깥으로 외출하는 것을 허용하는 경우들이 있습니다. 그것도 시기마다 정책이 조금씩 달라졌는데, 과거에는 진료나 약국 방문도 허용이 안 되다가 지금은 되고 있죠. 그런데 엄격하게 격리 조치를 실행하던 시절에도 격리에 예외를 적용했던 게 제가 기억하기로는 투표를 하러 나가는 경우하고 수능 시험을 보러 가는 경우였어요. 이것 자체가 한국 사회의 특징을 보여주는 것이라고 할 수 있습니다. 이것만큼은 예외를 적용해야 한다는 어떤 공감대가 형성될 수 있는 지점이 그 두 가지였던 것 같아요. 격리와 관련하여 한 가지만 더 말씀을 드리면 저도 물론 격리를 했었습니다만, 저희 어머니가 저와는 다른 시기에 확진이 돼서 일주일 동안 격리가 되셨는데, 어머니는 혼자 계시는 고령자였던 거죠. 가족과 함께 격리한다는 것도 물론 힘들고 고통스러운 일인데, 고령자가 혼자 격리되어 있다는 것은 대단히 위태롭고 불안한 상태인 거죠. 수시로 전화를 드리고 안부를 여쭙기는 했지만 그것만으로는 안심할 수가 없고, 또 저희 어머니 경우는 그 당시에 음식 제공이나 용품 지원이 따로 되지는 않았고요. 다만 필요한 물건이 없으시냐고 여쭤봐서 한 가지 물건을 직접 사서 갖다 드렸어요. 만나 뵙지는 못하고 문고리에 걸어 놓고 돌아왔는데, 그게 우유였어요. 음식을 배달시켜서 먹기도 한다지만, 어떤 종류의 식품들은 주변에 도움을 줄 수 있는 사람이 가까이 있지 않으면 혼자 격리되어 있는 분들 경우에 해결하기 힘든 경우도 많지 않나 생각도 했습니다.

코로나 시대의 대학 강의

조태구　저희가 일부러 말하기를 피해서 그랬지만, 정작 우리들의 얘기는 많이 못했습니다. 대학에서 강의하는 사람들 그리고 대학에서 강의를 듣는 사람들에게도 코로나 시대에 많은 변화가 있었거든요. 비대면 강의를 처음 시작할 때 이야기도 있고, 비대면에서 대면 강의로 전환했을 때의 이야기도 있고, 학생들에 대한 이야기도 많죠. 이제부터 그런 얘기들을 좀 해주시면 좋겠습니다.

최성민　일단 제 경우에는, 많은 분들이 그러셨겠지만, 온라인을 이용한 비대면 강의를 처음하라고 했을 때 좀 많이 당혹스러웠어요. 온라인으로 강의를 해 본 경험도 별로 없었지만 강의를 들어본 경험도 별로 없었거든요. 지금 현재 학생들은 인터넷 강의를 듣는 것에 매우 익숙하지만 저만 해도 인터넷 강의를 듣는 것조차도 경험이 많지 않아서 강의를 들어본 경험이라도 있으면, 내가 어떤 식으로 강의를 해야 잘 전달이 되겠다, 이런 생각도 해 보고 시도를 해 볼 텐데 온라인 강의를 들어본 경험 없이 온라인 강의를 하려니까 좀 어려웠던 점이 있었습니다. 일단 기술적으로도 어려웠죠. 특별한 프로그램을 써야 하는데 그걸 잘 다루지 못한다든지……. 초기에는 시설이나 장비가 안정적으로 지원되지 않은 상태에서 온전히 교·강사에게 알아서 온라인 강의를 만들어서 올려라 하는 경우도 있다 보니까 일단 강의하는 입장에서 양질의 강의를 해야 됨에도 불구하고 그럴 수 없는 기술적인 문제가 많이 있었습니다. 또 학생들 입장에서는 온라인 강의에는 오히려 훨씬 익숙하다 보니까 본인들이 경험했던 전문적인 온라인 강의와 급하게 준비해서 온라인 강의를 하는 대학의 교·강사들의 수준하고 눈높이가 맞지 않는 거죠. 그래서 처음에는 좀 허술하다는 비판을 많이 받기도 했어요. 어쨌든 제 경험을 얘기하자면 저는 온라인 강의 시작하면서 강의 평가가 이전보다 더 좋아졌어요. 학생들의 만족도가 더 높아졌고 오히려 오프라인 강의할 때는 쉽게 질문을 하기 어렵고 눈치도 보고 조심스러웠던 학생들이 온라인상으로는 채팅이라든가 혹은 또 다른 플랫폼을 통해서 질문이나 의견을 표현할 수 있는 기회를 많이 이용했던 것 같습니다. 그러다 보니까 오히려 더 소통이 잘 된다는 느낌을 저도 받았고 학생들로부터도 그런 피드백을 많이 받았어요. 대면을 다시 시작해서 강의를 할 때에도 온라인 때 쓰던 그 방법의 일부는 계속 활용했습니다.

조태구 저는 맨 처음 온라인 강의를 할 때 솔직히 재미있었어요. 물론 그

때는 이렇게 오래갈 거라고 생각하지는 않았지만요. 수업 준비 때 제 아들이 컴퓨터를 좀 다뤄서, 강의를 할 수 있는 여러 가지 장비가 이미 준비되어 있었고, 아들한테 도움을 받아서 그것을 활용해서 비교적 빨리 적응을 했죠. 나름대로 선방을 했는데, 제가 전공과목은 독해 강의를 하거든요. 텍스트를 읽고 설명하면서 진행하는데, 온라인으로 독해 강의를 해 보니까 이제는 대면 강의로 도대체 이 강의를 어떻게 진행해야 할지를 모르겠어요. 비대면 강의에서는 텍스트에 직접 밑줄 긋고 쓰면서 설명을 했는데, 이제는 화면을 띄워 놓고 학생들한테 그걸 읽어 가면서 설명해야 하잖아요. 이번 학기는 그래도 텍스트 독해가 많은 부분을 차지하는 수업이 아니어서 어떻게 넘어갔는데, 다음 학기 강의는 정말 어떻게 해야 하는가, 강의실에 내가 태블릿을 들고 가서 밑줄 치면서 해야 하는가 고민을 할 정도로 걱정이 많아요. 그리고 좀전에 소통 문제는 최성민 선생님이 말씀하셨던 내용에 저도 동의하는 부분입니다. 다만 그게 되는 강의가 있고 안 되는 강의가 있어요. 제가 전공과목 수업은 사이트에 질문하는 것을 의무로 해놓지 않았는데, 그러니까 잘 안 되더라고요. 이상덕 선생님은 어떠셨어요? 제가 이상덕 선생님 강의 스타일을 아는데, 굉장히 폭발적이거든요, 콘서트 형식……. 그런데 그걸 비대면 온라인 수업에서 어떻게 실현하셨을지 궁금하네요.

이상덕　저는 강의 평가 점수가 완전히 그냥 떨어졌어요. 제가 뭘 몰라서 파워포인트에 녹음만 해가지고 올렸거든요. 그러니까 온라인으로 소통하는 방법 자체를 아예 모른 거예요. 그런데 처음에는 그냥 해당 강의를 녹화한 거를 올리기만 해도 됐어요. 그러니까 줌과 같은 온라인 실시간 수업 프로그램 이런 걸 못 썼어요. 처음에는 그래서 파워포인트에 녹음만 해서 올려도 됐고, 심지어 저는 한글 프로그램 띄워 놓고 거기에 그냥 타자 치면서 그렇게 강의를 실시간으로 하기도 했어요. 그냥 하얀 한글판에 타자를 치면서…. 학생들은 그냥 하얀 한글판만 봤던 거예요. 그러니까 제가 진짜 아예 몰랐던 거예요. 저는 학생들에게 물어보는 스타일이거든요. 물어보고 답하고 이런 방식으로 강의를 해 왔는데, 이게 비대면 강의가 되니까 감이 아예 없어서 2020년 첫 학기 강의 평가가 생전 처음 받아보는 그런 평가를 받았어요. 전 5점 만점이면 거의 5점 만점 가까이 받았었는데, 그 학기는 아주 나쁘게 나왔어요. 이후 제가 강의를 하지 않게 되어서 만회할 기회도 없었고요.

이동규　저는 오프라인 강의 경험을 안 해 보고 온라인으로 바로 강의를 시작했는데, 그게 다 연강이었어요. 세 시간 연강이다 보니까, 외국 학생들, 교환 학생들도 들어오고 또 다른 지역에 있는 학생들도 들어오고, 그래서 장점이 있었던 것 같아요. 그리고 또 아예 온라인으로 강의를 시작하다 보니까 다른 비교할 대상이 없어서 그런지 모르겠지만, 지금 하는 대면 강의보다 온라인 비대면 강의 때 평점이 더 높습니다. 저는 대면 강의를 시작하고 나서 평점이 떨어졌어요.

코로나 학번

조태구 이제 마지막으로 학생들 얘기를 하고 마무리하죠. 제가 먼저 얘기를 하면, 그저께인가 우리 애한테 들었는데 출산율 문제로 원래는 올해부터 대학 입시생이 급격하게 줄어들었어야 하는 데 그렇지 않았다는 거죠. 재수생, 삼수생이 워낙에 많았기 때문인데, 대학교에 왔는데 비대면 수업만 하고 고등학교 시절하고 달라진 게 없다, 재미없다, 뭐 이런 것도 있겠지만, 그러니까 학생들 입장에서도 코로나 학번이라는 타이틀을 좀 피하려고 하는 그런 마음도 분명히 있는 것 아닌가 싶어요. 전 개인적으로 많이 걱정하고 있어요. 코로나 학번 학생들에 대해서…….

최성민 재수생 내지는 반수생 그러니까 대학을 다니면서 입시를 준비하는 학생들이 늘어난 건 통계적으로 분명한 것 같습니다. 조태구 선생님 말씀대로 미래에 대한 걱정들을 여러 모로 하는 것도 맞고 그럴 가능성도 있겠지만, 특히 이번 학기 이전까지는 강의가 온라인 위주로 진행되다 보니까 학생들 입장에서도 부담이 크지 않았던 거죠. 대학교 학점을 따면서 대입 준비를 병행하기가 비교적 원활

했던 상황이니까 소위 반수를 택하는 학생들이 많이 있었던 것 같습니다. 그런데 또 한편으로는, 아까 말씀드렸지만 대학의 온라인 강의가 여러 사정으로 질이 떨어지고, 따라서 학생들의 불만이 컸는데, 이런 불만을 품고 있는 학생들도 여전히 있겠지만, 점차 이런 상황에 만족하는 학생들도 늘어나고 있었어요. 학교를 안 가도 되고 어디에 있든 수업을 들을 수 있고……. 특히 학교와 집이 먼 학생들, 예를 들어 학교는 서울인데 집은 부산, 대구 등지에 있는 학생들은 예전 같으면 당연히 서울로 와서 자취방이든 하숙이든 기숙사든 얻어야 되고 그로 인해서 경제적 부담이 적지 않은데 그런 부담을 줄일 수 있는 이득이 있었습니다. 또 제가 가르쳤던 학생들 중에도 그렇게 아예 먼 곳에 사는 학생이 아니더라도 대중교통으로 통학하는데 왕복 최소한 2시간은 기본이고 많이 걸리는 학생들은 하루에 3~4시간을 통학에만 들여야 하는데, 돈도 돈이지만 힘들다는 거죠. 온라인 강의 때는 그만큼의 시간을 절약할 수 있으니까 좋은 점도 있다는 거죠.

조태구 요즘 학생들은 어떤 것 같아요? 저도 오랜만에 대면 강의를 하니까 어색했는데 학생들 대부분은 대학 들어와서 대면 강의를 처음 해 보는 것이거든요. 나도 어색한데 이 학생들은 얼마나 더 어색할 것인가 이런 생각을 많이 했고, 막상 강의를 시작해보니까 대면 강의에 대한 선호도가 내가 생각했던 것보다 더 높구나 하는 생각도 했어요. 그냥 느낌입니다. 이건 좀 조사를 해봐야 되겠지만 느낌상으로는 그런 것 같다는…….

최성민 2020년 2학기 초, 당시 학생들이 제 온라인 강의 들으면서 과제로 제출한 글에 있던 내용을 소개해 드릴게요. 제가 가르친 학과가 한 학년이 40명 정도 되는데 40명이 서로 얼굴을 모르는 거예요. 한 학기가 이미 지나서 두 번째 학기에 들어올 때까지 서로 만난 적도 없었는데, 2학기 시작하기 직전 방학 때쯤 누군가 에브리타임 같은 온라인 커뮤니티에 제안을 해서 함께 온라인 게임을 했다는 거예요. 그렇게 게임을 하다가 몇몇 학생들이 감격을 했다는 거예요. 그러니까 2020년 1학기만 해도 아까 이상덕 선생님 말씀대로 그냥 강의를 업로드하고 끝냈거든요. 줌이나 이런 것도 없으니까, 얼굴을 화상으로라도 볼 기회도 없었던 거예요. 온라인에서조차 얼굴 볼 기회가 없던 아이들이 게임에서 각각의 캐릭터화된 존재들로 만나서 거기에 채팅방을 열어놓고 대화를 하니까 동기들과 대화하는 기분을 처음으로 느꼈다는 거죠. 동기들끼리 게임하면서 급하다 보니까 반말도 하고…… 당연히 그랬어야 하는 건데, 그런 것들을 게임을 하면서 처음 경험했다는 얘기를 하다가 급기야 감격스러웠다, 그래 이렇게 우리가 한번 만나기가 힘들구나 하는 생각을 했었다는 글을 읽었어요.

조태구 여러 가지를 잃어버린 세대인 것은 확실히 맞아요. 그런데 이 대학
　　　　생들이 3년 동안 잃어버린 것을 보상해 주는 사람도 없고 보상해
　　　　줄 방법도 마땅치 않고……. 어떻게 잘 헤쳐 나갈 수 있을지 걱정
　　　　이 됩니다.

이동규 그런데 이런 온라인 환경이나 비대면 중심의 환경은 계속될 거란
　　　　말이에요. 그래서 이 코로나 학번 친구들이 여기서 더 도태되지는
　　　　않을거라는 좀 긍정적인 생각도 할 수 있는 것 같아요. 그러니까
　　　　미래의 환경에 더 빨리 적응하고, 더 빨리 경험을 했으니까, 이런
　　　　환경에서 어떻게든 살아남지 않겠느냐, 저는 그렇게 생각이 되거
　　　　든요.

조태구 제가 가장 우려하는 것은 학점 문제예요. 학점 인플레. 이 코로나
　　　　학번 학생들이 기업에 취직할 때 기업으로서는 이 학생들의 학점
　　　　을 믿지 않을 거라는 거죠. 학생들의 학점을 믿지 못한다면, 학력
　　　　외에 뭐가 기준이 될 수 있을까, 생각하게 돼요.

이동규 학교 성적은 믿을 수가 없는 거니까, 이건 다 A 줬던 거 누구나 다
　　　　아는 거고 그러면 기존의 학력에 의해 결정이 나거나 아니면 시험
　　　　을 보거나 면접을 보거나 해서 새로 평가하는 방법을 개발을 해야
　　　　죠. 그건 사실 학교가 걱정할 문제는 아니고 기업이 좋은 인재를

얻고 싶으면 적절히 인재를 선발할 수 있는 방법을 책임지고 개발을 하고 선별하려고 노력을 해야 되는 거죠. 그리고 학생들은 거기에 적응을 해야 하는 겁니다. 그리고 제가 보기에는 학생들이 할 수 있을 것 같다는 거죠. 요즘 친구들은 워낙 명민해서…….

최성민 온라인 위주로 2~3년 학교생활을 한 학생들은 일단 기본적으로 사회성이 떨어질 가능성이 커요. 직장에 막상 들어간다고 하더라도 '쟤는 코로나 학번이어서 사회성이 떨어진다'는 선입견을 가지고 신입사원들을 대할 가능성이 크다는 거죠. 사회성이 떨어진다는 얘기는 김현수 선생님께서 진행하신 청소년 상담사 인터뷰에도 나오고, 제가 인터뷰했던 어린이집 원장님은 아예 발달장애 아이들이 상당히 급증했다는 게 통계적으로 확인되고 있다고 말씀하시는데, 그러니까 어린아이부터 대학생들까지 전체적으로 문제가 생겨 버린 거예요. 특정 시기에 성장하고 갖춰야 할 사회적 능력들을 이 3년 동안에는 제대로 갖추지 못하는 상황이 벌어진 건데, 이건 상당히 오랜 시간 우리가 지켜봐야 될 부분이라는 거죠.

조태구 제가 재활의학과 윤동환 교수님 인터뷰를 했잖아요. 글에 담지는 않았지만 코로나 기간에 정말 실습 수업이 어려웠다는 말씀을 하시는 거예요. 그러니까 의무 시간을 어떻게든 채우기는 채웠는데, 어쨌든 실제로 만져 보고, 듣고 보고 하는 시간은 부족했다는 거죠. 그러면 의사들도 이 시기에 나온 의사들은 다른 시기의 의사들보다 실습이 상대적으로 부족한 의사들이 나온 거란 말이죠.

최성민 저도 비슷한 얘기인데, 얼마 전에 음대 성악과 교수님을 만났는데 이 분도 강의를 실습으로 하시는 분이잖아요. 그래서 실습을 줌을 이용해서 비대면으로 진행해 봤는데 성악 발성으로 노래를 하니까 줌으로는 소리가 찌그러져서 전혀 잘하는지 못 하는지 판단도 안 되고, 학생에게 어떤 부분이 부족하다는 코멘트를 해줄 수 있는 상황이 안되더라는 거예요. 그래서 결국 대면으로 했는데 항상 감염의 위험 때문에 불안했다는 거죠. 그렇다고 마스크 쓰고 성악을 하기도 그렇고…. 방금 조태구 선생님 말씀하신 것처럼, 의대의 실습, 음대의 실습처럼 대면이 반드시 필요한 경우가 학과 전공에 따라 많이 있기 때문에 그 경우에는 특히 어려움이 컸던 것 같아요. 또 하나, 이 얘기는 꼭 하고 싶었던 건데, MT나 수련회, 축제 같은 것도 코로나 기간에 계속 유예되고 못하다가 뒤늦게 하려니까 경험도 부족하고 어떻게 해야 되는지 알려줄 선배조차 별로 안 남았고, 그러다 보니까 최근에 그런 행사를 기획하려는 학생들이 어려움을 겪고 있다, 이런 얘기도 들었어요.

조태구 이제 전체적으로 마무리 발언이 될 것 같네요. 이 책에 수록된 여러 인터뷰들에 나타나는 가장 두드러진 특징이 방금 최성민 선생님께서 말씀하신 그 부분 같습니다. 연속성을 어떻게 확보할 것인가? 그 점에 대한 우려가 크다는 거죠. 교육 분야도 그렇고 경제 분야도 그렇고, 경험으로 축적된 노하우를 어떻게 전달할 것인가? 이런 것들이 과연 지속될 수 있을 것인가 혹은 이전의 것을 회복할 수 있을까, 이런 연속성에 대한 고민이 여러 인터뷰들에서 공통적으로 발견되는 이 시대의 고민이 아닐까 싶습니다. 여기서 첫 번째 대담은 끝내고자 합니다. 모두 수고하셨습니다.

코로나19 팬데믹 3년의 시간

사회 및 정리: 이동규
대담자: 김현구, 조태구, 이상덕, 최성민

이동규 사회를 맡은 이동규입니다. 이번 시간에는 데카메론 기획의 마지막 단계로 코로나19 팬데믹 시기 동안 연구단의 일원들이 경험하고 고민했던 생각들을 나누고자 합니다. 특히 인문학을 공부하는 연구자로서 국가에 대해서, 공동체에 대해서, 그리고 개인의 사상과 정서에 대해서 새롭게 발견하거나 성찰한 내용이 있다면 이 자리를 통해 들어볼 수 있었으면 합니다. 첫 번째는 국가가 방역이나 격리에 대해서 어떻게 개입했고 정책적인 측면에서 어떤 모습을 보였는지 이야기를 해 보시죠. 국가의 경계, 국가의 의미, 그리고 역할 등을 새롭게 고민해 본 기회였을 것 같습니다.

옆집보다 가까운 국가

이상덕 저는 이 코로나19 팬데믹을 겪으면서 우리가 경험으로 새삼스레 확인한 중요한 사실이 국가가 옆집보다 가깝다는 것이었습니다. 국가가 나한테 매일 문자를 보내고, 매일 안부를 확인하고 오히려 옆집은 멀리 지내야 되고 거리를 유지해야 되고, 경계를 해야 되는 대상이 된 거죠. 그게 가장 큰 변화라고 생각합니다. 국가와 개인이 너무 가까워진 것 같아요. 특히, 국가별로 방역 방식에 차이가 있는 것이 그 개인한테 바로바로 영향이 오니까 어떤 국가가 어떤 영향을 주는지가 중요해졌습니다. 그런데, 이게 사실은 일종의 환상이죠. 사실 국가가 한 개인과 장기적으로 그렇게 개인적인 관계를 유지하는 거는 어렵죠. 다시 주변인과의 관계 회복을 꿈꿔야죠. 우리는 인문학자로서 계속 인간에 대해서, 관계에 대해서 사고하고 상기시켜야 할 것 같습니다. 내 옆에 있는 사람들과의 관계 회복을 어떻게 할 것인지에 대한 생각이 우리에게 주어지는 과제인 것 같아요. 국가가 앞으로 어떻게 할 것인가, 공공기관들이 어떻게 할 것인가 이런 것도 물론 중요하지만, 개별적인 개개인들은 친구들과의 관계를 다시 회복하려고 노력해야 하고 옆집과의 관계를 다시 회복하려고 노력해야 한다고 생각합니다. 얼마 전에 저희 앞집에서 김장한 김치를 가지고 아주머니가 찾아오셨어요. 2년 만에 처음 경험한 일이었고, 그래서 들어오시라고 차 한잔 하시자고 권했던 기억이 있어요. 제 생각에는 그런 회복이 중요하지 않을까, 우리의 과제는 오히려 그런 쪽에 있지 않을까 이런 생각을 했습니다.

조태구 이상덕 선생님이 국가가 옆집보다 더 가깝다고 말씀하셨는데, 굉장히 상징적인 표현 같습니다. 아감벤(Giorgio Agamben, 이탈리아의 사회학자, 철학자)이 이야기했던 내용이 있습니다. 아감벤은 코로나 초기에 코로나를 감기랑 비슷한 것이라고 규정하고, 현재 이루어지는 정부의 방역조치가 과도한 것이라고 주장해서 비판을 많이 받았습니다. 자신의 생명정치 사상에 토대를 둔 주장이었는데, 방역조치를 거의 하고 있지 않은 지금 시점에 돌이켜 보면 아감벤의 주장이 결국 옳았나 싶은 생각이 들 정도입니다. 아감벤이 이야기했던 생명정치에서 국가는 개인의 세세한 일상을 통제하고, 그렇게 국가의 힘이 점점 더 커지게 되는 걸 경계합니다. 국가의 통제를 용인하면 그렇게 서서히 전체주의로 귀결되어 간다는 것이죠. 반면 낭시(Jean-Luc Nancy, 프랑스의 철학자)는 코로나19 팬데믹으로 인해, 도저히 멈춰 세울 수 없을 것 같아 보이던 인류 문명의 열차가 멈춰 섰고, 그렇게 새로운 세계가 불가능한 것이 아니라는 점이 드러났다고 판단합니다. 그런데 과연 낭시의 이 얘기와 아감벤이 얘기하는 국가 통제가 서로 전적으로 다른 얘기였는가 생각해 보면 꼭 그렇지만은 않은 것 같아요. 이제 신자유주의라고 얘기하는 경제 체제는 거의 끝난 것 같고, 패러다임이 변하면서 국가의 역할이 좀 더 강해지고 강조되고 있습니다. 두 측면에서 생각해 볼 수 있겠죠. 복지가 늘어난다고 생각할 수도 있겠지만 통제가 강화된다고도 생각할 수 있겠어요. 지금은 물론 과도기적 상태인 것 같아요. 어떤 방향으로 나아가게 될지는 아직 확정하기는 어려울 것 같은데, 적어도 국가의 힘이 강화되고 더 큰 정부로 가고 있다는 점만은 확실한 거 같습니다.

김현구   저도 조태구 선생님이 말씀하신 거에 덧붙이면, 코로나19 팬데믹 사태로 각 국가가 과학방역을 외치면서도 서로 다른 대응을 했다고 생각하거든요. 어떤 나라는 강력한 봉쇄정책을 추진하고 우리나라의 경우는 봉쇄 대신 정밀하게 확진자 동선을 추적해서 대응하기도 하고, 또 마스크를 써야 하나 말아야 하나와 같은 논쟁도 있었고요. 그런 측면에서 코로나19 팬데믹은 과학이라고 하는 것이 정치와 뗄 수 없다는 걸 아주 단적으로 보여준 사건이라고 봅니다. 보통 과학이라고 하면 항상 객관적이고 정확하고 불변하는 사실을 다룬다고 생각하는데, 변인 통제가 가능한 실험실 안에서는 그렇게 작동할지 모르겠지만 실험실 밖으로 나와서 우리의 삶 속에 영향을 미칠 때는 분명히 정치적·사회적인 측면이 강하게 작용하는 점을 인식해야 할 것 같습니다. 코로나19 팬데믹은 과학이 현실에서 작동하는 방식을 비판적으로 볼 수 있어야 한다는 점을 알려준 시기가 아니었나 생각합니다.

이동규   예, 고맙습니다. 저도 말씀을 보태면, 이제는 새롭게 고민을 해야 되는 것 같습니다. 그 이전에 17세기, 18세기, 19세기 지나면서 국가가 자기 힘을 굉장히 강하게 행사했던 그 방식 그대로 우리가 다시 반복할 수 있는 것인지, 그리고 또 시간이 흐르다 보면 이번 팬데믹 경험이 어떤 새로운 형태의 신자유주의가 나올 것인지……. 역사를 공부하다 보면 지금 이 시점에 우리가 좋은 국가를 좀 더 상상을 할 필요가 있고 또 더 좋은 권위를 생각하고 그걸 추구할 필요가 있는 게 아닌가 그런 생각을 하게 됩니다. 그러기에는 이번 팬데믹 경험이 굉장히 중요한 기회가 아닌가 그런 생각을 했습니다.

두 개의 공동체

이동규 코로나19 유행 이전 시기와 현재를 비교하면 여러 가지 측면에서 인간관계가 변했습니다. 만남의 유형도 변했고요. 모임의 사람수가 제한되기도 하고 형태가 변화하기도 했는데, 우리 공동체에 어떠한 영향을 주었다고 생각하시는지 여쭤보고 싶습니다.

조태구 저는 뉴노멀이라는 말 자체를 별로 믿지 않았던 쪽인데 요즘은 좀 다르게 생각하게 되었습니다. 제 개인적인 경험을 이야기하면 제가 거주하는 아파트에서 인사하는 사람들이 많이 늘었어요. 그 이유 중 하나는 이사 다니는 사람들이 적어졌기 때문인 것 같아요. 기본적으로 사람들 간의 관계는 자주 만나는 만큼 돈독해지는 거거든요. 한국에서 이웃 간의 사이가 가깝지 않은 이유는 이사를 너무 자주 다녀서라고 생각합니다. 거의 2년마다 이사를 다니잖아요. 그런데 제가 사는 아파트 경우는 코로나 때문인지는 모르겠지만 최근 들어 좀 오래 사는 사람들이 늘었고 2년 넘게 얼굴을 보다 보니까 서로 인사하는 사이가 좀 많아진 것 같습니다. 옆집 아이들은 아침마다 우리 집 문을 두드립니다. 그러면 우리 애 엄마가 사탕을 주기도 하고요. 특별한 경우이기는 하지만, 이러한 경우가 늘었습니다. 비대면이 됐든 대면이 됐든 접촉이 좀 늘어나면 이런 경우가 많아지지 않을까 하는 생각이 듭니다.

이상덕   사람이 그리웠던 것도 있는 것 같고, 저는 온라인과 오프라인에서 인격이 분리되는 현상이 있는 것 같아요. 그래서 온라인에서는 굉장히 적극적인데 오프라인에서는 내성적이라든지, 아니면 오프라인에서는 굉장히 활달하신데 온라인을 아예 모르시는 분이라든지… 이런 식으로 온라인 세계와 오프라인 세계에서 활동하는 인구가 다르다 보니까 하나의 공동체가 두 개로 분리되어 있다고 표현을 해야 되는지 아니면 두 개의 공동체가 존재하고 있다는 생각을 해야 하는 것 같습니다. 마치 하나의 한국이 아니라 두 개의 한국이 존재하는 것 같은 생각이 들어요.

조태구   그러네요……. 지금 이상덕 선생님 말씀을 듣다가 생각난 건데 재택근무가 늘어났기 때문이라는 생각도 드네요. 저는 집에 있는 경우가 많습니다. 그런데 코로나19 대유행 시대에는 다른 사람들도 재택근무가 늘어난 거잖아요. 그러니까 역설적으로 온라인에서 만남의 빈도도 더 많아진 것 같고……. 최성민 선생님의 인터뷰에서 말한 것처럼 대부분의 기업들이 비대면 업무가 생산성 면에서 효율적이라는 걸 파악하고 재택근무를 늘리게 되면 그 사람이 사는 동네를 중심으로 새로운 공동체가 형성될 수도 있을 것 같아요.

최성민 제가 대학에서 강의를 여러 학교에서 하던 때였는데요. 어떤 날은 아침부터 저녁 늦게까지 강의를 하고 밤늦게 집에 옵니다. 그러다가 어떤 날은 강의가 아예 없는 날이 있거든요. 집에 있다가 낮에 잠깐 나오면서 엘리베이터에서 동네 분을 만나면 '저 나이의 남자가 왜 이 시간에 집에 있지?'라고 생각하며 쳐다보는 것 같았어요. 코로나 이후로는 그런 느낌을 받아본 적이 거의 없어요. 왜냐하면 제 또래 남자들도 집에 있는 게 흔한 일이 돼 버린 거예요. 코로나 19 이후에는 학부모 행사에 아빠가 참석하는 경우도 많아졌습니다. 한 번은 공개 수업을 온라인으로 했는데 아빠들이 많이 참여했어요. 이런 게 재택근무 도입 이후의 긍정적인 변화라고 해도 되겠죠. 또 하나는 최근 들어 다시 오프라인 모임이 활성화되고 있지만 이게 계속 갈까 하는 의문이 있습니다. 특히 대면 학술대회를 다시 개최하게 된 몇몇 경험을 비춰보면 생각보다 사람이 상당히 많이 오는 것을 볼 수 있습니다. 그러나 막상 대면이 재개되니까 역시 온라인이 편한 것 같다는 느낌을 가지게 됩니다. 그런 점에서는 조태구 선생님의 의견과는 좀 다른데, 저는 비대면 모임이 뉴노멀화 될 수도 있을 것 같습니다. 온라인에 익숙해져 버린 환경을 우리가 버리지 않으려고 할 것도 같다는 거죠.

조태구   최성민 선생님하고 저하고 의견이 다르지 않아요. 저도 뉴노멀도 가능하지 않을까 하는 쪽으로 요즘 생각을 좀 바꾸기 시작했어요. 코로나 기간이 너무 오래됐어요. 제가 뉴노멀이라는 말에 비판적일 때까지만 해도 코로나가 이렇게 오래 갈 줄 몰랐죠. 방식도 삶의 패턴도 바뀌었고 식생활도 바뀌었어요.

최성민   특히 오피스 타운 근처의 식당들은 밤 열 시 혹은 열한 시면 문 닫으려고 해요. 그러니까 을지로나 종로 근처 술집들은 예전 같으면 새벽 한 시 혹은 두 시까지 당연히 영업하던 곳들인데 영업 제한이 풀렸음에도 열 시 혹은 열한 시면 그냥 닫는 게 당연한 분위기가 되어가는 것 같기도 해요.

이동규   선생님들 말씀을 들어보니까 지리적 경계가 아주 먼 어떤 온라인 공동체 하나가 있는 것 같고, 반대로 지리적 경계가 더 좁아진 오프라인 공동체가 생긴 것 같습니다. 무엇이 노멀이 되고 무엇이 뉴노멀이 될 것이냐는 지금 단계에서는 말하기는 힘든 것 같아요. 그리고 그 결과에 대해서는 아직 판단하기가 어려운 측면이 있습니다.

조태구 조금 과한 해석일 수도 있겠는데, 만약에 이렇게 해서 사람들의 주
        활동 무대가 온라인으로 바뀌면 저는 지방 가서 살 것 같아요. 저
        처럼 생각하는 사람들이 많아지고, 지역에 가서 사는 사람들이 늘
        어나면 작은 지역 공동체가 많이 생길 수도 있지 않을까 생각하게
        되네요. 정확히 말하면 그렇게 되면 좋겠다는 그냥 희망 섞인 생
        각이죠. 정말 그렇게 되기는 쉽지 않겠지만요.

변화와 환경

이동규 세 번째는 선생님들 전공에 맞추어 말씀을 해 주시면 좋을 것 같
        은데, 굉장히 큰 변화들입니다. 지금 국가에 대해서도 얘기를 했고
        요, 인간관계에 대해서도 얘기를 했습니다. 나아가 학문적인 차원
        에서의 변화는 없었는지 그 부분에 대한 생각을 들어볼 수 있을까
        요?

조태구 저는 근대주의자고 포스트모더니즘이라는 건 거의 사기라고 생각
        을 해 왔는데, 이 시대가 근대를 어떻게 정의하느냐가 굉장히 큰
        문제이긴 합니다만, 근대를 만약에 오토노미(autonomy), 즉 자율성
        을 가진 하나의 완결된 닫혀 있는 인간 개인을 기준으로 하는 시대
        라고 정의한다면, 코로나 팬데믹 시대가 뒤흔들어 버린 것이 바로
        이 오토노미, 자율성에 대한 숭고한 믿음이라고 생각합니다. 그래

서 진정한 포스트모더니즘이라는 게 만약에 가능하다면 이제부터 시작되는 것이 아닌가 하는 생각을 해요. 이제 사람들이 나랑 다른 사람들이 서로 고립된 채 존재하지 않는다는 것을, 신체적으로도 닫혀 있지 않다는 걸 온몸으로 확인했거든요. 실제로 막 뚫려 있잖아요. 한 명이 감염되면 가족 전체가 감염되고, 접촉하는 사람들이 감염되고……. 내가 어떤 병에 걸리는 것이 나한테서 끝나는 일이 결코 아니죠. 그리고 아까 이상덕 선생님이 표현하신 것처럼 이제 사람들은 이웃보다도 국가가 더 가깝다고 느끼는데, 국가라는 것은 하나의 개인이 아니잖아요? 개인을 넘어서는 무언가에 대한 상징일 수 있어요. 말하자면 개인과 개인이 맺는 관계에서도 사람들은 이 관계가 개인이 개인을 직접 만나 맺는 것이 아니라는 것을 느끼는 상황인 거죠. 그래서 개인이라는 근대적 개념에 대한 사람들의 의문이 실제로 체감되기 시작한 시기가 바로 지금 아닐까? 근대가 확립한 개인이라는 개념은 사실 꿈일지도 모른다는 걸, 이론적으로 존재하던 그것을, 사람들이 이제 실시간으로 체험하기 시작한 시기가 코로나 팬데믹 시기 아니었을까 하는 생각을 해 봅니다.

이동규 근대적 의미의 국가는 사실은 이웃 같지는 않잖아요. 그런데 이상덕 선생님이 얘기하셨을 때 '이웃보다 가깝다' 라는 표현은 우리가 경험해 왔던 근대적 국가가 아니기 때문에 가능한 거잖아요. 그러니까 그 이전에 국가와는 좀 다른 형태로 국가가 변했기 때문에 우리가 그렇게 느끼는 것인데, 바로 그런 관점에서 조태구 선생님 말씀을 이해할 수 있을 것 같아요.

최성민   제가 『코로나19 데가메론 1』에 글을 쓸 때는 2020년에 어떤 일이 있었는지 그냥 정리를 했어요. 다들 경험하고 알고 있는 일이지만 기록을 해 놓는 게 의미가 있겠다는 생각으로 그 무렵을 다시 떠올려 보면 봉쇄정책도 있고, 마스크 대란도 있고, 그밖에 여러 가지 일들이 있었지만 결국에 우리가 봉쇄만으로 얻은 성과는 그다지 크지 않았던 것 같습니다. 대부분 국가에서 실패했다고 받아들여지죠. 그러나 한편으로 서로 도우려고 노력했던 경험들은 성공적인 기억으로 남아 있습니다. 예를 들어 대구·경북이 한참 안 좋았을 때 다른 지역 의료진들이 지원 차 간다든지 혹은 중국 우한 쪽 교민들이 위태롭다고 했을 때 위험을 무릅쓰고 비행기를 보내서 온다든지……. 무엇인가 협력하고 연대의 손길을 취약한 사람들에게 뻗으려고 했던 경험들이 우리가 얻은 성과라고 볼 수 있을 것 같습니다. 사실 소수의 희생자들 덕분에 일상을 회복해 가고 있습니다. 특히 취약한 사람들의 희생을 담보로 우리가 일상을 회복한 거죠. 우리가 34개의 인터뷰를 하면서 들은 바로는 수많은 부분에서 크고 작은 영향들을 받았어요. 다 똑같이 받지는 않았죠. 누군가는 더 크게 받았고 누군가는 상대적으로 덜 받았고, 누군가에게는 오히려 긍정적으로 작용하기까지도 했단 말이죠. 그런데 지금 돌이켜보면 처음에 나왔던 감염병 전담병원 얘기는 이제 말하는 사람이 거의 없는 것 같고요, 공공 의료 얘기는 아주 소수만 얘기하고 있는 것 같습니다. 또 취약층에 대한 관심은 지금은 많이 희석된 것 같습니다. 우리가 지금 이 책을 내려고 하고 계속 성찰을 하려는 최종적인 목표도 거기에 있는 것 같고요. 저는 감염병 전담병동에 계신 간호사 선생님과 인터뷰를 했는데, 그분 말씀이 감염병 전담병원 얘기를 초기에 하더니 왜 지금은 아무도 안 하는지 의문이라는 말씀을 하시더군요. 저도 잊고 있었거든요. 지금은 또 다른 정치적 이슈들이 워낙 많아서 그렇겠지만, 다시 돌이켜 봐야겠다는 생각을 했습니다.

김현구 근본적으로 다시 코로나19가 무엇이었는가에 대해서 생각을 해봐야 될 것 같은데요. 그 원인에 대해서도 말이 많았잖아요. 코로나19 바이러스가 우한 시장에서 판매되던 야생 동물로부터 나왔다는 이야기가 유력하지만 근처에 있던 실험실에서 유출되었다는 설도 있고요. 어찌 되었든 제가 볼 때 두 이야기의 공통점이라고 할 수 있는 것은 결국 인간이 자연을 어떻게 해서든 조작하고 이용하려고 하는 생각에서 이번 사태가 비롯되었다고 생각하거든요. 인간이 자연을 대상화해서 마음대로 이용하고 개발할 수 있다고 생각하는 사고 방식이 지속되는 한, 그런 패러다임이 바뀌지 않는 한 설령 코로나19가 종식되더라도 또 언제든 이것과 비슷하거나 더 심각한 영향을 끼칠 수 있는 전염병이 생길 수 있다고 봅니다. 사실 코로나19 초반에 이런 반성의 목소리들이 있었는데, 지금은 오히려 코로나 사태가 잦아든다고 하면서 정상화라는 명목으로 기존의 생각과 질서로 회귀하려는 경향이 있는 것 같아요. 제가 이번에 『호모 팬데미쿠스 - 코로나19 데카메론3』과 관련해서 인터뷰를 하면서도 느꼈는데요, 코로나19 유행 초반에 방역이나 거리두기 혹은 봉쇄 등의 조치를 하면서 갑자기 그때까지 일상적으로 행하던 대부분의 행위들이 중지되거나 축소되고 세상이 정지 상태처럼 되었을 때 다가온 일종의 '쉼'이라고 하는 것이 제 인터뷰어들에게는 어떤 깨달음의 순간이기도 했던 것 같아요. 공통적으로 '오히려 쉬니까 나쁘지 않은데?' 이런 생각들이 있었던 것 같아요. 아마 하루하루 정신 없이 사는 직장인이라면 누구나 느낄 법할 거라고 보는데요, 이따금씩 '우리는 왜 항상 이렇게 바쁘게 살아야 하고 한 방향만을 보면서 달려야 하지'라는 생각을 하게 되는데, 코로나19 사태를 돌이켜보면서 이제는 본질적으로 재고해 볼 필요가 있지 않을까 생각해요. 비슷한 맥락에서 기후 위기 문제도 당장 인간 개체를 해치는 전염병은 아닐지라도 장기적으로 더 큰 문제가 될 수도 있는 거라서 지구적인 차원에서도 계속 고민을 해야 되지 않을까 하는 생각이 듭니다.

최성민 환경 생태적인 차원에서 코로나19가 하나의 중요한 경고를 우리에게 안겨준 거라고 얘기하시는 분도 계시죠. 그 말씀에 일리도 있지만 경고라는 말이 썩 내키지 않기는 합니다. 경고라고 하기엔, 이미 너무 많은 희생자가 있었지요. 우리 연구단 활동 초기에 경희대 생물학과 교수님 한 분이 특강을 해 주셨을 때, 박쥐가 가지고 있는 바이러스의 종류가 지금까지 발견된 것만 수천 종이 넘고 코로나19는 그중에 하나가 인류에게 감염된 경우라고 말씀하신 것이 지금까지 인상 깊게 남아 있습니다. 결국 지구 온난화와 도시화와 같은 환경의 변화로 인해서 박쥐가 생활하던 곳하고 인간이 생활하던 곳이 가까워지면서 이러한 현상은 불행히도 자주 반복될 수 있을 것 같습니다.

조태구 저는 코로나와 관련해서 논문을 굉장히 많이 썼는데요, 과연 그래야 했는가 하는 생각을 요즘 합니다. 대표적으로 혐오에 대해 제가 썼던 논문을 보면서 그런 생각을 하게 되는데… 코로나 팬데믹 초기에는 혐오에 대한 논의가 많았지만, 이제는 혐오에 대해서 아무도 이야기하지 않습니다. 결국 몇 달 지나서 많은 사람이 감염되면서 소수에 대한 혐오는 이야기할 필요가 없어졌죠. 김현구 선생님 말씀처럼 지속적으로 끈기 있게 탐구를 하는 것이 중요해요. 당장 주어진 문제에 대처하는 것도 중요하지만, 인문학자로서 거리를 두고 성찰을 했어야 했는데 너무 긴급하게 대응을 하면서 다

소모해 버린 것 같다는 느낌이 듭니다.

이동규　중요한 내용을 말씀해 주셔서 감사합니다. 저희는 생활을 하는데 바쁘다 보니 김현구 선생님이 말씀하신 것처럼 기후라든가 환경 문제는 마치 먼 나라에 사는 그레타 툰베리라는 어린 소녀나 관심을 갖는 문제라고 생각하는 경우가 있습니다. 아주 특별한 사람들 그리고 열정적인 운동가들의 관심이라고 생각하죠. 우리가 정말 미래에 대해서 생각을 안 하는 거예요. 정말 현재를 살기가 너무 바쁘고 힘드니까 잊고 사는 것 같습니다. 오히려 중요한 기회였던 것 같아요. 학문적으로도 관련 주제들을 계속 탐구할 필요가 있 겠죠. 환경에 대해서 철학적으로 더 논의하고 생명 정치에 대해서 더 고민할 필요가 있습니다. 의료 인문학도 그런 차원에서 매진해 야 할 것 같습니다.

김양진   경희대학교 국문과 교수. 고려대학교 국어국문학과를 졸업하고 동 대학원
       에서 박사학위를 받았다. 고려대 민족문화연구원 선임연구원/연구교수를
       거쳤으며 뉴욕주립대(SUNY) 방문학자를 거쳤다. 주요 저서와 논문으로는
       『고대 도서관의 역사』(공역), 『국어사전학개론』(공저)를 포함해 십여 권의 저
       서와 「한국어의 형태와 형태소」, 「시어와 문법」 등 90여 편의 논문이 있다.

김현구   경희대학교 HK+통합의료인문학연구단 HK연구교수. 한의사. 세명대학
       교 한의학과를 졸업하고 경희대 한의대 대학원에서 의사학 전공으로 석사
       학위를 취득, 박사과정을 수료했다. 영국 옥스퍼드대학교에서 의료인류학
       및 인류학으로 석사학위와 박사학위를 각각 취득했다. 주요 논저로 *New
       Compilation for Four Constitutional Medicine*(공역), 「티베트 의학과 한의
       학의 요진법에 대한 비교 고찰」(공저), 「사상의학의 임상 응용과 저변 확대:
       원지상의 『동의사상신편』을 중심으로」(공저) 등이 있다.

김현수   경희대학교 HK+통합의료인문학연구단 HK연구교수. 동국대학교 철학과
       를 졸업하고, 같은 곳에서 석사, 박사학위를 받았다. 주요 저서와 논문으로
       『출산의 인문학』(공저), 『출산, 대중매체를 만나다』(공저), 「고통받는 환자의
       온전성 위협과 연민의 덕」, 「의철학적 관점에서 본 장자 중 중국고대의학
       사상의 면모: 질병과 질환을 중심으로」 등이 있다.

박성호   경희대학교 HK+통합의료인문학연구단 HK연구교수. 고려대학교 국어국
문학과 졸업, 동 대학원에서 박사학위를 받았다. 주요 저서와 논문으로는
『화병의 인문학』(공저), 『의료문학의 현황과 과제』(공저), 『감염병을 바라보
는 의료인문학의 시선』(공저), 「한국근대소설 속 신경쇠약과 결핵의 인접
관계에 대한 인식의 형성과 구체화」, 「좀비 서사의 변주와 감염병의 상상
력」 등이 있다.

이동규   경희대학교 HK+통합의료인문학연구단 HK연구교수. 고려대학교를 나
와 동대학원 석사학위와 미국 컬럼비아 대학교 석사학위를 취득하고 홍
콩대학교에서 박사학위를 받았다. 주요 논문은 "The Solution Redefined:
Agricultural Development, Human Rights, and Free Markets at the 1974
World Food Conference", 「식량과 인권: 1960년대 후반 식량농업기구의
'기아로부터의 자유운동'과 사회경제적 권리」, 「곡물대탈취: 1973년 미국-
소비에트 곡물 거래와 국제 식량 체계의 위기」 등이 있다.

이상덕   경희대학교 HK+통합의료인문학연구단 HK교수. 고려대학교를 나와 영
국 킹스칼리지 런던에서 박사학위를 받았다. 주요 저서와 논문으로는 『어
떤 죽음』(공저), 『죽음의 인문학』(공저), 『고대 그리스』(역서), "Amphiaraos,
the Healer and Protector of Attika", 「고대 그리스 비극에 나타난 미아스마
(miasma)개념과 히포크라테스」 등이 있다.

이은영   경희대학교 HK+통합의료인문학연구단 HK연구교수. 경희대학교를 나와
동대학원에서 철학박사학위를 받았다. 주요 저서와 논문으로는 『의철학과
의료윤리 연구의 현황과 과제』(공저), 「불교 의료윤리-의사, 간병인, 환자 윤
리를 중심으로」, 「불교의학의 질병관」 등이 있다.

정세권   경희대학교 HK+통합의료인문학연구단 HK연구교수. 서울대학교 농생
         물학과를 나와 같은 대학교 과학사 및 과학철학 협동과정에서 이학박사
         학위를 받았다. 주요 저서와 논문으로는 『감염병을 바라보는 의료인문학
         의 시선』(공저), 「전염병의 과학은 어떻게 논쟁되는가? - 1911년 만주폐페
         스트발병과 국제페스트컨퍼런스」, 「'시험관 아기'에서 '체외수정'으로? -
         1970~80년대 새로운 과학기술에 대한 언론보도 변화」, 「전염병 시대 공중
         보건을 위한 과학과 법의 의미」 등이 있다.

조민하   경희대학교 HK+통합의료인문학연구단 HK연구교수. 고려대학교 국어국
         문학과를 졸업하고 동 대학원에서 석사학위와 박사학위를 받았다. 주요
         논저로는 「연결어미의 종결기능과 억양의 역할」, 「프레젠테이션의 효과적
         인 조음 및 운율 전략」, 「대학생 토론의 청중 평가 분석을 통한 교육 내용
         모색에 대한 연구」, 「성별에 따른 억양의 공손전략」 등이 있다.

조태구   경희대학교 HK+통합의료인문학연구단 HK연구교수. 경희대학교를 나와
         프랑스 파리-낭테르대학에서 철학 박사 학위를 받았다. 주요 저서와 논문
         으로는 『의철학 연구 - 동서양의 질병관과 그 경계』(공저), 「반이데올로기적
         이데올리기 - 의철학의 가능성 논쟁: 부어스와 엥겔하르트를 중심으로」,
         「삶과 자기 - 촉발 - 미셀 앙리의 역동적 현상학」 등이 있다.

최성민   경희대학교 HK+통합의료인문학연구단 HK교수. 문학평론가. 서강대학교
         국어국문학과를 졸업하고, 같은 곳에서 석사, 박사학위를 받았다. 주요 저
         서와 논문으로 『근대 서사 텍스트와 미디어 테크놀로지』, 『다매체시대의
         문학이론과 비평』, 『화병의 인문학』(공저), 『의료문학의 현황과 과제』(공저),
         「한국 의학드라마 연구 현황과 전망」, 「팬데믹의 현재와 백신의 미래」, 「노

인 간병과 서사적 상상력」 등이 있다.

최우석   경희대학교 HK+통합의료인문학연구단 HK연구교수. 서강대학교를 나와 경희대학교에서 철학 박사 학위를 받았다. 주요 저역서와 논문으로는 『후설의 윤리학과 상호주관성』(역서), 『죽음의 인문학』(공저), 「후설과 쇄신의 윤리학」, 「의료인의 태도와 현상학적 윤리」 등이 있다.

최지희   경희대학교 HK+통합의료인문학연구단 HK연구교수. 전남대학교 사학과를 졸업하고 중국 난카이대학에서 박사학위를 받았다. 주요 논문으로는 「청대 사회의 용의(庸醫) 문제 인식과 청말의 변화」, 「청대 의약업의 성장과 약목(藥目)의 출판」, 「청대 의약시장의 상업화와 '매약'」, 「청대 의약시장의 변화와 '가짜약' 논란」 등이 있다.

Merve Kahriman Ozdemir   터키 이스탄불대학교 한국어문학과 전임연구원. 터키 에르지예스대학교 한국어문학과를 졸업하고 동 대학원에서 석사학위를 받았다. 동 대학원에서 박사과정을 수료했다. 주요 저서와 논문으로는 「한국어와 터키어에서 죽음에 관한 완곡어 대조 분석 연구」, 「터키인 학습자를 위한 속담을 활용한 한국 문화 교육 방안」, 「액운을 막아주고 복을 가져다주는 나자르 본주(Nazar Boncuğu)」, 「〈새끼 서 발〉과 〈켈올란과 공주〉에 나타난 한터 설화 속 바보의 형상과 보편성 연구」(공저) 등이 있다.

경희대학교 인문학연구원 / HK+통합의료인문학연구단 / 통합의료인문학 교양총서06

호모 팬데미쿠스

등록 1994.7.1 제1-1071
1쇄 발행 2023년 3월 11일

지은이 경희대학교 인문학연구원 HK+통합의료인문학연구단
펴낸이 박길수
편집장 소경희
편 집 조영준
관 리 위현정
디자인 이주향
펴낸곳 도서출판 모시는사람들
       03147 서울시 종로구 삼일대로 457(경운동 수운회관) 1207호
전 화 02-735-7173, 02-737-7173 / 팩스 02-730-7173

인 쇄 피오디북(031-955-8100)
배 본 문화유통북스(031-937-6100)
홈페이지 http://www.mosinsaram.com/

값은 뒤표지에 있습니다.
ISBN 979-11-6629-157-9 04000
세트   979-11-88765-83-6 04000

이 저서는 2019년 대한민국 교육부와 한국연구재단의 지원을 받아 수행된
연구임(NRF-2019S1A6A3A04058286).